国家哲学社会科学成果文库
NATIONAL ACHIEVEMENTS LIBRARY
OF PHILOSOPHY AND SOCIAL SCIENCES

当代中国新闻观念研究

胡 钰 陆洪磊 著

科学出版社

内 容 简 介

本书以新闻观念为题眼,将马克思主义新闻观与中华优秀传统文化和中国本土新闻实践结合起来,综合运用系统的、历史的、辩证的理论视角,建构一套兼具理论感和现实感、中国特色和普遍意义的新闻观念理论体系,以解答当代中国新闻观念的理论之问、时代之问、历史之问、本源之问、价值之问和实践之问。

本书的受众范围广泛,从事新闻舆论工作的记者、编辑,新媒体平台运营者,政府部门及有关单位的新闻宣传工作者,高校师生,对新闻活动感兴趣的社会各界人士,皆可为本书的读者。

图书在版编目(CIP)数据

当代中国新闻观念研究/胡钰等著. —北京:科学出版社,2023.9
(国家哲学社会科学成果文库)
ISBN 978-7-03-075013-6

Ⅰ.①当… Ⅱ.①胡… Ⅲ.①新闻事业-研究-中国-现代 Ⅳ.①G219.2

中国国家版本馆 CIP 数据核字(2023)第 037883 号

责任编辑:冯丽萍 赵 洁/责任校对:贾伟娟
责任印制:徐晓晨/封面设计:黄华斌

科学出版社 出版
北京东黄城根北街 16 号
邮政编码:100717
http://www.sciencep.com
北京中科印刷有限公司 印刷
科学出版社发行 各地新华书店经销
*
2023 年 9 月第 一 版 开本:720×1000 1/16
2023 年 9 月第一次印刷 印张:20 3/4 插页:2
字数:295 000
定价:168.00 元
(如有印装质量问题,我社负责调换)

《国家哲学社会科学成果文库》
出版说明

  为充分发挥哲学社会科学优秀成果和优秀人才的示范引领作用，促进我国哲学社会科学繁荣发展，自 2010 年始设立《国家哲学社会科学成果文库》。入选成果经同行专家严格评审，反映新时代中国特色社会主义理论和实践创新，代表当前相关学科领域前沿水平。按照"统一标识、统一风格、统一版式、统一标准"的总体要求组织出版。

全国哲学社会科学工作办公室
2023 年 3 月

前　言

2016年是中国特色新闻学"元年"。2016年5月17日，习近平总书记在哲学社会科学工作座谈会上讲话指出："要突出优势、拓展领域、补齐短板、完善体系。一是要加强马克思主义学科建设。二是要加快完善对哲学社会科学具有支撑作用的学科，如哲学、历史学、经济学、政治学、法学、社会学、民族学、新闻学、人口学、宗教学、心理学等，打造具有中国特色和普遍意义的学科体系。"[①] 在这一背景下，建设具有中国特色的新闻学科这一目标被提升至国家战略层面。建设中国特色、中国气派、中国风格的新闻学及其学科体系、学术体系和话语体系成为当代中国新闻学者的重要使命。

2021年5月31日，习近平总书记在主持中共中央政治局第三十次集体学习时强调："讲好中国故事，传播好中国声音，展示真实、立体、全面的中国，是加强我国国际传播能力建设的重要任务"[②]，同时也指出"要加强对中国共产党的宣传阐释，帮助国外民众认识到中国共产党真正为中国人民谋幸福而奋斗，了解中国共产党为什么能、马克思主义为什么行、中国特色社会主义为什么好。要围绕中国精神、中国价值、中国力量，从政治、经济、文化、社会、生态文明等多个视角进行深入研究，为开展国际传播工作提供学理支撑"[③]。这

[①] 习近平：《在哲学社会科学工作座谈会上的讲话》，《人民日报》2016年5月19日。

[②] 新华社：《习近平在中共中央政治局第三十次集体学习时强调 加强和改进国际传播工作 展示真实立体全面的中国》，《人民日报》2021年6月2日。

[③] 新华社：《习近平在中共中央政治局第三十次集体学习时强调 加强和改进国际传播工作 展示真实立体全面的中国》，《人民日报》2021年6月2日。

些要求指明了全球化背景下加强中国国际传播工作和构建中国理论的必要性、重要性。

2022年10月16日，在中国共产党第二十次全国代表大会上，习近平总书记指出："意识形态工作是为国家立心、为民族立魂的工作。牢牢掌握党对意识形态工作领导权，全面落实意识形态工作责任制，巩固壮大奋进新时代的主流思想舆论。健全用党的创新理论武装全党、教育人民、指导实践工作体系。深入实施马克思主义理论研究和建设工程，加快构建中国特色哲学社会科学学科体系、学术体系、话语体系，培育壮大哲学社会科学人才队伍。加强全媒体传播体系建设，塑造主流舆论新格局。健全网络综合治理体系，推动形成良好网络生态。"[1] 这些论断指出了建设具有强大凝聚力和引领力的社会主义意识形态的极端重要性和具体路径，包括构建中国特色的话语体系，塑造主流舆论新格局，推动形成良好网络生态。这彰显了新闻舆论工作在当代中国发展中的战略性意义，突出了构建具备战略引领意义的中国特色新闻观念的迫切性和重要性。

从我国新闻传播学术界研究现状来看，关于"新闻观念"的研究始终受到关注，相关论文乃至专著不断推出。在已有的理论研究中，存在介绍性内容多、批判性内容多、演绎性内容多，而现实性内容少、建设性内容少、实证性内容少的"三多三少"现象。换言之，对于基于中国本土经验的新闻观念理论建构还略显不足，前瞻性、规律性的新闻观念研究还略显不足，这与现实的迫切需求是有很大距离的。从新闻舆论活动承担社会责任的视角看，提出以推动社会进步为己任、以关注社会效果为原则的新闻观念，已经成为一项十分重大而迫切的工作。在新闻实践不断丰富和发展的当代社会，能否提出有解释力的新闻观念核心理念，能否发展出与西方既有新闻理论并驾齐驱的新闻观念理论

---

[1] 习近平：《高举中国特色社会主义伟大旗帜 为全面建设社会主义现代化国家而团结奋斗——在中国共产党第二十次全国代表大会上的报告》，http://www.gov.cn/xinwen/2022-10/25/content_5721685.htm.

体系，对当代乃至未来中国新闻实践能否得到有效的指导、中国新闻学建设能否发展出自主知识体系，都具有深远的战略意义。

"当代中国新闻观念研究"是构建中国特色新闻学研究的关键切入点和重要组成部分，具有特殊的理论意义。在整体设计上，本书旨在回应和解决以下三个问题。

一是从本体论角度出发，解答"何为新闻观念？""研究新闻观念有何意义？"的问题，进而分析新闻观念的基源问题，也就是如何认识"真实"的问题。"什么是新闻真实？""什么会影响新闻真实？"进而引申出新闻公共性、新闻客观性、新闻自由、文化霸权等子议题，衍生更为具体的思考。

二是从历史与比较角度出发，探讨如何在中国的具体语境中认识新闻观念区别于其他语境的维度和特征，进而延伸出"中国新闻观念在历史中如何演化？""何为具有中国特色的新闻观念？"等问题，明确讨论中国新闻观念的具体内涵、发展与实践应用。

三是从认识论和价值观角度出发，解答新闻观念的方向问题，核心在于将其置于中华优秀传统文化和中国共产党百年新闻实践的框架中去理解，突出"积极"的价值内核。在此基础上，可以"积极"回应新闻观念的诸多矛盾，如全球与地方、东方与西方、理论与实践、集体与个人、解构与建构、事实与价值等。

本书的主要内容围绕新闻观念的理论之问、时代之问、历史之问、本源之问、价值之问和实践之问这"六问"展开，分别着重回答新闻观念概念为何，为何重要，如何流变，如何认识真实，如何判断好坏，以及如何指导实践这六个具体的问题。研究从基础理论研究出发，以实证研究和阐释研究为基础，兼有对方法创新的探索，收敛于探讨如何建构具有中国特色的新闻观念，最后提出要立足中国土，回到马克思，以中国特色新闻观念引领中国特色新闻学发展。

在第一章"理论之问：何为新闻观念？"中，本书对新闻观念主要的研究对象、研究意义、研究现状和研究方法进行了梳理和讨论，回答了为什么新时代需要重视新闻观念及其研究，提出了当代中国需要构建创新的、求实的、与时俱进的新闻观念研究体系。中国特色新闻学和中国特色新闻观念的提出顺应时代发展规律，在马克思主义新闻观的指导下不断发展。

在第二章"时代之问：新闻观念如何？"中，本书首先提出了观察新闻观念的视角。新闻观念是新闻工作者对"新闻"、"新闻业"和"新闻职业"在科学、价值和方法上的观念的集合，它关注"实然"和"应然"的问题，并能对新闻实践产生正面或负面的影响。其次讨论分析新闻观念如何形成，从新闻教育、新闻实践和新闻研究三方面入手，依次分析了这三者如何塑造、影响和建构新闻观念。最后从实践层面出发，分别从网络舆论治理和对外传播两个主要面向切入，通过实证分析探讨了新闻观念在指导实践时是如何发挥政治效能、经济效能和文化效能的。

在第三章"历史之问：新闻观念如何流变？"中，本书先从王韬的"通才办报"、梁启超的"史家办报"，一直到毛泽东的"政治家办报"，系统地梳理了百余年来中国的新闻观念。而后，一方面以耳目喉舌论这一中国特色新闻媒介观念为基础，梳理了中国新闻媒体观念的变化史；另一方面以新型有机知识分子作为当代具有中国特色的新闻人才观念加以论述，综合此前对新闻人才观的梳理。最后以著名的新闻工作者、新闻教育家范敬宜为例，分析这一当代马克思主义新闻观的开拓者、实践者如何探索出来行之有效的当代中国新闻观念。

在第四章"本源之问：何为真的新闻？"中，本书首先讨论何为"新闻真实"，以及新闻如何从事实中发现和生成"真实"。其次，从主观意识认识客观世界的角度入手，讨论客观性的内涵、客观报道的起源与特征，以及认识论层面新闻的客观性与主观性之争。最后，对西方新闻观念中新闻真实性的困境进行讨论，纵观西方新闻观念发展的历史，分析了新闻观念的全球发展趋势，并提出了分析西方新闻观念的理论视角。在"后真相"时代特征的影响下，新的舆论生态具有全球性、多样性、复杂性与不确定性等特征，新闻观念面临国家治理、文化迁移和信息过载等方面的挑战。

第五章"价值之问：何为好的新闻？"主要讨论当代中国需要怎样的新闻价值观念，以及如何从中提炼出"积极"这一核心观念。该章首先从新闻公共性被建构和被解构的矛盾关系入手，指出了新自由主义新闻观念存在的固有弊病，明确了更新治理理念、完善媒介制度、再构媒介体系，以及克服新自由主义导致的媒介市场至上主义和消费主义文化的重要性。从媒介和技术的角度出发，探讨了在全球化、全媒化、后真相时代的新闻观念的最新变化。新兴信息技术的发展加剧了传播时空的坍缩，新闻传播的形态和观念在全球范围内发生着巨变，深刻地影响着中国特色新闻观念的内在建构和理论创新。本书认为，在当代中国，新闻观念建构的核心就是做到"积极"与"正面"，让新闻舆论成为凝聚人心、促进"大同"的重要力量。此外，更要将中国作为方法，以马克思主义新闻观统领新闻实践，将"积极"视为一种新闻范式，在总结新闻实践经验和理论的过程中，形成更具解释力与普遍性的新闻观念理论，努力建构起积极新闻学。

在第六章"实践之问：何以建构真实、积极的新闻观念？"中，本书提出了六项具体的实践措施。第一，就是要坚持马克思主义基本原理与中华优秀传统文化相结合，坚持马克思主义，坚定文化自信，扎根实践，创新理论，突出马克思主义新闻观引领下的中国特色新闻观念的真理性、批判性与实践性。第二，要秉持马克思主义新闻观，与中国具体实际相结合，培养马克思主义新闻观的立场、态度与能力。第三，要树立新媒体时代的"新新闻伦理"，深入分析数字时代背景下，新闻舆论工作中伦理道德矛盾的具体呈现方式及其变化和转移。第四，要认识新闻传播的文化底蕴，了解新闻文化的传播路径和实践效用，将新闻文化视为理解新闻舆论工作党性与人民性相结合的有效路径之一。第五，要积极探索中国特色新闻教育，把握新闻观念形成的基本规律，从立场、观点和方法层面着手，思考如何培养符合时代发展需求的新闻人才。第六，要建构中国新闻学自主知识体系，深刻理解理论自觉和方法自觉的重要性，以实践性作为哲学特质，以主体性作为建构原则，以原创性作为学术追求，以学理性作为评价标准。

在马克思主义新闻观指引下构建中国特色新闻观念，主要目标是基于中国道路形成中国学派，以对中国新闻实践的学理性研究提出具有解释力与引领性的新闻理论。中国特色新闻观念的建构需要确定独具一格的概念、范畴等表述，以马克思主义新闻观的理论品质、实践特质和创新气质引领中国特色新闻学的发展和中国特色新闻观念的构建。

本书对中国特色新闻观念的问题意识与理论特质进行了总结与探讨，提出了"传播中国，贡献世界"的核心理念。传播中国，就是要"立足中国土，回到马克思"，在中国本土经验和马克思主义的引领下进行理论创新；贡献世界，就是"把握新技术，放眼全世界"，强调将自身的所学所悟积极应用于实践的层面，理论联系实际，实现从认识世界到改造世界的跨越。未来的中国新闻学建设，需要以中国特色新闻观念引领中国特色新闻理论与实践，全面体现人民性新闻立场、有机性新闻参与、正向性新闻效果、伦理性新闻技术、人文性新闻文化。

需要认清的现实是，当前世界范围内的新闻传播学主流范式仍由西方传统学派主导，中国特色新闻观念的建设和发展仍将持续面临巨大的意识形态挑战。要被世界理解，要与世界对话，当代中国新闻传播学者有必要以全球视野来认识和分析全球范围内新闻传播学发展与更迭的过程，解读学术研究背后的意识形态与实践困境，提出具有普遍意义的中国特色新闻理论。本书认为，追求真实的报道内容和积极的社会效果，应是全球新闻业界与学界共同的追求。

理论源于实践，源于实践中知识的创造和积累。中国新闻观念理论体系建构的核心要义不在于点对点、事对事的经验分析，而在于抽象于经验之上的知识创造和积累。在创造和积累知识的过程中,理论的大树得以繁茂,学科的脉络也将在理论的不断丰富之下逐渐清晰,学科的边界进而更易把握。

本书建议,未来可以继续沿着中国特色新闻观念的理论路径,寻找解答中国新闻理论体系建构问题的一种可能,注重理论与实践的结合、思考方法与范式的创新,以中观研究为基础和支撑解决中国新闻学研究的情境问题,开展宏观研究以解决学科顶层设计问题,开展微观研究以解决实践中遇到的具体问题,将中国特色新闻学日益建设成为一套稳定性的、整体性的、系统性的理论体系。学者在进行理论探索的同时,也应尽其所能去承担现实的使命。亦如卡尔·马克思(Karl Marx)在《关于费尔巴哈的提纲》中所说:哲学家们只是用不同的方式解释世界,而问题在于改变世界。① 本书认为,对于当代中国新闻观念的研究不应只停留在理论层面,更应在现实中寻找有益的实践路径,为理论研究提供现实的映射和实践的反馈。

随着全球进入"后疫情时代",地缘政治冲突、南北差距拉大、环境气候恶化、全球经济衰退和新旧世界秩序矛盾等议题仍将持续发酵,世界格局将发生不可预测的变化,"不确定"成为当代的最大"确定"。在此百年未有之大变局中,中国对于中国特色新闻理论与人才的需求势必愈发旺盛,世界对于中国道路的理论阐释也愈发需要。

当代中国新闻观念研究与新闻理论研究要有突破,有大发展,就要坚持"立足中国土,回到马克思,把握新技术,放眼全世界"的理念。当代中国新闻观念研究不是空中楼阁,也不是无根之萍,而是扎根于中国文化与实践中成长起来的"理论瑰宝",既有着"仁义礼智信"的文化传承,也有着"人民新闻学"的革命传统;是一直未曾被学理化、系统性总结的"理论遗珠",需要当代新闻学者以历史的、主体的、辩证的、全球的眼光加以思考和研究。

---

① 中共中央马克思恩格斯列宁斯大林著作编译局:《马克思恩格斯选集》第三卷,人民出版社,2012,第6-8页。

目 录

前　言　/ 001

第一章　理论之问：何为新闻观念？
　　第一节　新闻观念研究的对象　/ 001
　　第二节　新闻观念研究的意义　/ 004
　　第三节　新闻观念研究的现状　/ 005
　　第四节　新闻观念研究的方法　/ 010

第二章　时代之问：新闻观念如何？
　　第一节　新闻观念的观察　/ 026
　　第二节　新闻观念的形成　/ 032
　　第三节　新闻观念的运用　/ 064

第三章　历史之问：新闻观念如何流变？
　　第一节　百年来中国的新闻观念　/ 076
　　第二节　耳目喉舌论：中国特色的新闻观念　/ 084
　　第三节　新型有机知识分子：中国特色的新闻人才观念　/ 103

第四章　本源之问：何为真的新闻？
　　第一节　事实与真实　/ 120
　　第二节　客观与真实　/ 130
　　第三节　新闻真实性的困境　/ 139

第五章　价值之问：何为好的新闻？
　　第一节　新闻公共性观念的反思　/ 145
　　第二节　自由主义媒介规范的反思　/ 161
　　第三节　数字媒介发展的反思　/ 172
　　第四节　作为新闻观念的"积极"　/ 188

第六章　实践之问：何以建构真实、积极的新闻观念？
　　第一节　坚持马克思主义新闻观与中华优秀传统文化
　　　　　　相结合　/ 203
　　第二节　培养马克思主义新闻观的立场、态度与能力　/ 231
　　第三节　树立新媒体时代的"新新闻伦理"　/ 246
　　第四节　认识新闻传播的文化底蕴　/ 255
　　第五节　为主流需求培养一流新闻人才　/ 272
　　第六节　建构中国新闻学自主知识体系　/ 294

结　语　传播中国，贡献世界　/ 308

后　记　/ 315

CONTENTS

PREFACE / 001

CHAPTER 1 QUESTION OF THEORY: WHAT IS THE JOURNALISM IDEA?

1.1 Objects of Journalism Idea Researches / 001

1.2 Meaning of Journalism Idea Researches / 004

1.3 Status of Journalism Idea Researches / 005

1.4 Methodology / 010

CHAPTER 2 QUESTION OF TIME: HOW COMES THE JOURNALISM IDEA?

2.1 Observation of Journalism Idea / 026

2.2 Formation of Journalism Idea / 032

2.3 Application of Journalism Idea / 064

CHAPTER 3 QUESTION OF HISTORY: HOW DOES THE JOURNALISM IDEA CHANGE?

3.1 Chinese Journalism Idea in the Past 100 Years / 076

3.2 The Mouthpiece Theory: An Journalism Idea with Chinese Characteristics / 084

3.3 New Organic Intellectuals: An Journalism Talents Idea With Chinese Characteristics / 103

CHAPTER 4　QUESTION OF ORIGIN: WHAT IS TRUE NEWS?

    4.1　Facts and Authenticity　/ 120

    4.2　Objectivity and Authenticity　/ 130

    4.3　The Dilemma of News Authenticity　/ 139

CHAPTER 5　QUESTION OF VALUE: WHAT IS GOOD NEWS?

    5.1　Reflection on the News Publicness　/ 145

    5.2　Reflection on Liberal Media Norms　/ 161

    5.3　Reflection on the Development of Digital Media　/ 172

    5.4　"Positive" as an Idea of Journalism　/ 188

CHAPTER 6　QUESTION OF PRACTICE: HOW TO CONSTRUCT A TRUE AND POSITIVE JOURNALISM IDEA?

    6.1　Adhere To the Combination of the Marxist Views of Journalism and Traditional Chinese Culture　/ 203

    6.2　Cultivate the Stand, Attitude and Ability of the Marxist Views of Journalism　/ 231

    6.3　Establish a "New Journalism Ethics" in the New Media Era　/ 246

    6.4　Understand the Cultural Connotation of Journalism and Communication　/ 255

    6.5　Cultivate First-rate Talents for Mainstream Needs　/ 272

    6.6　Construct an Independent Knowledge System of Chinese Journalism　/ 294

CONCLUSION: SPREAD CHINA AND CONTRIBUTE TO THE WORLD　/ 308

POSTSCRIPT　/ 315

第一章
理论之问：何为新闻观念？

新闻观念是新闻学研究中的重要概念，关注的是新闻活动中的观念体系。新闻观念研究对于新闻学研究具有重要理论意义，对于新闻实践具有重要现实意义。从中国特色新闻学建构的角度看，新闻观念是基础性的切入口。

第一节 新闻观念研究的对象

自2016年5月17日习近平总书记在哲学社会科学工作座谈会上的讲话中将新闻学列为十一个"对哲学社会科学具有支撑作用的学科"[1]之一后，中国特色新闻学成为我国新闻传播学界和业界愈发重视的建设方向。然而，近年来在新闻传播学界，从事和关注中国特色新闻学理论研究的学者群体规模不大，重要的新闻学理论成果还不多。2012~2022年这十年，在国家社科基金重大项目选题列表中，围绕新闻学理论研究的选题也较少，仅有如"十八大以来中国共产党新闻舆论观研究"等几项，无法完全满足学界进行新闻学研究的需求和国家对中国特色新闻学基础理论建设的迫切需要。

已有的新闻学理论研究存在规范性、教条化研究较多，经验性、实证性研究较少的问题，且始终被限制和框定在狭义的"职业"之中，研究对象也

---

[1] 习近平：《在哲学社会科学工作座谈会上的讲话》，《人民日报》2016年5月19日。

多围绕职业伦理展开。①近年来，不少学者建议新闻学理论研究应该从规范性研究向同时包容人文主义和社会科学两支取向的经验性研究转变。②一方面保持新闻学对新闻与政治、经济、社会和文化的人文批判反思空间，另一方面社会科学取向也能弥补批判性研究只有"宏大抽象"的现状。基于已有的新闻学理论研究现状和趋势，新闻观念研究的对象主要归为以下几类。

以新闻界本身作为研究对象。从全球范围看，当代国际社会的特征是变化的、多元的、冲突的。具体而言，政治、经济、技术等的变化速度越来越快，不同国家、民族、阶层的主体意识越来越强，由利益之争、价值观之争引发的冲突越来越多。新闻界作为描绘世界图景、推动社会进步的重要行业，若要履行好自己的职责，就不能只比谁的声音大，而要比谁的思考深、效果好。这就需要从行业视角出发开展前瞻性、规律性的新闻观念研究。

以新闻实践行为作为研究对象。新闻观念的现实重要性在于不同的新闻观念带来不同的新闻实践，一定的新闻实践总以一定的新闻观念做指导。在新闻实践日趋活跃、复杂的当代社会，能否提出有效的新闻观念，决定了新闻实践能否有序发展。社会的发展越是处在变动期、复杂期，对高品质新闻的需求越是旺盛。没有人愿意成为虚假新闻与情绪新闻的俘虏，没有人愿意接受只为少数人利益服务的新闻的控制，这就需要在全社会形成良好的新闻观念，并以此新闻观念指导新闻实践。③这就需要从行为视角出发开展前瞻性、规律性的新闻观念研究。

以新闻工作者作为研究对象。随着"草根新闻""公民新闻""全民新闻"等概念的出现，新闻教育的边界正与新闻业一起变得模糊，"新闻工作

---

① 胡钰、虞鑫：《构建中国特色新闻学：何以可能与何以可为》，《国际新闻界》2016年第8期，第92-115页。
② 赵月枝、石力月：《历史视野里的资本主义危机与批判传播学之转机》，《新闻大学》2015年第5期，第1-7页。
③ 胡钰：《重视新闻观念的研究》，《新闻与写作》2017年第3期，第67页。

者"一词的概念早已不再像当初那么单纯,而是包含了一切生产具有时效性、公共性、真实性等新闻属性的信息的机构和个体。这提醒研究者在进行新闻观念研究时,要立足全民的新闻活动,去了解新闻工作者的最新发展状态。这就需要从个体视角出发开展前瞻性、规律性的新闻观念研究。

以新闻历史作为研究对象。《旧唐书·魏徵传》有云:"夫以铜为镜,可以正衣冠;以古为镜,可以知兴替;以人为镜,可以明得失。"对新闻观念历史的研究是整个中国特色新闻观念理论体系的基石。研究中国新闻观念史,一方面可以深入理解中国特色的新闻观念是如何根植于中华优秀传统文化之中的;另一方面也可以深刻体会中国共产党的百年新闻实践史是如何塑造当代中国新闻观念的,以及新闻观念是如何在不同时代的政治、经济、文化环境中沿革和流变的。这就需要从历史视角出发开展前瞻性、规律性的新闻观念研究。

以新闻文化作为研究对象。明确新闻与文化的紧密关系,体现了中华文化的人文精神、人文关怀、人文气质,是中国特色新闻业的重要追求。当代中国新闻业不仅面临在全社会坚定文化自信与在世界传播中华文化的双重任务,而且要让新闻成为文化的载体与内容,从内容呈现到精神气质全面体现中华文化的特质与魅力。杨保军认为,当代中国新闻学在新闻学范式转换的背景下,应以"人与新闻的关系"问题为新闻学的总问题,以"事实与新闻的关系问题"为新闻学的基本问题,以求实为本的科学精神、公平正义的人文精神、和谐为美的自由精神为灵魂,努力把当代中国新闻学建设成为"科学与人文"相统一的新闻学。[①]这就需要从文化视角出发开展前瞻性、规律性的新闻观念研究。

---

① 杨保军:《理论视野中当代中国新闻学的重大问题》,《国际新闻界》,2020年第10期,第18-30页。

第二节　新闻观念研究的意义

在塑造主流舆论新格局的现实语境下，在新闻学研究亟待突破的理论背景下，当代中国新闻观念研究无疑具有重要的研究价值。杨保军指出，当前新闻学界关于新闻观念的研究较为缺乏，一些学者只是有所涉及，还不成体系。[①] 加强对新闻观念的研究，已经成为中国新闻学界一项重要而紧迫的任务。

现实价值上，新闻观念可以为新闻实践提供有效的指导和理论支持。新闻实践在国家的政治、经济、社会、文化、生态建设等各个领域均有不可替代的作用。比如在一系列网络事件中，传统媒体起到了框架整合的重要作用，而新闻观念恰恰是传统媒体从业者进行框架选择的重要影响因素。此外，在各类国际重大舆论事件中，我们也发现传统媒体与社交媒体对于重大社会事件的不同再现，新闻观念在其中显然也具有重要作用，而且此时的新闻观念也不再局限于"新闻工作者"这样一个群体，公众对"新闻是什么"以及"新闻应该是什么"的观念也影响着新闻与社会的互动。

理论价值上，中国特色新闻观念研究的理论性、历史性、经验性还有待提升。21世纪以来，在新的国家发展阶段和国际环境变化下，构建具有中国主体性、能够解释中国新闻实践、指导中国新闻实践的新闻观念体系的需求日益增多。然而面对百年以来丰富的新闻实践成果，面对中华文明源远流长的文化观念，我们的新闻学研究似乎缺少一个将二者耦合的关键场域。这一方面体现在在面对中国新闻实践产生丰富经验时的"归纳力不足"，往往缺乏将实践经验转化为核心概念和关键理论的理论自信和魄力；另一方面则体现在在面对中华优秀传统文化和精神理念时的"演绎力不足"，无法将传统

[①] 杨保军：《新闻观念论》，复旦大学出版社，2014，第17页。

文化中的优秀观念应用于新闻舆论工作，反而对西方的新闻观念趋之若鹜，将其奉为圭臬。

中国特色新闻观念研究体现了全球视野下基于中国视角对人类新闻活动规律的学理性认识。构建中国特色新闻观念的意义在于为人类新闻活动提供有别于西方新闻学的"另一种解释"，开辟"另一种道路"。这一新的选择源于中国历史文化与新闻实践，也源于建立更加公正、民主、自由以及更加符合广大第三世界国家利益的国际传播新秩序的需求。对当代世界来说，要推动建立文化多样性的现代化，而不是文化单一性的现代化。所以说，中国特色新闻观念体系建设正是人类文化多样性的建设，也是"中国式现代化"的建设。

因此，本书寄希望于尽可能地创造实实在在的现实价值和符合中国实际的理论价值，在马克思主义新闻观的引领下，通过构建一个尽可能完善的当代中国新闻观念理论体系，解决"归纳力不足"和"演绎力不足"的问题，让新闻业界和学界在新闻观念的体系中尽可能地达成更多的共识，彼此形成更加良好、高效的互动关系，同时也能推动中国新闻学界走向国际，与西方国家和广大第三世界国家建立彼此理解的有效对话。

第三节　新闻观念研究的现状

回顾国内外的相关理论文献，"新闻观念"很少被作为一个独立的概念受到学界或业界普遍的重视，但是内含新闻观念意涵的概念与理论却比比皆是。

一、新闻观念研究的想象空间

在西方，从认为新闻业是"观点的自由市场"到"一个自由而负责任的新闻界"，实则可以理解为是"自由新闻观念"向"责任新闻观念"的转变，威尔伯·施拉姆（Wilbur Schramm）的《报刊的四种理论》及其后来人的批判之作《最后的权利：重议〈报刊的四种理论〉》虽以"报刊理论"或"媒介体制"命名，但实际上也是宏观层面对不同社会新闻观念的区分。再者，新闻究竟是"第四权力"还是"公民权利"抑或是"商业谋利"，这个问题也充满着对于新闻纠缠于公共性与私人性、结构性与能动性之间的不同观念认识。回到国内视野，马克思主义新闻观从字面上理解即是马克思主义的"新闻观念"，而"文人论政"与"政治家办报"实则也包含着对于不同新闻主体的价值判断，源自西方的新闻专业主义强调的"职业规范"以及"政治独立"，其实也和中国传统的"论证"传统和革命时期的"政治家"传统在新闻目的上有着根本性冲突，背后也自然是新闻观念的区别。

可见，"新闻观念"虽无"名分"，但却处处可见。"新闻观念"在理论层面的面目模糊，以及在实践层面的无可替代，恰恰为本书以"当代中国新闻观念"为题，进行系统性、历史性、经验性的研究提供了充满想象力的理论空间。

除了上述提及的偏向于宏观层面的理论脉络，在具体的关涉新闻观念的研究中，西方学术界与中国学术界也存在不同的聚焦范围。在西方，关于"新闻观念"的类似研究，主要体现于在自由主义新闻观念基础之上发展而来的若干新型新闻观的论述，比如公共新闻[1]、公民新闻学[2]、倡导新闻学[3]等，总体来看，这些"新新闻学/新新闻观"的提出多为在新的社会变迁条件下对传统自由主义新闻观念的修正和弥补。在国内学界，杨保军在《"新闻观念"论纲》（以下简称《论纲》）一文中较为系统地阐述了其对"新闻观念"研究的若干观点和对未来研究之期待，他认为新闻观念主要是"新闻是什么"

---

[1] Charity A, *Doing Public Journalism*, Guilford Press, 1995.
[2] Allan S, Thorsen E, *Citizen Journalism: Global Perspectives*, Peter Lang, 2009.
[3] Waisbord S, "Advocacy journalism in a global context", *The Handbook of Journalism Studies*, 2009, pp. 391-405.

和"新闻应该是什么"的观念,并且提出了新闻观念研究的两个部分:新闻观念本身的研究,以及新闻观念与相关对象关系的研究。[1]刘海龙《宣传:观念、话语及其正当化》一书,区别于传统的"宣传"研究聚焦于宣传实践的偏向,着重考察了宣传观念和宣传话语的历史演变,从历史性的视角出发研究"宣传观念"。[2]张洪忠、王袁欣则是通过问卷调查的方式,对新闻专业大学生对于马克思主义新闻观的认知进行了研究,提供了部分经验性的"新闻观念"研究贡献。[3]

二、国内新闻观念研究现状

目前来看,国内关于"新闻观念"的研究还处于起步阶段,自2011年杨保军发表《论纲》一文后,学界有诸多研讨和回应,但仍然有诸多空白。总体来说,中国的新闻观念研究存在缺乏理论性、历史性、经验性等三个主要问题。在理论性上,新闻观念的概念定义、内涵外延、操作测量等一系列问题仍待更为系统性地梳理和确立,特别是如何构建中国自主的新闻观念标识性概念;在历史性上,关于中国新闻观念的历史模式及其演变过程仍然缺乏整合,驱动历史演变过程的原因也亟待发掘;在经验性上,当代中国的新闻观念究竟呈现什么状态,新闻观念究竟是如何形成的,以及新闻观念在新闻实践过程中的作用机制也依然期待经验性的描述和检验。比如,《论纲》一文指出,当下中国占主导性的新闻主义是宣传新闻主义,其处于中心的、核心的地位,而专业新闻主义、商业新闻主义处于边缘的、次要的位置。然而,也有学者认为,市场的逐利性以及政治的去政治化,乃是当下新闻领域的"主

---

[1] 杨保军:《"新闻观念"论纲》,《国际新闻界》2011年第3期,第6-13页。
[2] 刘海龙:《宣传:观念、话语及其正当化》,中国大百科全书出版社,2013。
[3] 张洪忠、王袁欣:《社交媒体使用对新闻专业大学生马克思主义新闻观认知的影响》,《全球传媒学刊》2015年第4期,第41-59页。

导性思路"①。那么，当代中国新闻观念的"主导性观念"究竟是什么，确实需要经验性的支撑才能予以回答。

基于上述的现实需要和学术背景，如何开展中国新闻学理论研究的经验化转变，成为破题之义。根据《新闻学研究手册》(*The Handbook of Journalism Studies*)，新闻学研究可以包括新闻历史、新闻教育、新闻组织与新闻常规、新闻信源、新闻叙事、新闻价值、新闻客观性、新闻商业化、把关人理论、议程设置理论、框架理论、公共新闻、公民新闻、倡导新闻、融合新闻、新闻规制、新闻伦理、新闻与民主、新闻与公关、新闻与性别、新闻与文化、新闻与意识形态、新闻与全球化等内容②，林林总总，内涵丰富。

本书将上述的研究领域进行归类发现，在大量的研究领域背后，大致有以下三个维度被予以聚焦。其一，新闻的本体研究，包括新闻信源、新闻叙事、新闻价值等理论探讨和新闻客观性、新闻商业化、公共新闻、公民新闻、倡导新闻等不同类型的新闻观念；其二，新闻的关系研究，包括新闻与政治、新闻与公共性、新闻与经济、新闻与文化、新闻与意识形态、新闻与全球化等；其三，新闻的实践研究，包括新闻组织、新闻制度、新闻伦理、新闻教育和新闻研究等。

无论是新闻的本体研究、新闻的关系研究，还是新闻的实践研究，背后都蕴含着观念与实践的互构关系。不同的新闻观念会产生对不同新闻实践的不同认识，会产生新闻与政治、经济、社会、文化等领域互动位置的不同认识，也会产生在新闻实践过程中何种价值取向占据主导地位的不同认识。

---

① 李彬：《试谈新中国新闻业的"十大关系"》，《山西大学学报（哲学社会科学版）》，2014 年第 2 期，第 85-118 页。

② Wahl-Jorgensen K, Hantizsch T, *The Handbook of Journalism Studies*, Routledge, 2019.

三、新闻观念研究的理论贡献

本书认为"当代中国新闻观念研究"是中国特色新闻学研究的关键切入点和重要组成部分,具有特殊的理论贡献。

首先,从本体论层面上来说,在当今的媒介化社会背景下,新闻是社会意识生产和再生产的重要来源,新闻观念研究是打开新闻学研究宝库的钥匙。新闻观念与社会意识形态是辩证统一的关系,一方面新闻观念受到国家和社会意识形态的形塑,另一方面新闻观念作为意识形态国家机器的一部分,也会通过新闻实践反作用于社会意识形态。

其次,从方法论层面上来说,"新闻观念"研究具有较强的概念化和操作化的潜力,通过对"新闻观念"的研究和测量,可以反映当前中国新闻观念的现状,分析其影响因素。此外,"新闻观念"也具有媒介融合与产消融合环境下的新特征,不仅包括新闻从业者的观念,而且包括新闻使用者的观念,在理论建构上具有很强的时代性。

最后,研究新闻观念需要很强的"抽象力",根本的方法是辩证唯物主义和历史唯物主义。马克思在《资本论》1872年第二版"跋"中批评了黑格尔唯心主义的观念论:"在黑格尔看来,思维过程,即他称为观念而甚至把它变成独立主体的思维过程,是现实事物的创造主,而现实事物只是思维过程的外部表现。我的看法则相反,观念的东西不外是移入人的头脑并在人的头脑中改造过的物质的东西而已。"[①]

因此,研究当代中国新闻观念要看到当代中国经济基础、社会发展的新形势,看到当代中国社会思想观念和价值取向日趋多元、主流和非主流同时并存、社会思潮激荡的新形势,看到当代世界范围内各种思想

[①] 中共中央马克思恩格斯列宁斯大林著作编译局:《马克思恩格斯选集》第二卷,人民出版社,2012,第93页。

文化交流、交融、交锋的新形势。

第四节　新闻观念研究的方法

新的时代呼唤新的新闻学。自习近平总书记在2016年哲学社会科学工作座谈会上指出新闻学是"对哲学社会科学具有支撑作用的学科"[①]之一以来，加强中国新闻学的原创性研究，构建具有中国特色的新闻学理论体系、话语体系愈发成为中国新闻学界关注的重点。工欲善其事，必先利其器，形成既有主体性、原创性又有普遍性、专业性的具有中国特色的新闻理论，需要规范性、科学性的方法支撑，需要积极引入当代世界社会科学领域行之有效的研究方法来分析丰富活跃的中国新闻实践。

一、本书主要研究方法之一：扎根理论分析

扎根理论方法（grounded theory method）作为一种独特的社会科学研究方法，自提出半个多世纪以来，逐渐修正完善，体现出进行中观研究、提出原创理论的方法论优势，可以为中国特色新闻学研究提供一些有益的借鉴与启示，也是本书不少研究中运用的主要研究方法之一。此前，有学者关注到了扎根理论在中国新闻传播学研究中的运用，提出了扎根理论对"新闻传播学本土化运动"的意义。[②]

本节试图从更加全面而深入的角度来阐述扎根理论的特征及其对中国新闻学研究的方法论意义，并希望以扎根理论研究方法为例，探索在当代中国新闻观念研究中如何合理地、创新地运用研究方法。

[①] 习近平：《在哲学社会科学工作座谈会上的讲话》，《人民日报》2016年5月19日。
[②] 牛静：《扎根理论及其在新闻传播学的运用》，《东南传播》2010年第4期，第14-16页。

（一）扎根理论的起源、发展与分野

扎根理论（grounded theory）最早由巴尼·格拉泽（Barney Glaser）和安塞尔姆·L. 施特劳斯（Anselm L. Strauss）提出，二人合作了"扎根理论三部曲"，即 1965 年的《临终意识》（*Awareness of Dying*）、1967 年的《扎根理论的发现》（*Discovery of Grounded Theory*）和 1968 年的《弥留之际》（*Time for Dying*）。这三本书的问世也标志着扎根理论的诞生。扎根理论综合了格拉泽所在的哥伦比亚学派的经验主义倾向以及施特劳斯所在芝加哥学派的实用主义倾向[1]，将实证研究和理论建构二者紧密地结合了起来，在当时引发了一场质性研究的"革命"[2]。格拉泽和施特劳斯的目的在于挑战由马克思·韦伯（Max Weber）、埃米尔·涂尔干（Émile Durkheim）、尤尔根·哈贝马斯（Jürgen Habermas）等人引领的"宏大理论"（grand theory）风潮，使质性研究方法超越描述性研究，进入解释性理论框架的领域，由此对研究对象进行抽象性、概念性的理解。[3]他们也成功地做到了这一点。这种将实证与建构相结合的范式、对传统描述性质性研究方法的超越，以及其具备的科学性的操作方法，构成了扎根理论作为方法论的强大优势。

随后，二人又出版了《通道：一种形式理论》（*Status Passage: A Formal Theory*）、《理论敏感》（*Theoretical Sensitivity*）、《谈判》（*Negotiations*）、《社会科学家的质化分析》（*Qualitative Analysis for Social Scientists*）等一系列著作，对扎根理论的哲学理念、操作方法和具体技巧等方面进行补充和完善，进一步丰富和发展了扎根理论。

---

[1] Bryant A, "Re-grounding grounded theory", *Journal of Information Technology Theory and Application*, Vol.4, No.1, 2002, pp.25-42.
[2] 孙晓娥：《扎根理论在深度访谈研究中的实例探析》，《西安交通大学学报（社会科学版）》2011年第 6 期，第 87-92 页。
[3] 〔英〕凯西·卡麦兹：《建构扎根理论：质性研究实践指南》，边国英译，重庆大学出版社，2009，第 7 页。

然而，就在扎根理论的研究向前推进的过程中，格拉泽与施特劳斯就该理论的归属权问题产生纠纷，这个矛盾随着施特劳斯和朱丽叶·M. 科宾（Juliet M. Corbin）发表了《质性研究的基础：形成扎根理论的程序与方法》（*Basics of Qualitative Research: Grounded Theory Procedures and Techniques*）[1]而达到顶峰。之后，格拉泽出版了《扎根理论的分析基础：自然呈现与生硬促成》（*Basics of Grounded Theory Analysis: Emergence vs Forcing*）[2]，公开地将自己与施特劳斯和科宾所表达的观点区别开来，并谴责施特劳斯、科宾背离了扎根理论的原旨，是虚假的研究方法。不过，虽然二人的观点产生了分歧，但扎根理论的基本理念和操作方法早已为学界所熟知，学界对此理论的内涵与价值有着清晰的判断。

早期扎根理论的核心，在于综合了演绎与归纳两种逻辑，不预立任何假设，出于实证需要收集大量的资料和素材，对其进行编码，提炼概念，再加以理论抽样，以达到更高级的概念，直到理论饱和，进而提出理论。简而言之，扎根理论就是一种"发现理论"的理论，这也使得扎根理论本质上更像是研究方法。

格拉泽、施特劳斯将扎根理论分为实质理论（substantive theory）和形式理论（formal theory）两类，分别对应偏实证和经验性的社会学调查（如病患护理、种族关系、职业教育等）和偏概念和抽象性的社会学调查（如社会化、个体自适应、权力与权威、激励制度等）。[3]在而后的发展中，扎根理论呈现出三种不同的取向：系统程序取向、浮现设计取向和建构主义取向[4]。

---

[1] Strauss A, Corbin J M, *Basics of Qualitative Research: Grounded Theory Procedures and Techniques*, Sage Publications, 1990.

[2] Glaser B G, *Basics of Grounded Theory Analysis: Emergence vs Forcing*, Sociology Press, 1992.

[3] Lucas R A, Glaser B G, Strauss A L, "Status passage: A formal theory", *Contemporary Sociology*, Vol.2, No.3, 1973, pp. 276-278.

[4] 吴亚伟：《扎根理论研究方法文献综述》，《市场周刊（理论研究）》2015 年第 9 期，第 20-21, 78 页。

但从范式上讲只有两种取向：客观主义扎根理论（objectivist grounded theory）和建构主义扎根理论（constructing grounded theory）。

以格拉泽、施特劳斯为核心提出的扎根理论有着显著的客观主义色彩，被称为客观主义扎根理论。建构主义扎根理论出现自20世纪90年代，核心人物凯西·卡麦兹（Kathy Charmaz）提出了建构主义的立场，对传统的客观主义扎根理论提出了挑战。[1]她认为，运用建构主义扎根理论，其实是通过话语文本间性（intertextuality）来探索话语所构建出来的世界，是基于丰富的经验材料，通过不断归纳和对比分析进行理论归纳的一种做法，最终的目的是要自下而上地"建构"出一个理论来，而不是去"发现"一个现成的理论。[2]建构主义范式的引入帮助扎根理论摆脱了传统质化研究者对于其缺少假设和文献的批评，对于扎根理论的发展起到了重要的作用。[3]

客观主义扎根理论与建构主义扎根理论均以质性研究为主，研究过程中将定量和定性的研究方法相结合，强调"持续比较"和"理论抽样"的重要性，但在核心主张、哲学基础等方面存在差异，如表1.1所示。

表1.1 客观主义扎根理论与建构主义扎根理论的比较

比较维度	客观主义扎根理论	建构主义扎根理论
核心主张	理论是被"发现"的	理论是被"建构"出来的
哲学基础	实证主义和实用主义	阐释主义和实用主义
研究风格	追求客观、中立，消除研究者的成见与偏见	承认研究者的影响，强调情境与互动

---

[1] Denzin N, Lincoln Y, "The SAGE handbook of qualitative research", In Denzin N, Lincoln Y, *Thousand Oaks*, Sage Publications, 2000.

[2] Charmaz K, *Constructing Grounded Theory: A Practical Guide through Qualitative Analysis*, Sage Publications, 2006.

[3] Bryant A, *Grounded Theory and Grounded Theorizing: Pragmatism in Research Practice*, Oxford University Press, 2017, p.76.

续表

比较维度	客观主义扎根理论	建构主义扎根理论
研究目的	提供可证实的知识	提供因果解释，展现世界、观点和行动的复杂性
样本选择	样本代表总体	样本尽可能接近于总体
收集数据	关注作为真实存在的数据本身，而不关注数据的产生过程[①]	数据和分析是社会建构的[②]，来自与研究对象共享的经验和关系[③]
访谈侧重	可能会重视获得有关时间序列、事件、环境以及行为的信息[④]	重视引导对象讲出自己关于术语、情境和事件的定义，试图发现其假设、本来的意义和默认的规则[⑤]
理论概念	理论概念是核心变量，要进行解释和预测	理论概念是解释框架，提供对关系的抽象理解
主要缺点	（1）会减少产生理论复杂性的机会，因为追求去情境化而过分简单化[⑥]，使人们看不到扎根理论互动的力量；（2）中立的语调不仅消除了质性研究的解释性行为，而且还消除了研究现场和分析处理中的含糊性[⑦]	（1）容易建构一系列相互联系却分析不足的过程[⑧]；（2）主观性因素不仅无法排除，反而在建构过程中被放大和加强

简而言之，客观主义扎根理论主张把文本变成数据和变量，去"发现"

---

① 〔英〕凯西·卡麦兹：《建构扎根理论：质性研究实践指南》，边国英译，重庆大学出版社，2009，第165页。

② Bryant A, "Re-grounding grounded theory", *Journal of Information Technology Theory and Application*, Vol.4, No.1, 2002, pp. 25-42.

③ Charmaz K, "'Discovering' chronic illness: Using grounded theory", *Social Science and Medicine*, No.30, 1990, pp. 1161-1172.

④ 〔英〕凯西·卡麦兹：《建构扎根理论：质性研究实践指南》，边国英译，重庆大学出版社，2009，第42页。

⑤ 〔英〕凯西·卡麦兹：《建构扎根理论：质性研究实践指南》，边国英译，重庆大学出版社，2009，第42页。

⑥ 〔英〕凯西·卡麦兹：《建构扎根理论：质性研究实践指南》，边国英译，重庆大学出版社，2009，第169页。

⑦ Charmaz K, "Mitchell R G, The myth of silent authorship: Self, substance, and style in ethnographic writing", *Symbolic Interaction*, Vol.19, No.4, 1996, pp. 285-302.

⑧ 〔英〕凯西·卡麦兹：《建构扎根理论：质性研究实践指南》，边国英译，重庆大学出版社，2009，第173页。

理论；建构主义扎根理论则主张文本是解释和理解的工具，解释的过程正是"建构"理论的过程。两派在看待理论应用到实践时，观点几乎是一致的。二者都葆有实用主义的流动性和开放性，都注重在实质领域的应用[①]；其逻辑都能够达到实质领域，进而进入形式理论的范围，即可以产生抽象的概念，使关系具象化[②]；可以覆盖相当的经验情境范围，具备较好的延展性和推广性，甚至可以跨越不同的领域来形成理论概念；都旨在发现/建构中观理论，而非宏大理论。卡麦兹将这两种扎根理论的基本范式梳理为两种学派。到目前为止，两种学派在扎根理论研究中平分秋色，客观主义学派根深叶茂，建构主义学派后来居上，共同绘制了扎根理论的彩色光谱。

（二）扎根理论的操作流程与评价标准

卡麦兹将扎根理论的操作方法分为搜集数据、编码、撰写备忘录、理论抽样、重构理论、撰写草稿和反思研究过程七个基本阶段。她认为：扎根理论要对数据进行比较，向上建构抽象理论，同时向下把这些抽象理论和数据联系起来。它意味着要了解具体和一般——而且要看到其中新的东西，然后考察和更大问题的关系，或者产生更大的未曾发现的总体性问题。[③]

这段话较为凝练地概括了扎根理论操作的核心要义：不断比较的方法（constant comparative method），联系理论与数据，了解具体和一般。

在搜集数据的过程中，研究者往往可以通过民族志、深度访谈、焦点小组访谈等典型的质化研究方法对数据进行收集和整合。值得注意的是，研究

---

① 〔英〕凯西·卡麦兹：《建构扎根理论：质性研究实践指南》，边国英译，重庆大学出版社，2009，第10页。

② Kearney M H, "Ready-to-wear: Discovering grounded formal theory", *Research in Nursing & Health*, Vol.21, No.2, 1998, pp. 179-186.

③ 〔英〕凯西·卡麦兹：《建构扎根理论：质性研究实践指南》，边国英译，重庆大学出版社，2009，第229页。

者需要正视自己在数据搜集过程中的影响，因为研究者自身的固有观念、解释框架和语言习惯等会隐性地内化到最后呈现的数据中。

编码是扎根理论的核心阶段，是已搜集的数据转化为研究可用数据的关键步骤。对于如何区分编码方式，半个多世纪以来存在着多种说法，大致可以分为以下四个阶段。

第一阶段为初始编码（initial coding）或开放式编码（open coding），选择文本进行逐词、逐句或逐事的编码和分析，提炼初级概念，将有关文献和已有数据不断进行比对和修正，要求编码必须贴合数据，做到契合（fit）和相关（relevance）。[1]

第二阶段为聚焦编码（focused coding），这一阶段相较于第一阶段更具有指向性、选择性和概念性，使用最重要的或出现最频繁的初级编码，用大量的数据来筛选编码，确定编码是否充分反映了数据，形成能够产生概念的类属（category to concept）。[2]

第三阶段为主轴编码（axial coding，亦作"轴心编码"）或理论编码（theory coding）。主轴编码的提出者主要是施特劳斯和科宾，主轴编码将类属与亚类属联系起来，将分散的数据连贯为一个整体，使得类属的属性和维度具体化，核心目的是将文本转化为概念，回答了"哪里、为什么、谁、怎样以及结果如何"的问题；理论编码主要由格拉泽提出[3]，也是将聚焦编码形成的类属之间的关系更为具体化的步骤，侧重点在于将分析性的叙事更为理论化。主轴编码和理论编码是可以互相替代的。

---

[1]〔英〕凯西·卡麦兹：《建构扎根理论：质性研究实践指南》，边国英译，重庆大学出版社，2009，第61-69页。

[2]〔英〕凯西·卡麦兹：《建构扎根理论：质性研究实践指南》，边国英译，重庆大学出版社，2009，第73、177页。

[3] Glaser B G, *Theoretical Sensitivity: Advances in the Methodology of Grounded Theory*, Sociology Press, 1978, p.72.

第四阶段为选择性编码（selective coding），更具针对性地对已有的类属进行系统性分析，确定核心类属和核心概念，围绕核心类属将其他类属进行系统的联系，最终形成完整的理论模型。

在上述编码过程中，撰写备忘录是一个必要的步骤，是形成类属、整合类属、确定类属间关系、建立理论模型的重要工具，也是研究者整理思路、启发自我的不二法宝。

编码过后，研究者会产生疑问，怎样断定自身的扎根理论是足够充分地贴合和解释已有的数据的？为此，需要进行理论抽样（theoretical sampling），来判断扎根理论是否达到了理论饱和（theoretical saturation）。理论抽样就是通过对数据进行抽样（sampling），补充和完善类属的属性，直到没有新的属性出现，则说明类属已经达到饱和，然后进行分类和画图，从而整合所生成的理论。[①]在这个过程中，不仅需要调动研究者的归纳推理能力，总结目前类属的情况，也需要发挥演绎推理能力，来寻找新的类属以完善理论。

整个扎根理论的研究流程如图1.1所示，是一个自下而上的研究过程。

在完成反复的比较、反思、修改和重构后，一个接近完备的理论便诞生了。值得强调的是，虽然扎根理论提倡"无预设"地自然呈现，但并不意味着放弃文献工作。了解文献才能具备必需的理论背景，有助于研究者为自己的研究找到合适的理论定位，能为理论的形成提供重要的比较维度。事实上，好的扎根理论是一定要做文献工作的。

如何评判扎根理论的研究质量呢？格拉泽认为，一个已完成的扎根理论要满足以下标准：要与数据非常契合，有用，有概念深度，能够经受住时间的考验，可以调整并具有解释力度。卡麦兹认为，一个好的扎根理论研究应

[①]〔英〕凯西·卡麦兹：《建构扎根理论：质性研究实践指南》，边国英译，重庆大学出版社，2009，第122页。

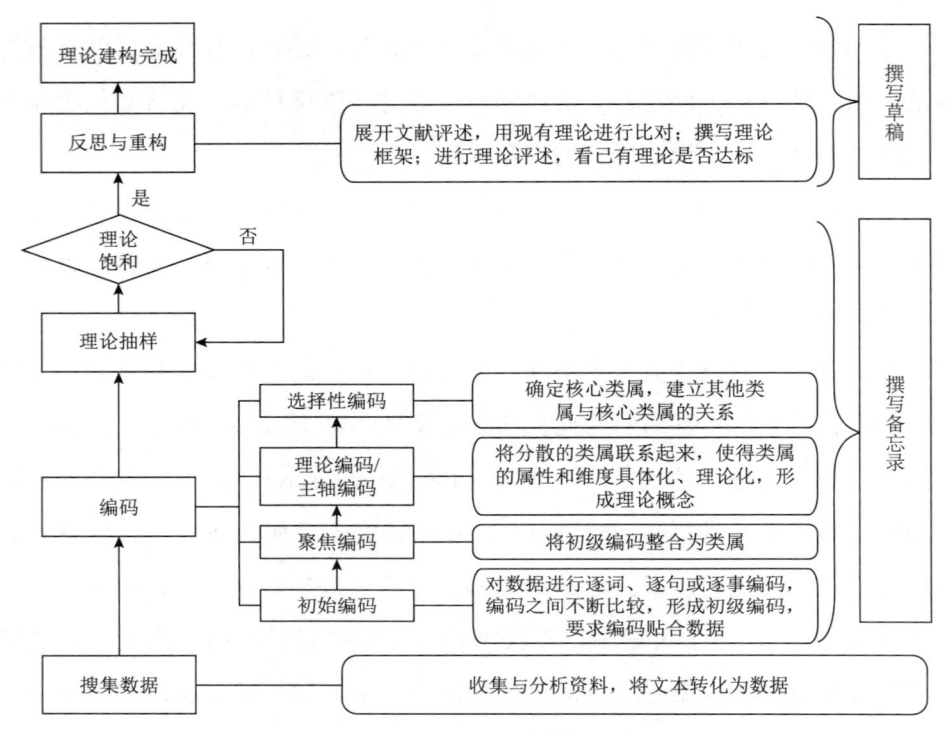

图 1.1 扎根理论分析操作流程示意图

当满足以下四个重要标准：①可信性（credibility），数据是否可靠，论证是否充分，类属是否足够，是否能让读者认同；②原创性（originality），类属是否新鲜，是否形成新的概念，社会和理论意义是否得以体现；③共鸣（resonance），类属是否充分描述了经验，是否与更大的集体和个体形成了关联；④有用性（usefulness），具体体现在经验、理论和现实层面的贡献。[①]

这些评价标准既是评判扎根理论研究合格与否的标准，也体现了扎根理论研究相较于单一方法的量化或者质化研究的独特优势所在。①一个好的扎根理论研究是可信的、经得起考验的，结论有充足的数据和充分的论证支撑，

---

① Charmaz K, "Grounded theory in the 21st century: Applications for advancing social justice studies", In Denzin N, Lincoln Y, *The Sage Handbook of Qualitative Research*, Sage Publications, 2005, pp. 507-535.

研究是有实证依据的。②一个好的扎根理论研究是富有原创性的,绝非人云亦云,其结果往往是独到的。③一个好的扎根理论研究是有深度的,避免了人们对量化研究"自证"和证明"易得猜想"的诟病,结论可以给人以启示。④一个好的扎根理论研究是可以指导实践的,是"实质的""有用的",有强烈的现实关怀,不是夸夸其谈的空中楼阁。

(三)扎根理论在新闻学研究中的应用现状

扎根理论在新闻传播学研究中逐渐得到应用。从国外的研究情况看,新闻传播学研究中扎根理论的应用在健康传播中最为广泛。[①②] 近年来,扎根理论在新闻传播学研究的各个领域内不断扩展,如网络舆论、媒介议程、受众研究、新闻生产、社交媒体、媒介形象、方法论研究等,也被越来越多的新闻传播学者认知、学习和使用。

从国内学界来看,有学者归纳出扎根理论在新闻传播学研究的三大应用领域,分别为新媒体用户的使用行为研究、群体性事件与网络舆情研究以及新闻传播理论的本土化创新与研究转向分析。[③] 这一概括有一定合理性,但并不完全。除了这三大领域外,目前扎根理论还逐渐被应用于新闻生产和职业发展方面的研究、媒介与国家治理,以及媒体平台的议程设置研究等。

近年来的国内外研究表明,扎根理论可以适用于新闻传播学研究的更多领域,且应用范围越来越广泛。这些研究有两个突出特点:一是案例研究普遍,扎根理论作为一种关注中观理论的研究方法,它的建立往往基于一个或

---

① Donovan-Kicken E, Tollison A C, Goins E S, "A grounded theory of control over communication among individuals with cancer", *Journal of Applied Communication Research*, Vol.39, No.3, 2011, pp. 310-330.

② Hannon M D, Hannon L V, "Fathers' orientation to their children's autism diagnosis: A grounded theory study", *Journal of Autism and Developmental Disorders*, Vol.47, No.7, 2017, pp. 2265-2274.

③ 张婵:《扎根理论及其在新闻传播学中的应用》,《西南交通大学学报(社会科学版)》2019 年第 2 期,第 55-64 页。

几个具体的案例;二是访谈法和网络数据挖掘成为常用的数据搜集方法,扎根理论的数据来自语言文本,访谈是最便捷、高效、准确的方法,而在互联网时代,网络话语是现实世界生活话语的重要补充。

虽然说扎根理论在新闻传播学研究中应用得逐渐广泛起来,但目前仍以传播学研究为主,新闻学领域的扎根理论研究仍然较少。丁汉青、苗勃运用扎根理论对网络时代新闻从业者职业认同危机的研究,是扎根理论在中国新闻学研究中的代表作之一。该研究通过对21名新闻从业者的深度访谈,讨论当前新闻职业认同是否存在危机,以分析当前中国新闻职业认同危机的构成维度。该研究先通过开放式编码形成了影响力下降、上升受限等18个初级概念,再通过主轴编码形成精神价值认同危机、使用价值认同危机等7个次级概念,最后通过选择性编码形成价值认同危机、专业认同危机、角色认同危机这3个主要的核心范畴,作为解释当前中国新闻从业者职业认同危机的构成维度,同时还讨论了技术作为一个重要的变量对这3个维度的影响和所起的作用。[①]

在这篇研究中,扎根理论在新闻学研究中所具有的优势可见一斑。第一,不同于传统的质性研究,扎根理论使该研究充分运用研究数据,使归纳建立在全面而牢固的数据分析基础之上,不存在遗漏细节信息的风险;第二,扎根理论重视个体层面的逻辑链,避免了量化研究对个体的忽视;第三,在掌握了编码规则之后,这一研究具有可重复性和可证伪性,有规范的操作流程,可信性和科学性得到了增强;第四,研究者在这个过程中始终保持着对理论的敏感性,动态地比较和调整已有的理论,使得最后形成的理论具有很强的解释力和时代感;第五,研究具有较强的"有用性",在该研究中,研究者根据新提出的3个维度,引入"技术"这一变量进行讨论,有效分析了技术在当代中国新闻工作者的职业认同危机形成过程中所起的作用。

---

① 丁汉青、苗勃:《网络时代新闻从业者职业认同危机研究》,《当代传播》2018年第4期,第19-23页。

从已有的研究来看，扎根理论为当代中国新闻学研究提供了新鲜而规范的方法保障，其学术意义值得进一步关注。

（四）扎根理论对新闻观念研究的方法论意义

扎根理论作为一种问世半个多世纪的规范的社会科学研究方法，对各个门类的社会科学研究具有普遍意义，而其哲学基础、研究范式、理论追求与当代中国新闻学研究特别是原创性研究更是具有很高的匹配度，具有重要的学术价值。

在哲学传统上，当代中国新闻学研究以阐释主义哲学传统为绝对主流，实证研究较少。扎根理论兼有实证主义和阐释主义，强调实证研究和数据的重要性，同时在此基础上形成理论，这可以在强化中国新闻学实证研究方面提供重要途径。

在研究逻辑上，当代中国新闻学原创性研究主要以归纳的逻辑为主，从实践中总结观点，但缺乏演绎逻辑，很难对观点进行验证。扎根理论是"归纳和演绎逻辑的混合"[1]，一定程度上可以解决论证不足的问题。研究者需要归纳地发展理论，然后不断检验直觉，过程充满理论推演的诱导性，得出的理论结果也更加扎实。

在研究方法上，当代中国新闻学研究以质化研究方法为主，然而科学性、可信性、有用性等方面并不突出，规范性不足；而量化研究则缺乏深入的观察，得出的结论有时"拍脑袋"也能想到；其中还不乏一些文章没有明确的研究方法。扎根理论是质化研究与量化研究的结合，要求研究者抛却质化与量化二元对立的思维，提升新闻学研究中实证研究的比重。

---

[1]〔英〕凯西·卡麦兹：《建构扎根理论：质性研究实践指南》，边国英译，重庆大学出版社，2009，第73、132页。

在理论建构上，当代中国新闻学的理论研究脉络大多是自上而下的，整体上缺乏建构感，仅有观点陈述，缺乏中观理论和微观理论支撑，以宏观论述为主。扎根理论则是自下而上的研究脉络，在建构中观理论和实质理论方面独树一帜，可以在建构新闻学的中观理论和实质理论方面提供有益的视角。

在适应场景上，当代中国新闻学研究缺少具体场景，场景缺乏多样性，而扎根理论目前已在社会学、政治学、医学、管理学等多个学科领域广泛应用，场景适应性较强，许多涉及文本数据和理论概念的场景都可以使用扎根理论，理论适应性较强。这一多样性场景的适应与介入可以将新闻学研究与当代社会发展结合得更加紧密。

在实践应用上，当代中国新闻学研究目前仍以学理性探讨为主，部分观点和结论虽然观照了现实，但仍达不到有效指导实践的高度。扎根理论秉持实用主义和实证主义的哲学传统，流动性、开放性特征明显，关注意义和过程，理论扎根于实践，可以对实践经验进行恰如其分的概括，且生成的理论有深度，源于实践又高于实践，可以对经验世界产生更加有效的指导。

在国际共识上，目前当代中国新闻学研究在国际上缺乏有影响力的理论体系、话语体系，原创性、标识性概念提炼不够，一个重要原因是研究方法的国际共识度不高。扎根理论作为在国际上普遍应用的研究方法，具有较强的理论形成能力，可以基于具有中国特色的新闻实践，提供富有想象力和解释力的理论框架，成为中国新闻学研究进入世界舞台的有效工具。

二、补齐中观理论的研究图景

中观理论（middle-range theory），也译作"中层理论"。根据罗伯特·默顿（Robert Merton）的观点，中观理论既非日常研究中广泛涉及微观的而且必要的操作性设计，也不是一个囊括一切、用以解释所有我们观察到的社会行为、社会组织以及社会变迁的完整统一的理论，而是介于这两者之间的理论。[1]格拉泽开创扎根理论时也提倡"建立有用的中观理论"。

从结构上来看，宏观理论结构较为简单，涉及变量较少，好的宏观理论结论往往具有较强的普适性与较高的可解释度；中观理论的结构更加复杂，涉及的变量也更多，其情境感要求更强，往往针对某些具体场景和具体案例。

以发现中观理论为主的扎根理论研究对当代中国新闻学研究有着承上启下的重要作用。这一方面体现在中观研究可以有效弥补传统宏观论述中实践性的缺失，另一方面也可以在具体的场景中将理论与实践联系起来，使理论源于实践，在实证与思辨的基础上实时更新，进而高于实践，指导实践。

其他学科对于中观研究图景的引入可以为新闻学提供参考，尤其是社会学和政治学领域的相关研究。公共行政研究领域的诸多学者已经通过不少有益的尝试发现，中观研究图景的引入，能够填补公共行政本土化理论在宏大叙事和经验研究之间的真空，中观研究进而得以成为构建中国特色公共行政理论的中坚力量。[2]例如有学者通过大量扎实的基层经验调查和理论探索，建构了"刚性社会矛盾"这一概念，为构建社会矛盾中观理论做出了贡献。[3][4]

可以说，中观理论作为连接宏观的一般理论与微观的特殊理论的中间地带，可以摆脱纯粹思辨的抽象推理和零碎的经验研究的路径束缚[5]，从经验中总结出理论框架，进而为经验世界提供理论指导。[6]它不会像单纯的宏大理论那样"大而无当"，也不会像单纯的微观理论那样"小打小闹"。这一

---

[1] Merton R, *Social Theory and Social Structure*, Free Press, 1968, p.39.
[2] 唐斌：《具象思维、关联意识与理论建构：公共行政研究的中层理论探索》，《中国行政管理》2018年第5期，第90-95页。
[3] 朱力、李德营：《现阶段我国环境矛盾的类型、特征、趋势及对策》，《南京社会科学》2014年第10期，第44-50，56页。
[4] 叶南客：《提炼社会矛盾本土概念 建构社会矛盾中层理论——读〈现阶段我国社会矛盾演变趋势、特征及对策研究〉》，《社会科学研究》2018年第6期，第196页。
[5] 汪仕凯：《政治社会：一个中层理论》，《学术月刊》2017年第7期，第78-87页。
[6] 易莲媛：《在经验假设与宏大理论之间——作为中层理论的文化生产视角研究》，《中国图书评论》2018年第3期，第104-111页。

中观理论研究图景，正是当代中国新闻观念研究特别是原创性研究迫切需要补齐的一块"拼图"。本书在接下来的研究和分析中，也将秉持重视中观理论贡献的原则，着重构建当代中国新闻观念研究的中观理论，以总结"中国经验"，进而构建"中国理论"。

三、寻找形成"中国理论"的优质方法

自20世纪60年代以来，扎根理论历经半个多世纪的应用与发展，作为一种质性研究方法正在包括新闻学和传播学在内的更广泛的社会科学学科领域内生根发芽，被更多人所认知、学习和应用。前文用了较大篇幅讲述了对于扎根理论的分析和探讨，正是希望以扎根理论为例，寻找可以总结"中国经验"，形成"中国理论"的优质研究方法。

事实上，可以总结"中国经验"与形成"中国理论"的方法有很多，如何判断一种方法是不是"优质"呢？

判断标准是多样的，且是随着具体问题具体分析的。以扎根理论为例，一是它综合了定性与定量、归纳与演绎的特性，可以补齐质化研究"科学性"和"可信性"不足的短板，形成更加规范的方法工具，一定程度上打破目前学界存在的"方法论鄙视链"；二是扎根理论在哲学传统、研究逻辑、理论建构、适应场景、实践应用等多个方面与当代中国新闻学研究需求存在较高的结构性匹配度；三是因为扎根理论强调中观理论建构的视角，这是当前中国新闻学原创性研究中建立经验理论亟待补充的视角；四是扎根理论的实用主义倾向意味着其理论必须高度贴合实践，有较强的"有用性"，这可以有力地提高中国新闻学研究中的理论成果与现实发展的动态拟合。

卡麦兹作为扎根理论半个多世纪发展以来的集大成者，对扎根理论有着深刻的观察。她在与哈德斯菲尔德大学教授格雷厄姆·R.吉（Graham R. Gibbs）的对话中谈到，扎根理论还在不断更新和发展，未来会变得更加流行

和实用，当然，扎根理论并不是包治百病的"灵丹妙药"，具体问题需要具体分析，在适合使用的场景中扎根理论才能发挥其最大的作用。①总的来看，扎根理论具有较强的工具价值，可以成为新闻传播学研究方法中的"常规武器库"的储备。与此同时，这一方法的使用的学习周期较长，也具有一定的学习难度，需要研究者进行经验积累，才能准确与熟练使用，发挥其效应。

总而言之，当代中国新闻观念研究呼唤优质的研究方法，固然需要取长补短，从已有的研究方法中发掘适用于本土经验提炼的范式和方法，但也要注意不能受限于既有的研究方法。希望未来可以见到越来越多用"中国创造"的原创方法开展的原创性研究，而非仅仅是按照西方已有研究方法进行的"中国制造"的"制式研究"。

纵观中国新闻学发展百余年，当代中国新闻观念体系的构建不是"突发奇想"，而是中国与世界发展进入新历史阶段的产物。它不是"空中楼阁"，也不是"另起炉灶"，而是中国百余年来新闻事业发展的成果，体现了中华五千年文明的积淀，也是融汇中西、取长补短后的理论交响。在当代中国，做好新闻观念的研究，要坚持主体性与普遍性、学理性与政治性的结合，以宏观的历史视野和全球视野，把握人文主义、科学方法、技术驱动的"三驾马车"，日积月累，滴水穿石，终将为世界贡献有解释力、说服力的中国新闻观念理论。

---

① 访谈视频参见：https://www.youtube.com/watch?v=D5AHmHQS6WQ&t=230s.

第二章
时代之问：新闻观念如何？

自 2016 年 5 月 17 日习近平总书记主持召开哲学社会科学工作座谈会并发表重要讲话以来，包括中国特色新闻学在内的中国特色哲学社会科学建设成为学界热点。在当前的研究中，有几种现象值得重视：一是表态型研究，仅仅从政治立场上表示支持中国特色新闻学，但并不深究其学理基础；二是表述型研究，仅仅把马恩经典作家文章再次组接来阐释中国特色新闻学，但并不结合新的媒介环境和舆论格局；三是表象型研究，仅仅以一些中国特有的新闻现象来填充中国特色新闻学框架，但其内在的逻辑性并不强。这三类研究现象存在于当代中国新闻观念研究的初级阶段尚可，但要建设中国特色新闻观念的学术大厦，仅有这样的研究还远远不够。

在新闻实践不断丰富和发展的当代社会，能否准确分析当代新闻观念的存在样态，能否发展与西方既有新闻理论并驾齐驱的新闻观念理论体系，并回答"新闻观念是什么、怎么样"的时代之问，直接决定了中国新闻学自主知识体系能否有效建设，决定了中国新闻事业能否有序发展。

第一节 新闻观念的观察

从形态上分析，当代社会的新闻观念系统主要有三种类型：宣传新闻主义、专业新闻主义和商业新闻主义。[①]宣传新闻主义是适应斗争需求而出现的，专业新闻主义是适应行业发展需求而出现的，商业新闻主义是适应市场竞争需求而出现的。这三种主义都有其存在的合理性，但显然，又都有很明显的局限性。那么，对于"应然"的新闻观念系统，新闻作为一种社会存在，既构成了社会，更影响了社会。从新闻承担社会责任的视角看，可以研究以推动社会进步为己任、以关注社会效果为原则的新闻观念。

一、新闻观念的"实然"之态

新闻观念是对于新闻现象的认识与看法。按照杨保军的说法，新闻观念主要是"新闻是什么"和"新闻应该是什么"的观念。前者是新闻的"实然"，后者是新闻的"应然"。从哲学上看，新闻观念还要关注新闻的"本然"，也即"新闻的内在规定"。因此，要理解新闻观念本身，必然要了解新闻的"实然"之态，也就是"新闻观念是什么"的问题。

新闻观念的存在是以新闻实践作为展现的。不同的新闻观念带来不同的新闻实践，一定的新闻实践总以一定的新闻观念做指导。在新闻实践日趋活跃、复杂的当代社会，新闻观念的活跃度与复杂度也愈发明显。从全球范围看，当代社会的特征是变化、多元、冲突，政治纷争、经济冲突、技术竞争等的愈演愈烈，不同国家、民族、阶层、社会群体的主体意识越来越强，利益之争愈发明显，价值观之争愈发强烈，由此引发的新闻观念冲突也愈发突出。

大卫·休谟（David Hume）曾指出，人类心灵中的一切"知觉"（perception）都可以分为"印象"（impression）和"观念"（idea）。"印象"指的是"进入心灵时最强最猛的那些知觉"，强调"初次出现"；而"观念"则指"我们的感觉、情感和情绪在思维和推理中的微弱的意象"，强调"再次出现"，

[①] 杨保军：《"新闻观念"论纲》，《国际新闻界》2011年第3期，第6-13页。

且会对人们的行为产生影响。① 显然，"观念"是更深层次和更高级的知觉。简而言之，"观念"就是人们基于现实而形成的认知的集合，并对现实产生影响。杨保军认为"新闻观念"是"关于新闻的科学观和价值观"②，并对新闻观念的概念做了如下描述。

> 新闻观念是一个整体性或整合性的概念，指称所有的具体新闻观念，有着十分丰富的内涵；新闻观念既包括关于新闻的科学观，也包括关于新闻的价值观，内在地还包含着关于新闻的方法论观念；新闻观念在宏观上是一个庞大而复杂的观念体系或观念系统，微观上则是一个个具体的观念。③

新闻观念的主体可以是任何具备基本认知能力的个体。本书聚焦的主体是新闻工作者，故而讨论的新闻观念更多指的是"新闻工作者的新闻观念"。对新闻观念的主体进行界定，也意味着后续在进行新闻观念的概念界定中，需要更多地从新闻工作者这个群体出发去进行讨论。

那么，"新闻工作者的新闻观念"究竟是关于什么的观念呢？顾名思义，"新闻观念"涵盖的客体肯定包括新闻本身，也包括新闻与社会、经济、政治等其他客体之间的关系，但绝非只是"新闻"而已，新闻工作者的群体特征也决定了他们的新闻观念肯定包括对"新闻行业"和"新闻职业"的看法。

综合上述观点，可以将"新闻工作者的新闻观念"界定为：新闻工作者对"新闻"、"新闻业"和"新闻职业"在科学、价值和方法上的观念的集合，既关注"实然"问题，也关注"应然"问题，并直接影响新闻实践。

---

① 〔英〕大卫·休谟：《人性论》上册，关文运译，商务印书馆，2016，第9页。
② 杨保军：《新闻观念论》，复旦大学出版社，2014，第17页。
③ 杨保军：《新闻观念论》，复旦大学出版社，2014，第48页。

二、新闻观念的"应然"之态

那么，新闻观念的"应然"是什么呢？新闻作为一种社会存在，既构成了社会，也影响了社会。从新闻承担社会责任的视角看，可以研究提出社会新闻主义，也即以推动社会进步为己任、以关注社会效果为原则的新闻观念。

新闻作为社会意识的生产者，其重要作用在于形成了公众对社会现状的认识、对社会价值观的共识。但由于各种政治性、商业性、功利性的新闻观念的作用，新闻实践没有很好地反映社会的变化与需求，而随着媒介技术的进步，新闻观念出现了更加无序与个性化的演变，也让当代新闻实践出现了更多混乱与无奈。

新闻的价值在于准确反映社会、积极引导社会，前者是后者的前提。当社交媒体代表民意甚至左右民意时，重构新闻观念的紧迫性越来越突出。这种新闻观念应成为推动机构媒体变革的指南，也应成为规范社交媒体发展的准则。

新闻的最大力量不是令人目眩神迷的技术、耸人听闻的内容，而是清晰准确的真相、积极冷静的态度。这种新闻观念体现的是一种价值理性，应该成为媒介技术进步、传播形式变化等工具理性的指导。这种新闻观念也体现了新闻的"本然"，即作为信息机构的社会存在。从中国古代的邸报、古罗马的公报直到今天的互联网社交媒体，新闻存在的生命力在于与社会发展的同步与同向。

在社会新闻主义的新闻观念的指导下，合格的记者要成为社会的观察者，是冷静的而不是浮躁的；成为社会的描述者，是准确的而不是歪曲的；成为社会的建设者，是积极的而不是消极的。其核心目标，是为社会公众建立清晰的社会认同。

研究当代中国社会的新闻观念，不能以愿望代替实际，不能以动机代替效果，不能以个别代替公众，而要坚持社会视角与科学视角，进行新闻观念的理论、历史和实证研究，以期推动中国特色新闻学研究，推进新闻舆论工作服务国家治理体系和治理能力现代化。

三、新闻观念的观察维度

观察和分析新闻观念，需要置于具体的社会环境内，去观测和理解"语境真相"而非"单一真相"。[①]因此，可以从政治与意识形态的维度，产业与职业生态的维度，文化与新闻认知的维度，来对新闻观念的具体内涵和特征进行研究讨论。

政治与意识形态的维度。新闻工作自诞生之初便与政治连根结蒂。在西方百余年的专业主义新闻实践过程中，新闻中的政治符号被逐渐隐去，有学者将之视为"去政治化的政治"[②]，而"去政治化"的过程本身也是西方政治意志的一种体现。不难理解，西方资本主义社会希望通过市场化的"自由媒体"进行主流意识形态的传播，进而达到哈罗德·拉斯韦尔（Harold Lasswell）所说的"守望环境、协调社会、传承文化"的媒介功能[③]，其本质仍是为西方政治制度所服务的。在这种被广泛默认的西方主流意识形态统治下，西方新闻传播学者往往无法跳脱自己固有的意识形态来反思新闻观念本身，也就难以接受其他的新闻观念，特别是马克思主义新闻观念存在的可能性。目前，国外对于"新闻观念"的表述限于对"新闻价值"（news value）或"新闻选择"（news choice）等概念的讨论[④]，并没有专门的表述，更没有

[①] 虞鑫：《语境真相与单一真相——新闻真实论的哲学基础与概念分野》，《新闻记者》2018年第8期，第30-37页。
[②] 李彬：《把"政治"带回来》，《新闻大学》2017年第4期，第1页。
[③] 〔美〕哈罗德·拉斯韦尔：《社会传播的结构与功能》，何道宽译，中国传媒大学出版社，2013，第37页。
[④] Arceneaux K, "Niche news: The politics of news choice, by natalie jomini stroud", *Political Science Quarterly*, Vol.127, No.2, 2012, pp. 335-336.

专门对此概念做过系统的研究。这种认知的缺位，恰恰是西方意识形态霸权在新闻研究领域内的直接体现。事实上，马克思主义新闻观在当代中国被提出来，正是有其独特的时代背景和特点的，有其独特的中国特色。这种中国特色本身就是政治的一部分。在反思和建构当代中国新闻观念的同时，必须要做的一个工作就是"用政治去解答政治"。

产业与职业生态的维度。新闻观念作为上层建筑的组成部分必然源于社会存在，同时又反作用于社会存在。也就是说，新闻观念源自新闻机构和新闻从业者的实践活动，新闻观念又形塑着新闻机构和新闻从业者的价值取向和行为逻辑。从历史上看，西方新闻记者的职业化和新闻的产业化过程与自由主义观念的盛行和中产阶级的社会运动紧密相连，塑造了以所谓"客观性"为核心职业理念的西方专业主义新闻观念，即使是在当下的"后真相"时代，客观性观念受到批判，也仍然可以看到部分西方新闻从业者和学者仍把新闻专业主义奉为圭臬，企图通过所谓"转向"以对专业主义进行"改良"而非"推翻"。与此同时，在信息技术迅猛发展的当下，他们还通过塑造技术中立的神话以对其进行"收编"和"去政治化"，以重新树立新闻专业主义的合法性。纵观我国传统历史上的新闻传播活动和中国共产党百年来的新闻实践发展历程，无论是新闻从业者的实践活动对新闻观念自下而上的塑造，还是新闻制度政策与经营模式的嬗变对新闻机构自上而下的规范，这些都展现了与西方不同的行为逻辑和职业生态，反映出了不同的新闻观念，根植于中国实际的新闻实践也不断推动新闻观念的时代化变迁。因此，考察和分析新闻观念应深入新闻从业者的实践，深入新闻产业与职业生态的操作过程，从个体与组织的具体行为逻辑中找到新闻观念的发展动力所在。

文化与新闻认知的维度。文化的内涵非常宏大，其体系中的核心内容包括（但不限于）认知体系和价值体系。认知体系包含对新闻概念、内容、形式、语境、主客体等的认识，还包括对新闻与社会、新闻与媒体、新闻与受众等关系的认识——而其之所以成体系，就是因为在新闻文化的整体大框架下，其认知是成一套自洽的逻辑的。价值体系则包括对一些认识论的具体问题的解答，例如"什么样的新闻是好新闻？""什么样的记者是好记者？""新闻是否该有立场？""理想的新闻界是怎样的？""哪些因素会影响新闻的质量？"等等，它指明了新闻未来发展的方向。文化之所以成为了解和研究一个国家、民族、群体、机构，乃至个体新闻观念的重要维度，就是因为它是内隐而深刻的。文化对于新闻的影响已经渗透进了新闻的方方面面，尤其是对新闻工作者主体而言。

第二节 新闻观念的形成

新闻观念是大社会、小社会（家庭、单位）与个人合力形成的结果。在我国新闻工作者新闻观念的形成过程中，新闻教育起到了基础性的塑造作用，体现了主流意识形态希望新闻工作者拥有的新闻观念；新闻实践起到了关键性的影响作用，社会现实和个体具体经历的交互，给新闻工作者的新闻观念留下了独特印记；新闻研究则起到了专业性的建构作用，通过新闻学界对新闻理论、业界经验的总结提炼，建构起新闻观念的"应然"之态。

一、新闻教育的塑造

当代中国的新闻人才培养理念，基本可以从价值塑造、能力培养、知识结构三个方面来进行归纳总结。正如有学者指出，在媒介融合时代，高尚的职业道德、娴熟的职业技能、广博的知识已经成为培养合格新闻人才的"三块基石"。[1]

---

[1] 徐晓红：《媒介融合背景下新闻教育的价值取向》，《新闻界》2012年第1期，第78-80页。

在 2015 年 11 月举办的首届"媒体总编与新闻学院院长高层论坛"中，来自学界和业界的资深人士都发表了对新闻人才培养的观点。论坛中，清华大学新闻与传播学院陈昌凤教授认为，无论媒介技术如何改变，新闻传播教育的内核和理念不能变，要重视综合素质的培养和伦理价值的坚守。复旦大学新闻学院童兵教授、北京大学新闻与传播学院陈刚教授、湖北日报传媒集团董事长邹贤启、武汉大学新闻与传播学院罗以澄教授也都表示，新闻教育应当坚持马克思主义新闻观，研究和处理好相关问题，加强教育的思想引领和针对性，促进学生了解当代中国。①

在我国，对新闻工作者进行新闻教育的主体主要是高校和媒体，前者重在对新闻观念进行"元塑造"，因为青年学生在进入高校之前往往没有成熟的新闻观念；后者会对新闻观念进行"再塑造"。此外，个体在新闻实践中的自我教育也是不容忽视的环节，是新闻观念的"内塑造"。

高校，尤其是高校中的新闻学院，是推进和发展新闻教育最主要的主体。新闻的专业教育和大众传播教育最早发轫于美国，20 世纪以来涌现了诸如约瑟夫·普利策（Joseph Pulitzer）的"职业化"教育思想、威拉德·G. 布莱耶（Willard G. Bleyer）的"进步主义"教育思想等，对我国的新闻教育产生了较大的影响。②

国内有学者将美国新闻与大众传播教育分为四种模式，分别为：①以进入宽广传媒工作领域为课程取向；②窄化和明确化的专业方向；③在传播学研究的框架内镶嵌新闻教育；④将新闻学置于人文教育思路中的"新专业主义"模式。③这四种模式在国内的众多新闻学院中都可以找到映射，不同方

---

① 虞鑫：《媒介融合·实践教学·人才培养——首届"媒体总编与新闻学院院长高层论坛"综述》，《全球传媒学刊》2016 年第 1 期，第 1-8 页。
② 单波：《论二十世纪中国新闻业和新闻观念的发展》，《现代传播（中国传媒大学学报）》2001 年第 4 期，第 24-30 页。
③ 陈昌凤：《中美新闻教育传承与流变》，中国广播电视出版社，2006，第 36 页。

向的专业新闻传播教育对从业者建构新闻专业理念起着重要的作用。①高校采用何种教学模式,沿袭何种教育理念,对塑造学生的新闻观念,深化其对新闻传播的认识,有着直接而深刻的影响。

新闻媒体是新闻工作者展示与提升新闻专业技能的主要平台,职场给予的"再教育"是培养和塑造成熟的专业新闻人的必由之路。职场中的"再教育"有两种方式:一是培训式再教育,或者由用人单位组织岗位培训,或者是个人自发地参与职业培训;二是工作中再教育,即新闻工作者在媒体工作过程中按照所在机构的新闻理念、新闻创作流程来进行新闻实践,日积月累形成一套新闻观念。从实践看,后一种基于岗位的实践教育给新闻观念的形成带来的影响更加深刻。

多尼卡·曼升(Donica Mensing)认为,目前新闻教育的主体已经由以高校、以产业为核心转变为以社区、媒体为核心。②重视新闻媒体对新闻工作者进行职业"再教育"的功能,充分发挥职业教育引导新闻工作者树立和坚定正确的行业价值观的作用,在新闻实践中形成清晰、稳定的新闻观念,成为当下新闻实践教育的重要内容。

除了外界给予的教育,相关个体本身也可以开展自我教育。科瑞·海姆(Cornel Hamm)在20世纪80年代提出,自我教育是帮助大学生尽快调整自我,融入社会和职场的重要手段,理应受到重视。自我教育的手段可以包括但不限于自我教学、自我导向、契约学习和社会实践。③有学者将自我教育分为有意的自我教育(willful self-education)和静默的自我教育(stillful

---

① 吴飞、丁志远:《新闻教育与新闻专业主义理念的建构》,《浙江大学学报(人文社会科学版)》2007年第6期,第128-137页。
② Mensing D, "Rethinking the future of journalism education", *Journalism Studies*, Vol.11, No.4, 2010, pp. 511-523.
③ Hamm C, "Critique of self-education", *Canadian Journal of Education*, Vol.7, No.4, 1982, pp. 87-106.

self-education）两个阶段。[①]前者是指打开学习者的心扉，使其进入深度学习状态；后者旨在将注意力集中于倾听和思考，侧重"和自己对话"。自我教育可以将新闻实践中所获得的体悟和感触逐渐内化为自己的认知，进而对新闻观念产生深刻影响。

基于移动互联网的社交媒体带来全新的媒介环境，使得个体正在经历越来越复杂的自我教育的过程。多样化社会思潮产生多样化新闻观念，作为新闻工作者，个体会出现新闻职业身份与社会个体身份的模糊、重合，会出现对不同身份的新闻观念的认识的摇摆，因此，重视和发挥自我教育的作用，时刻关注其发展动态，并加以引导和帮助，是新闻观念培养的有效举措。

本节将使用一项实证研究以回答下列问题：新闻专业大学生的新闻观念有哪些重要的影响因素？影响的过程是怎样发生的？新闻院校可以如何介入或施加影响，以提高新闻教育质量？

（一）新闻观念塑造的途径

杨保军在《新闻观念论》中指出，形成新闻观念的途径主要有接受新闻教育和参加新闻实践两种。[②]有学者对上海六所高校新闻类专业的本科生进行问卷调查后发现，校内教育和校外实习可以互为补充，促进新闻专业学生的职业认同。[③]因此，本节做出以下假设。

H1：新闻教育会对新闻专业大学生的新闻观念形成产生显著影响。

H2：新闻实践会对新闻专业大学生的新闻观念形成产生显著影响。

---

① Callender W D, "Adult education as self education", Adult Education Quarterly, Vol 42, No.3, 1992, pp. 149-163.
② 杨保军：《新闻观念论》，复旦大学出版社，2014，第132-164页。
③ 陶建杰、张涛：《上海地区新闻专业本科生的职业认同及其影响因素》，《国际新闻界》2016年第8期，第116-133页。

毫无疑问，新闻专业的大学生在参加新闻工作之前接受高校专业的新闻教育，已经成为一个越来越普遍的现象。[1]作为影响新闻观念形成的"第一个环节"，高校的新闻教育对于未来的新闻工作者而言，是具有启蒙性质的。[2]新闻院校本身就会对学生和教师群体产生影响，有不少学者通过实证研究对学院文化、课程设置与教学效果关系进行分析，证实了学院文化和课程设置是影响教学效果的重要因素。[3][4][5]因此，本节提出以下假设。

H1.1：新闻院校的学院文化会对新闻专业大学生的新闻观念形成产生显著影响。

H1.2：新闻院校的课程设置会对新闻专业大学生的新闻观念形成产生显著影响。

有学者强调，新闻教育是基于新闻学的教育，教育者对新闻学的性质判断会影响他对新闻教育的理解和实施。[6]据此，本节提出以下假设。

H1.3：高校教师会对新闻专业大学生的新闻观念形成产生显著影响。

除了教师之外，朋辈教育也会发挥举足轻重的作用，有学者指出，个体大学生的政治价值观、政治心理、政治情感受到群体的规范与制约；朋辈卓越人才的政治价值观反过来也会影响同伴群体的政治价值，最终使他们的政

---

[1] 胡正荣、冷爽：《新闻传播学类学生就业现状及难点》，《新闻战线》2016年第11期，第27-30页。

[2] 胡钰、陆洪磊：《马克思主义新闻观教育的创新思路研究》，《新闻与传播研究》2018年第11期，第5-17、126页。

[3] 程雯、谢翌、李斌等：《学校文化：涵养教师信念的母体》，《教育科学研究》2017年第4期，第35-40页。

[4] Abdul Ghani K A, Anantha Raj A A, "The influence of school culture and organizational health of secondary school teachers in Malaysia", *TEM Journal*, Vol.5, No.1, 2016, pp. 56-59.

[5] Shumacher S L, Fuhrman N E, Duncan D W, "The influence of school culture on environmental education integration: A case study of an urban private school system", *Journal of Agricultural Education*, Vol.53, No.4, 2016, pp. 141-155.

[6] 吴廷俊、王大丽：《从内容调整到制度创新：中国新闻教育改革出路》，《西南民族大学学报（人文社会科学版）》，2012年第7期，第150-154页。

治认同接近、趋同。①因此，本节提出以下假设。

H1.4：朋辈会对新闻专业大学生的新闻观念形成产生显著影响。

除了新闻教育的作用之外，有学者强调新闻实践是新闻观念演进的内在动力，社会层面和个人层面的新闻实践，都对新闻观念的变化起着根本性的作用。②本科生尚未踏入工作行列，参与新闻实践、获取工作经验的途径主要有两类，一类为以学生工作或兴趣社团的形式参与一些校内学生媒体或宣传组织，本书称之为"自主实践"；另一类为学生参加专业类媒体实习，本书称之为"专业实习"。有学者对新闻实践的含义进行了进一步阐释，在分析新闻专业大学生的新闻观念影响因素时，指出个体的工作经验会对新闻专业大学生的新闻观念产生重要影响。③有学者将以大学报纸为代表的新闻实践视为积累专业经验的重要途径。④另外还有学者指出专业实践与校内报纸实践的相关性，并对二者在锻炼和塑造个人方面的作用给予了肯定。⑤据此，本节提出以下研究假设。

H2.1：自主实践对新闻专业大学生的新闻观念形成产生显著影响。

H2.2：专业实习对新闻专业大学生的新闻观念形成产生显著影响。

此外，个体自身的因素，如性别、年龄、政治面貌、地域等人口统计学因素，以及家庭影响、自我认知、经济能力，包括原有的对新闻专业的认同感（具体可以体现为当时高考报考时将新闻专业设为第几志愿）等，都有可能对学生形成新闻观念产生影响。因此，本节提出下列假设。

---

① 李若衡：《朋辈教育在大学生政治认同教育中的作用》，《教育评论》2013 年第 4 期，第 81-83 页。
② 单波：《论二十世纪中国新闻业和新闻观念的发展》，《现代传播（中国传媒大学学报）》2001 年第 4 期，第 24-30 页。
③ 赵蓓蓓：《编辑记者新闻观影响因素及对策》，《中国报业》2016 年第 21 期，第 78-79 页。
④ Kolb A Y, Kolb D A, "Learning styles and learning spaces: Enhancing experiential learning in higher education", *Academy of Management Learning & Education*, Vol. 4 No.2, 2005, pp. 193-212.
⑤ Bockino D, "Preparatory journalism: The college newspaper as a pedagogical tool", *Journalism & Mass Communication Educator*, Vol.73, No.1, 2018, pp. 67-82.

H3：个体因素会对新闻专业大学生的新闻观念形成产生显著影响。

H3.1：个体的经济能力会对其新闻观念形成产生显著影响。

H3.2：年级会对新闻专业大学生的新闻观念形成产生显著影响。

H3.3：性别会对新闻专业大学生的新闻观念形成产生显著影响。

H3.4：个体受到的家庭影响会对其新闻观念形成产生显著影响。

H3.5：个体的自我认知会对其新闻观念形成产生显著影响。

H3.6：个体的政治面貌会对其新闻观念形成产生显著影响。

所以综上所述，新闻教育、新闻实践、个体因素三者为形成新闻观念的主要途径。新闻教育一般起到塑造的作用，对新闻观念的形成起到奠基性作用；新闻实践则起到影响和调整新闻观念的作用，使个体的新闻观念不断趋于成熟和稳定。此外，个体因素也是影响新闻观念的重要因素。

个体新闻观念的构成因素是非常复杂的问题，需要从哲学层面进行解析。根据杨保军的观点，新闻观念一来包括新闻起源、新闻本原、新闻定义、新闻传播原则（包含真实、客观、公正、全面、及时、公开六个观念）、新闻价值、新闻功能和新闻规律等关于新闻本身的观念，二来包括新闻行业的起源、属性、制度、功能的观念，三来包括对新闻职业的专业、责任、伦理道德的观念。[①]这为本节搭建认知框架提供了一个横向维度，即认知对象的维度，将新闻本身、新闻行业和新闻职业三者作为主要的观察对象。

从结构论的角度讲，新闻观念的层次结构可以分为核心认知、基本认知和操作方法三层。英国学者斯图亚特·艾伦（Stuart Allan）将记者的工作文化分为认知性知识、程序性知识和表达性知识三类，分别表示记者判断事件、

---

① 杨保军：《新闻观念论》，复旦大学出版社，2014，第62-93页。

选择素材和建构故事三个阶段所需要的知识。[①]这为本节建构访谈认知框架提供了另一个重要的纵向维度,即认知层次的维度。

结合以上两个维度,本节建构新闻专业大学生新闻观念的认知框架,如表 2.1 所示。

表 2.1 新闻专业大学生新闻观念的认知框架

认知层次	认知对象		
	对新闻本身	对新闻行业	对新闻职业
核心认知 (认知性知识, 回答"是什么")	·新闻是什么? ·新闻的边界在哪里? ·什么是马克思主义新闻观?	·新闻业的现状是什么样的? ·如何认识当下新闻业所处的大环境?	·如何界定新闻职业? ·从事新闻职业应该追求什么?
基本价值 (程序性知识, 回答"怎么看")	·怎么看待新闻与社会的关系? ·怎么看待新闻与政治的关系? ·怎么看待新闻与市场的关系?	·新闻业应当遵循商业逻辑还是社会逻辑? ·新闻业未来发展的方向是什么?	·新闻专业大学生应当遵循怎样的职业伦理和职业道德? ·怎么看待个人与集体、客观与全面、自由和责任之间的关系?
操作方法 (表达性知识, 回答"怎么做")	·新闻为谁服务?是否该带有立场? ·什么是新闻价值?如何做一则好新闻? ·新闻有何意义?	·应当如何营造新闻业良好的从业氛围? ·如何解决当下新闻业发展中遇到的问题?	·自己未来是否想从事新闻职业? ·新闻专业大学生应当如何制订自己的发展规划?

根据上述认知框架,本节对新闻专业大学生如何认知进而形成新闻观念有了一个基本的概念,初步完成了概念化的过程。

(二)新闻观念的理论框架

根据之前的文献综述,本节提出了如下理论框架,如图 2.1 所示。

[①]〔英〕斯图亚特·艾伦:《新闻文化》,方洁、陈亦男、牟玉涵等译,北京大学出版社,2008。

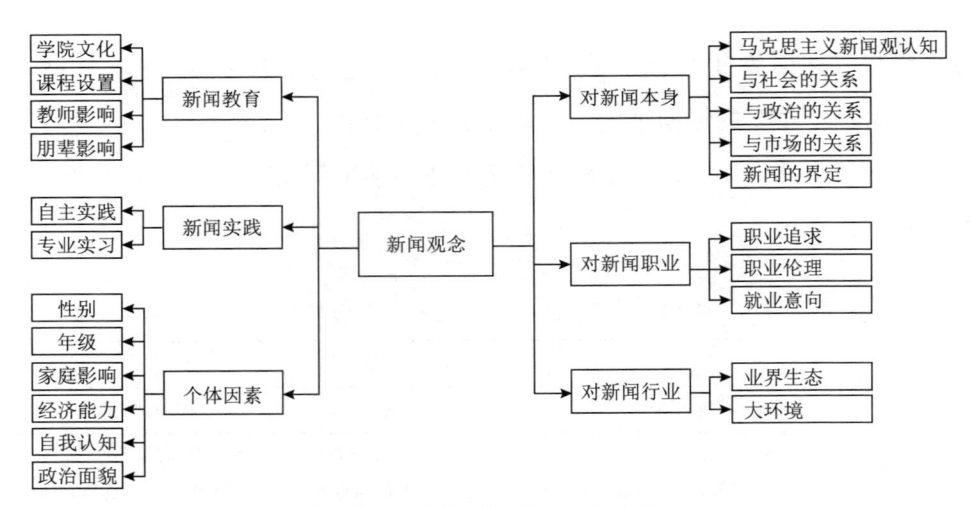

图 2.1　新闻观念的初级理论框架

本节将"新闻教育""新闻实践""个体因素""对新闻本身""对新闻职业""对新闻行业"6 个变量统称为一级变量，用"学院文化""教师影响"等 22 个二级变量进行概念化，其中"新闻观念"左侧的变量为自变量，右侧的为因变量"新闻观念"概念化后的子因变量（图 2.1）。

本节主要采用问卷调查法和访谈法结合的研究方法，对数据进行搜集，再运用多元回归和相关性分析对数据进行分析。经过前测检验，确定了 70 个调查问题，分别对上述二级变量进行操作化测量。经过因子分析检验，将拟合度较高的几个问题所形成的指数整合为三级变量，如"育人理念""育人目标"等，构成公因子的主要因子，进一步检验和改善了理论框架。过程比较烦琐，文中不作列举，呈现结果如图 2.2 所示。

至此，本节完成了对理论框架的操作化，经前测检验，测量用变量彼此之间没有意义重叠或歧义。

调查选取了 T 大新闻与传播学院的所有本科生作为调查对象，共发出问卷 286 份，含国内学生 192 份，国际学生 94 份，覆盖每一位本科生；收回问

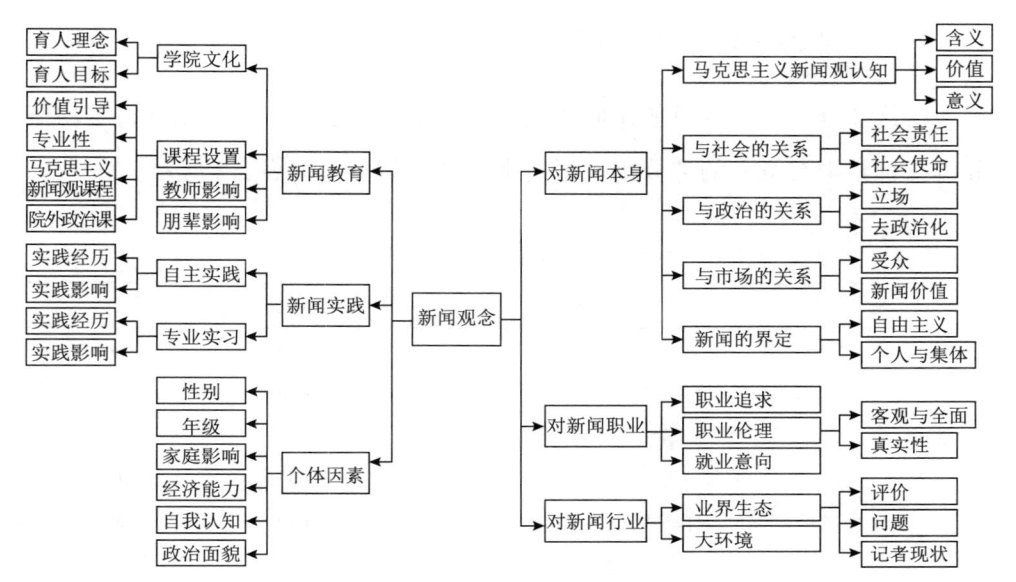

图 2.2 新闻观念的次级理论框架

卷 189 份，含国内学生 168 份（应答率 87.5%），国际学生 21 份（应答率 22.3%）。因此，后续的发现更多地解释了国内学生的情况。

问卷主要分为两类题型，如人口统计学变量、参与新闻实践经历等基本信息使用选择题题型，在涉及需要调查对象表达具体观点时则使用量表。量表题采用利克特量表，从"非常不同意"到"非常同意"共设了 7 个等级，依次标为"1""2""3""4""5""6""7"，其中"4"表示一般、不确定或不知情。

本节初步搜集到和整理的为三级或四级变量数据，经过多次主成分因子分析的整合后，形成了除"自主实践""专业实习"二者之外的所有二级变量，且均转化为了定比数据。上述两个二级变量由于不是使用量表测量的，故而无法进行整合。

在处理完数据后，本节主要采用了多元线性回归和相关性分析的方法对数据进行了分析。

（三）新闻观念的影响因素

在这部分，为了尽可能还原研究发现，本节选取了三级变量进行了均值分析，将其中有意义的部分摘取了出来，呈现如下，如表2.2所示。

表2.2 T大新闻与传播学院本科生新闻观念均值分析

项目	变量	均值	标准差
新闻教育	6 学院文化-育人理念	5.06	1.764
	7 教师影响	4.38	1.445
	8 朋辈影响	4.85	1.631
	11 课程设置-价值引导	5.52	1.192
	12 课程设置-专业性	4.89	1.582
	16 学院文化-育人目标	5.32	1.398
	17 课程设置-马克思主义新闻观课程	4.48	1.532
	19 课程设置-院外政治课	4.13	1.535
对新闻职业	39 职业伦理-客观与全面	3.59	1.567
	46 职业伦理-真实性	5.25	1.328
	50 职业追求	5.44	1.264
	51 就业意向	5.10	1.424
对新闻行业	47 业界生态-评价	3.87	1.469
	48 业界生态-问题	4.44	1.423
	49 业界生态-记者现状	3.37	1.491
	56 大环境-总体	4.56	1.235

注：变量前数字为三级变量编号，半字线前为二级变量名，半字线后为三级变量名，取值范围1～7。

"新闻教育"部分的均值得分为4.83分，然而"教师影响""课程设置-马克思主义新闻观课程""课程设置-院外政治课"的得分明显低于平均分。教师影响明显低于朋辈影响的得分，表明学生对教师引导作用的感知明显弱于辅导员等朋辈引导。与主流价值相关的课程设置题得分也不高，表明学生对于主流价值课程和主流价值本身的认可程度有限；同时对院外政治课的评价也不高，认为这些政治课还不够激发他们去了解和认同主流所倡导的新闻价值。

"对新闻职业"部分均值为4.27，"职业伦理"两个三级变量的均值明显低于"职业追求"，表明学生大多认可"新闻应该是客观的，不能加入主观情绪或观点"，"新闻应该是全面的，各方观点都应该得到充分的表达"，"新闻必须要考虑到受众，受众是第一位的"三种表述，一定程度上显现出对新闻专业主义的信赖和对市场逻辑的认可。

"对新闻行业"部分均值为4.02，接近于4，相较于"对新闻职业"更低，体现出整体上学生对新闻行业不够看好。"业界生态-记者现状"和"业界生态-评价"两项得分较平均分更低，表明学生对目前新闻记者的生存状态大体上表示悲观和不看好；对目前的舆论生态的健康程度评价较低，认为现在开展新闻工作需要背负的舆论压力更大了。

首先，本节将自变量依此对"新闻教育"下设的子因变量进行回归分析，由分析结果可见，学院文化会对学生认知主流新闻价值产生正向影响，学生越认同学院的文化，就越容易对主流价值产生正面的认知，且对其更容易接受。T大新闻与传播学院的学院文化主要以进入主流媒体、服务国家需要为主，体现为它的育人理念与育人目标，而主流所倡导的新闻价值的重要观点就包括党报（媒体）要坚持党性原则[①]，因此学生如果更倾向于接受学院文化，就意味着学生比较认同主流的新闻价值观。H1.1得证。

其次，教师以及辅导员等朋辈的人际影响会对学生认知新闻与政治的关系产生正向作用，学生受到来自教师的以及辅导员等朋辈的正面影响越多，越能正视新闻和政治的关系，越不会将新闻和政治对立起来。经访谈得知，与教师和辅导员群体接触比较频繁的同学更容易受到他们的影响，而与教师和辅导员群体接触频繁的这群人往往是党支部成员，其中低年级党员、积极分子

---

① 刘建明：《马克思主义新闻观的经典性与实践性》，《国际新闻界》2006年第1期，第5-10页。

受朋辈影响更多，高年级党员、积极分子受教师影响更多。主动入党的同学相较于不入党的同学对新闻与政治的判断更加辩证和准确，因此受教师和朋辈影响更多的人会对新闻与政治的关系有更多正面的判断。H1.3 与 H1.4 得证。

再次，课程设置会对学生认知主流价值、新闻与社会，界定新闻产生正向影响，学生受学院课程影响越深，对学院课程设置的认同感、收获感越强，对主流价值的认同感就越强，越倾向于新闻应当对社会负责，让社会变得更好，同时越倾向于辩证地界定新闻，不相信绝对的自由和平等。正如前文所述，T 大新闻与传播学院贯彻的教育理念兼顾了树立面向主流的价值观和培养专业的能力，课程中体现的正是这个学院核心的理念。学生越能接受学院的课程，就越能接受学院的核心理念，对主流价值的认同感就越强，思想就越辩证，因而对新闻与社会关系的观察就更加全面，能意识到新闻的责任和自由的边界。H1.2 得证。

分析还发现，学生越多地参与课外新闻类的实践，就越认同主流价值，同时也会越倾向于反对新闻审查，反对新闻背负过多的责任。经过访谈发现，参加过课外实践的学生由于有了写新闻的经历，有了参与新闻工作的直接体验，见到了诸多新闻乱象，体会到了有统一新闻观念引领的必要性，但同时也感知到了新闻审查对新闻工作产生的压力，进而对新闻审查产生了抵触甚至反对的倾向。H2.1 得证。

最后，受家庭正向影响越多的学生，越认同新闻的市场逻辑。受家庭正向影响越多并不是指家庭对学生的影响是正面积极的，而是意味着家庭对学生的引导更趋于尊重，对学生的约束更少。有研究表明，父母对子女的管理和约束越少，子女自尊心就越强，也更加尊重他人的意见[1]，进而更加看重

---

[1] 冯廷勇、丁云洪、王振勇：《父母教育方式与14—15岁独生子女性格特征相关研究》，《青年研究》1998年第11期，第33-35页。

受众个体的感受，对新闻的市场逻辑更加认同。

在对"对新闻职业"观念进行回归分析之后，得到回归结果如下。

学院文化和教师会对学生的职业追求产生正向的影响，学院文化对学生的影响越深，教师对学生的积极影响越大，学生就越坚定新闻理想，越坚持自己做新闻工作的"初心"，但都未对就业意向产生显著影响。

学生参加自主实践越多，也越能激发和坚定学生的新闻理想。经过访谈发现，自主参加新闻实践的学生一部分本身就怀有较强的新闻理想，另一部分在参与新闻实践中受到了正向激励，有了较强的获得感，进而增强了对新闻事业的认可度，更容易树立新闻理想。也有研究证明，在大学新闻类学生刊物实践过的人更容易进入媒体行业[1]，因此当学生有了"学生新闻工作者"这一身份后，他们出于身份认同也会更加倾向于认可新闻事业，坚定新闻理想。

经济地位对职业追求和就业意向都有着显著的影响，经济状况较好的学生更容易树立和坚持新闻理想，且越倾向于从事与新闻传播相关的工作。一种解释是经济状况好的学生在面临职业选择时试错成本较低，自由度更高，在对新闻抱有相同热情的两类人中，经济状况更好的那类人更容易选择新闻工作作为自己的职业，而经济状况较差的那类人则会考虑收入更高的职业。正如一位访谈对象所说的，他目前的经济状况不是很好，因此在考虑工作的时候会优先考虑薪资水平，但目前从事新闻工作给他带来的薪资期望并不是很高，因此即使对新闻感兴趣，也不会优先考虑从事新闻工作。H3.1得证。

本节还发现，性别也会对学生的职业追求产生影响，女生相较于男生更加愿意相信新闻理想，更容易因为理想去从事新闻工作。H3.3得证。

在对"对新闻行业"变量进行回归分析后，可以发现，学院文化会对学

---

[1] Lowrey W, Becker L B, "The impact of technological skill on job-finding success in the mass communication labor market", *Journalism & Mass Communication Quarterly*, No.78, 2001, pp. 754-770.

生的大环境认知产生负面影响，受学院文化影响越深的学生，对大环境的判断越悲观，对新闻工作的前景越感到悲观。本节认为这可能是因为受学院文化影响较深的同学比较倾向于主流价值，更愿意从事新闻工作，因此他们比其他同学更加关注新闻事件和社会动态。他们往往对目前的舆论乱象和新闻反转事件等忧心忡忡，这一定程度上影响了他们对目前社会现实的判断。

课程设置会对学生对于业界生态的判断产生正面影响，受课程影响越深的学生，对业界的评价就越正面。高校新闻学院并不是象牙塔式地教书，而是会结合实际讲授学科知识和业界前沿内容，因此接触课堂内容越多的学生，越容易了解到与业界相关的知识，受业界的影响越大。此外，一些高年级的学生表示，业界与课堂结合，学院经常请一些业界的新闻人来课堂上讲课，对他们的触动很大。

受家庭正向影响越多的学生，对大环境的判断越负面，越不看好从事新闻工作。这点其实与前文所提到的"受家庭正向影响越多的学生，越认同新闻的市场逻辑"相呼应，因为这些学生自尊心和独立性较强，很容易感受到外部的压力，尤其是负面压力，因此在感受负面新闻影响的时候会更加敏感，更容易对新闻工作以及新闻工作所处的环境产生负面的判断。H3.4 得证。

（四）重视新闻观念的教育和引导

经过上述研究发现和分析，H1 下的 H1.1～H1.4 全部得证，证实了学院文化、课程设置、教师、朋辈对学生新闻观念的影响，进而充分证实了新闻教育对新闻观念的影响；H2.1 得证，H2.2 未能得证，本节认为这可能是参加过专业实习的人数较少导致的测量偏差（参加过自主实践的人数为 127 人，占受调查总人数 67.2%，而参加过专业实习的人仅有 51 人，占 27.0%）；H3.1、H3.3、H3.4 得证，表明个体的经济能力、性别和家庭影响会对个体的新闻观念产生影响，H3.2、H3.5、H3.6 未能得证。

在此基础上，本节总结出了高校新闻学院目前在行政管理和教育教学上存在的若干值得注意的问题，并提出了相应的建议，整理如下。

行政管理层面，教师群体对学生新闻观念的影响还不够，不如辅导员等朋辈群体的影响大。因此，建议新闻学院要加强教师队伍建设，促进教师与本科生的交流，提升教师在思想引领方面的影响力。与此同时，也要对辅导员等朋辈群体的影响力加以重视，抓好辅导员等朋辈群体的思想建设，树立典型，发挥榜样的力量。新闻学院的学生中，目前本科生参与新闻实践或专业实习的人数仍然较少，占比不到 2/3，不少人直到大四因为必修要求才去参加专业实习。因此，要加强本科生的职业发展规划与引导工作，鼓励学生们多参与专业实践与实习，了解前沿动态，即使将来不从事新闻工作，也可以提升新闻素养，对新闻工作有基本的了解。研究统计发现，超过六成（61.3%）参加过自主新闻实践的同学都认为，对自己影响最深的是学院主办的某学生报纸，超过 2/3 的大一新生刚入学时都会加入该报社。然而，作为许多学生参与新闻实践的第一站，该报纸给学生带来的收获却大多仅停留在增长技术、拓宽人脉和丰富履历的层面（72.4%），能因为在这里实习而产生观念或理想上收获的却相对较少（27.6%）。因此，要重视学生媒体发挥的作用，加强对学生媒体的培养和引导。一方面通过投入资源，如增添专业设备、匹配行业导师，来提高媒体平台的承载能力；另一方面要加强对学生媒体观念上的引导，不必忌讳对学生媒体的观点提出批评，也不必忌讳对学生媒体进行干预和管理，有研究表明，这类对学生出版物的审查和管理在美国的大学校园中比比皆是。[1][2]

---

　　[1] Ryan M, Martinson D L, "Attitudes of college newspaper advisers toward censorship of the student press", *Journalism Quarterly*, Vol.63, No.1, 1986, 55-60.

　　[2] Filak V F, "A concurrent examination of self-versus-others perceptual bias and the willingness to self-censor: A study of college newspaper editors and advisers", *Journalism & Mass Communication Quarterly*, Vol.89, No.2, 2012, pp. 299-314.

教育教学层面，要关注学生群体中出现的新自由主义和新闻专业主义极化倾向。前文对"职业伦理"变量的分析中已经说明，有些学生已经显现出对新闻专业主义的完全信赖和对新自由主义市场逻辑的高度认可，其中有一些高年级学生还在重要的学生媒体中担任重要岗位。若不对这类学生群体进行及时的提点，在他们成为朋辈中的卓越人才，或将来踏入社会后，将会对更多的人产生新闻观念上的影响。因此，学院和教师有必要关注这一类学生群体，及时与之沟通，尽量避免其新闻观念走向极化。要提高新闻价值与新闻选择的相关课程在普及主流新闻价值含义、令学生更好地理解主流价值方面的效果。这方面的教育教学一直是中国新闻院校的一个难点和痛点，需要多方配合，仅凭几堂课要彻底改变一个人的新闻观念是不切实际的。不仅要将主流价值教育贯彻到教学、实践的每一个环节，更要调动院外资源，如全校范围内的思政课程。

此外，要重视学生的理论主动性。在调查和访谈的过程中我们感受到，学生对理论和观点有着独特的见解，对学院给予的理论观点不会照单全收，即使考试答对了一些内容，现实生活中也未必会那样想。因此，教育者一定要重视学生的理论主动性，在传授理论和传播观点的过程中，要进行充分而彻底的论证，让学生"知其为更知其所以为"。只有彻底说服了学生，学生才会"买账"。

要重视对有志于从事新闻工作的学生进行宏大社会认知方向的引导。正如前文所证明的，有志于从事新闻工作的学生在对社会大环境的判断上往往比较悲观，尤其是在这样一个负面新闻与正面新闻双双满天飞的时代。学院课程的教学一定要紧跟时事，尤其要重视对新近发生的，或长久以来未被充分解释的负面新闻事件的解释和分析，让这部分未来的新闻工作者了解问题是什么，更了解如何去分析和看待一个问题，而不是被社会负面情绪牵着走。更长远来讲，其实是要培养他们的辩证思维和独立思考能力，在此之上树立牢不可破的马克思主义新闻观。①

最后，要维持和加强业界的引入，形成对教学的有力补充。前文已证，业界的引入能对课程效果起到非常好的促进作用，因此，选什么人来讲是一个非常重要的问题。选择业界人才不仅要"唯才"，更要"唯德"，三观要正。学院不仅要鼓励业界人才进课堂，更要把好选择业界人才这一关。

高校毕业生在走上工作岗位，成为新闻工作者之后，随着新闻实践的不断丰富，面对的社会思潮越来越多元，其自我教育会不断强化，会对原有的在高校形成的新闻观念产生一定程度的冲击，有时甚至可能有颠覆性的影响。此时，新闻媒体等能够对新闻工作者进行"再教育"的组织的影响就至关重要。新闻媒体或许无法彻底地改变一个人的新闻观念，但却可以形成一种导向性的氛围，对身处其中的个体的"具体观点"进行引导，继而潜移默化地影响深层次的核心观念。值得重视的是，目前新闻媒体的"再教育"功能还没有受到足够的重视，人们仅仅将媒体作为职业场所，尚未视其为教育场所。

从新闻观念的培养来看，如何将新闻媒体"再塑造"与高校新闻教育"元塑造"更加紧密地结合在一起，进而推进相关个体自我的持续的"内塑造"，愈发成为当代新闻教育的重要着力点。当然，目前开展的部校共建、新闻媒体与高校共建新闻学院的举措是带有探索性的尝试，是有效的，但还存在合作融合度不够、覆盖面不够的问题。

从深层意义上看，探究高校和新闻媒体的新闻教育如何通过紧密互动塑造新闻观念是有时代意义和理论价值的。在自媒体、社交媒体高度发达的媒介化环境中，新闻行为的约束要靠外部的法规，更要靠内在的伦理，而后者就来自共同的观念。

---

① 胡钰、陆洪磊，《马克思主义新闻观教育的创新思路研究》，《新闻与传播研究》2018年第11期，第5-17、126页。

二、新闻实践的影响

作为新闻实践指导的新闻观念是来源于新闻实践的。建构当代中国的新闻观念不能是"空中楼阁"的理论设计,也不能是"拿来主义"的外部输入,而应是基于当代中国新闻实践的规律性提炼与学理性研究。

新闻观念是新闻实践的指导。专业主义新闻观念使得新闻媒介与社会产生距离,商业主义新闻观念使得新闻媒介成为小众利益的工具,技术主义新闻观念使得新闻媒介被技术使用与渠道优势裹挟。有多少种新闻观念就有多少种新闻实践。在当代社会,新闻已经成为人们认识社会、形成决策的基本依据,用阿兰·德波顿(Alain de Botton)的话说:"新闻如今占据的权力地位,至少等同于信仰曾经享有的位置。"[①]那么,新闻建构人们的想象世界,谁来建构新闻的共同观念呢?怎样的新闻观念才能满足人民日益增长的美好生活需要?

(一)当代新闻实践的特征与挑战

当代新闻实践的突出特征是社交媒体的兴起。在社交媒体的新闻传播中出现了全新的变化:社交媒体成为获取新闻的主要入口,因而成为形成社会认识、情绪及行为的重要力量;自媒体与"草根记者"大规模出现,因而多元化和去中介化成为当代新闻传播体系的主要特征;技术驱动型的聚合类媒体、搜索类媒体占据优势,因而新闻把关人失灵、新闻事实核查成为新闻传播中的首要难题。

社交媒体赋予个人与非传统新闻媒体的各类机构以新闻传播权力,实现传播权利(right)向传播权力(power)的转移,传播主体发生重大变化,从过去的传统新闻媒体、小众群体向现在的个人、机构自媒体、全民转变。简

---

① 〔英〕阿兰·德波顿:《新闻的骚动》,丁维译,上海译文出版社,2015,第3页。

言之，当代新闻传播出现了由机构化传播向个体化传播的重大转变。这种新闻传播实践的大变化使得传统的新闻观念已经很不适应。

在传统媒体主导的时代里，高级知识分子引导力很强，但在社交媒体发达的条件下，多样性舆论生态成为一种必然，因此"无害的多样性"的新闻观念逐渐出现，这要求媒体管理实现从媒体引导到媒体合作的转变。对公共话题，要有参与性的讨论与引导性的意见，越是充分的讨论、理性的信息，得出的共识度就越高。同时，这种传播要有创意性，体现"90后""00后"受众的行为特点。如今，新闻的功能已经发生了重大变化，过去的新闻主要发挥信息功能，而现在的新闻还具有娱乐功能与社交功能。①

媒介融合对职业新闻传播工作者提出了更高的要求，也使新闻教育面临严峻的挑战。②除了牢牢树立正确的价值观之外，新闻工作者还需要拥有更强的工作能力、科研能力和"传播的想象力"。新闻业界人士认为，新闻传播教育最基础的核心功能应当是对新闻叙事能力的训练，而不是去追逐那些最强、最新的技术。此外，新闻工作者还要有广阔的视野和强大的学习能力。③相较于传统的单一知识体系，复合型知识结构更有助于新闻人才适应当下的媒介环境。

（二）新闻实践影响新闻观念的方式

基于新闻教育的实证研究结果，本节对13名从事新闻工作的记者与编辑进行了深度访谈，受访谈者来自人民日报、新华社、光明日报、科技日报、中央电视台、南方周末、彭博社等媒体，受访谈者既有报社总编辑、部门主

---

① 胡钰：《后喻文化视阈中的新闻观念》，《新闻与写作》2017年第10期，第74页。
② 中国人民大学新闻学院新闻传播教育课题小组、倪宁、蔡雯：《媒介融合时代的中国新闻传播教育：基于18所国内新闻传播院系的调研报告》，《国际新闻界》2014年第4期，第123-134页。
③ 虞鑫：《媒介融合·实践教学·人才培养——首届"媒体总编与新闻学院院长高层论坛"综述》，《全球传媒学刊》2016年第1期，第1-8页。

任等资深媒体人,也有参加媒体工作不久的记者与编辑。访谈后,通过扎根理论进行分析,总结新闻实践影响新闻观念形成的若干规律。

研究发现,当代新闻工作者新闻观念的形成主要依赖两条路径,分别为高校新闻教育和新闻实践。此外个人因素和环境因素也会对个体新闻观念的形成产生一定的影响。从时间上来看,新闻工作者的新闻观念形成可以分为三个阶段,分别为塑造基础新闻观念的"教育塑造阶段",新闻观念在新闻实践中不断调整的"实践调整阶段",以及新闻观念趋于稳定后不断强化,并最终形成成熟的新闻观念的"自我定型阶段"。

新闻观念形成过程如图 2.3 所示。

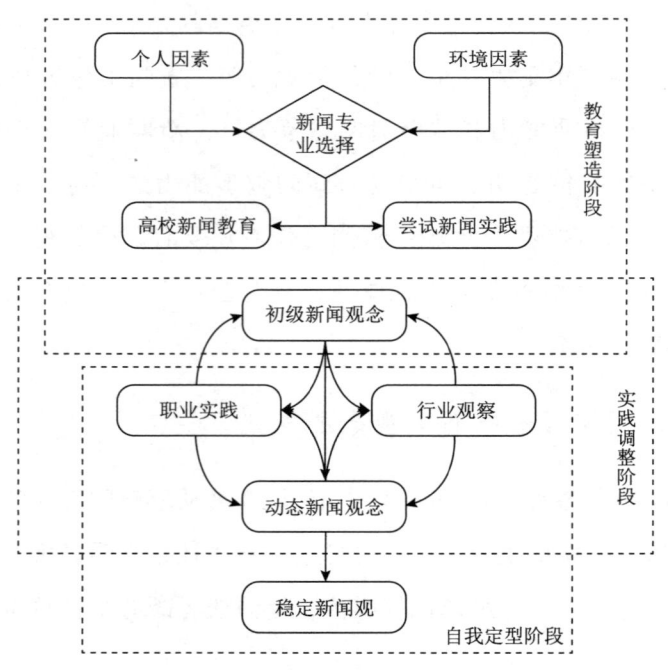

图 2.3 新闻观念的形成过程

在进入高校新闻专业之前,个体就会对新闻以及新闻业产生一些懵懂的想法和观点。在进入高校接受系统的新闻教育之后,个体会形成一套初具雏形但未加整合的新闻观念,可称之为"初级新闻观念",包含对新闻的看法、对新闻行业的认知和对新闻职业的理解等。

在入行早期,青年新闻工作者的"初级新闻观念"很容易在新闻实践过程中受到影响,经历二次塑造或多次塑造,形成新的、相对动态的新闻观念。在这个"实践调整阶段"中,新闻工作者主要通过参与新闻实践和积累行业经验,不断重塑和调整自己的新闻认知。

当个体的实践经验积累到一定程度,新的新闻实践经验已经无法对新闻工作者的新闻观念产生新的改变时,可以说该个体的新闻观念已经达到了一种相对稳定的状态。此时,一个典型的特征是,个体愿意对外输出自己的新闻观念,可以凭此新闻观念去影响他人和指导实践,同时自己的新闻观念逐渐固化。

当个体的新闻观念已经自成体系,甚至可以演化为自己的潜意识时,任何外来的事物和观点都已经无法对其产生颠覆性的影响,那么可以说,这些新闻观念的集合已经成为稳定的新闻观了。这种稳定的新闻观是系统化和内在化的,可以强有力地指导新闻实践,且往往很难被推翻。

三、新闻研究的建构

新闻教育要能够管用,除了需要大量结合当代新闻实践,相关的新闻研究也是必不可少的。新闻研究与新闻媒体紧密结合,有利于提高研究的社会化程度,缩短"象牙塔"与社会现实之间的距离。

推动中国特色新闻学的理论建构是中国新闻学研究的重中之重。要实现这一任务,"工欲善其事,必先利其器",掌握兼具中国特色和普遍意义的理论工具,在理论与实践的紧密互动中,突出问题感与规律性,循序渐进,中国特色新闻学的学术大厦自然而然就会建设起来。

（一）中国特色新闻学的理论自觉

中国特色新闻学的提出不是空中楼阁，而是源于中国新闻实践发展的积累，这一实践与其他国家特别是西方国家不同，因而用单一的西方新闻理论已经无法解释。与此同时，新闻舆论工作在国家全局工作中的作用日益凸显，在国际关系与全球竞争中的作用日益凸显，乃至成为"治国理政、定国安邦的大事"，因而迫切需要有一套完整的、自主的理论体系来解释并指导新闻实践。

与新闻实践及国家发展的现状相对照，中国的新闻学发展还存在明显的不足。

一是新闻学发展落后于经济发展。与国家经济实力在世界居于领先位置相比，中国的新闻传播能力与新闻话语权在全球还居于比较落后的位置，中国的发展实绩、发展道路没有得到很好的传播与解释。从全球范围看，尽管中国在国际金融危机后贡献了世界经济增长的最大份额，尽管中国的"一带一路"建设希望形成全球共同发展的新格局，但中国对全球发展的贡献度没有在全球舆论场中获得相应的美誉度。在国际传播体系中，"西强我弱"的格局始终没有改变，中国新闻实践、新闻理论发展得相对缓慢已经越来越成为制约国家发展的重要因素。

二是新闻理论落后于新闻实践。当代新闻实践的突出特征是新技术给新闻传播活动带来的强大改变，新闻传播的技术化已经成为大趋势。但不容忽视的是，传统新闻传播学科建设和人才储备具有鲜明的文科化特征，对新技术的敏感程度与研究能力都远远不够。这导致高校新闻学科还是更多局限于传统的文科内容占主导的新闻理论与新闻教学。与此同时，当代新闻传播的个人化特征也越来越突出，传统新闻传播中的机构行为与当代新闻传播中的个人行为共同构成当代新闻传播格局，而后者的活跃度、引导力愈发强劲。

但是，传统新闻理论以研究机构的新闻传播行为为主，其理论还不能很好地对个人化新闻传播行为作出解释和预测。

三是新闻理论自主创新不足。当代大众传播学的发源地是西方国家特别是美国。改革开放以来，随着西方新闻学、传播学理论的引入，中国新闻学的理论体系中更多地吸纳了其成果，推动了中国新闻学的发展，但值得关注的是，中国新闻理论的原创性内容特别是学理内容、方法建设却没有充分发展，因而出现了中国新闻学研究中普遍使用西方理论观点的现象，以至于在高校学生的新闻学研究中，更多地使用议程设置、框架理论等西方经典理论来解读中国新闻实践，甚至以中国新闻实践去印证这些西方理论观点，而中国特色的新闻学理论使用有限。在中国新闻学界与世界学术界的交流对话中，由于缺乏自主创新的理论成果，也缺乏相应的国际学界影响力，新闻领域的"理论中的中国""学术中的中国"难以展现。

这些问题的积累带来中国新闻学理论供给与需求的严重不平衡。在日趋复杂的当代中国思潮和全球舆论格局中，中国面临极大的理论挑战，对许多中国独有的实践有"做法"无"说法"。正是在这种强烈的现实需求中，中国新闻学的理论自觉日趋强烈，中国特色新闻学的理论建设逐渐成为学界、业界的热点。事实上，中央对新闻舆论工作十分重视，中国特色社会主义道路愈发成功，相比之下，西方新闻实践与西方既有新闻理论的矛盾愈发明显。中国学术界探索中国特色新闻学的共同意识愈发浓郁，已经成为新时代中国特色新闻学发展的特征与动力。

中国特色新闻学的理论体系需要建构在坚实的理论基石上。这一理论体系要坚持科学性与政治性的统一、理论性与实践性的统一、主体性与主体间性的统一。具体来看，源于新闻实践进行新闻理论创新，就是建构以马克思主义新闻观为指导、基于中国历史文化与当代实践、具有全球视野的新闻理论体系。建构这一理论体系，有效的理论工具包括：辩证唯物主义认识论、传播政治经济学、文化研究、媒介理论。

（二）辩证唯物主义认识论与中国特色新闻学的理论建构

辩证唯物主义认识论为中国特色新闻学提供了世界观与方法论的理论工具。认识论是关于认识本质与规律的方法论，是人类获得真理的基本依据，有科学的认识论才有科学的理论。近代西方哲学以认识论为研究重心，摆脱了神学对人的认识活动的束缚，强调了理性的重要性。但与之并来的问题是关于主体与客体的二元对立思维范式，带来了认识论上的机械性、形而上学性。黑格尔就是以精神化的历史作为研究对象，以绝对精神作为逻辑起点与世界终极。

马克思主义认识论实现了对以往的唯心主义、经验主义、机械唯物主义的超越，形成了辩证唯物主义认识论。这一认识论所阐发的能动的革命的反映论，推动认识论实现了根本变革，形成了科学的认识工具，也成为中国特色新闻学的最基本的认识工具。

辩证唯物主义认识论的核心是以现实实践维度来认识世界。观念是现实的产物，意识是社会的产物。马克思幽默地说："'精神'从一开始就很倒霉，受到物质的'纠缠'，物质在这里表现为振动着的空气层、声音，简言之，即语言。语言和意识具有同样长久的历史；语言是一种实践的、既为别人存在因而也为我自身而存在的、现实的意识。语言也和意识一样，只是由于需要，由于和他人交往的迫切需要才产生的。"[1]在批评青年黑格尔派脱离现实的认识时，马克思指出："他们只是用词句来反对这些词句；既然他们仅仅反对这个世界的词句，那么他们就绝对不是反对现实的现存世界。"[2]

---

[1] 中共中央马克思恩格斯列宁斯大林著作编译局：《马克思恩格斯文集》第一卷，人民出版社，2009，第533页。

[2] 中共中央马克思恩格斯列宁斯大林著作编译局：《马克思恩格斯选集》第一卷，人民出版社，1995，第66页。

新闻活动是人类认识世界的一种实践活动。这种实践就不能仅仅是"词句的活动","词句"源于"现实",是主客观关系的体现。以辩证唯物主义认识论来分析新闻活动,关键是要准确把握"实践"的内涵。新闻活动要准确报道现实,不能脱离实际存在进行"主观想象",也不能直观反映进行"有闻必录",而是要在主体对客体的对象性的、关系性的活动中进行检验。"人的思维是否具有客观的真理性,这不是一个理论的问题,而是一个实践的问题。"[1]因而,离开实践讨论新闻的客观性、思维的真理性都是经院哲学的表现,也都是不符合辩证唯物主义认识论的。

在新闻活动中,事实是第一性的,报道是第二性的。报道外界的过程就是认识外界的过程,第一阶段是感性认识阶段,对报道对象进行采访,获取一手的信息,了解事情的基本情况;第二阶段是理性认识阶段,对采访资料进行消化吸收,按照新闻报道的基本要素、新闻价值的基本原则与新闻写作的基本规范进行选择与表达。

按照辩证唯物主义认识论来分析新闻活动,既要反对脱离感性认识阶段的主观主义报道,也要反对脱离理性认识阶段的客观主义报道。事实上,在新闻活动中,既有报道的选择性,不论任何国家、任何组织、任何个人进行新闻报道,都有其选择事实的尺度,同时,也有事实的客观性,不论是机构媒体报道还是社交媒体报道,任何报道都要追求自己的报道是依据客观事实的。"在这个过程中,真实是新闻的生命,价值是新闻的灵魂……新闻是真实与价值的统一体,这是马克思主义新闻观的一条核心原理。基于这一原理,新闻工作既要把握'根据事实来描述事实'的真实观,也要把握'以人民为中心的工作导向'的人民观。"[2]

---

[1] 中共中央马克思恩格斯列宁斯大林著作编译局:《马克思恩格斯选集》第一卷,人民出版社,1995,第55页。

[2] 胡钰:《马克思主义新闻观的真理性、批判性与实践性》,《新闻与写作》2018年第8期,第5-9页。

当然，按照辩证唯物主义认识论，到达理性认识阶段还没有完结，还要将这一理性认识转化为实践，在实践中检验其真理性。因而，新闻报道的质量还要对该报道带来的社会效果进行评价，能够反映整体真实、促进社会进步的报道才是高质量的。

（三）传播政治经济学与中国特色新闻学的理论建构

传播政治经济学为中国特色新闻学提供了分析新闻与权力关系的理论工具。进入信息社会，传播成为社会运行的核心力量之一。从一定程度上看，传播即利益，传播即权力，传播即生活。那么，什么是当代传播背后的力量呢？政治经济学提供了有效的理论工具，从新闻传播行为的深层次政治经济关系来分析，可以更透彻地看到其支配力量及其运行，可以更全面地看到国家、市场、社会三个权力场域之间的互动。"在传播政治经济学研究中，学科的母体或者方法论是政治经济学，研究对象是以传播媒介为核心的人类传播行为及其活动。传播政治经济学是将传播活动作为一种经济活动，以生产、分配、流通、交换及其宏观决策活动这种政治经济学的思路来观察媒介及其传播行为的。"[①]

更值得关注的是，当代新闻传播具有突出的超越国界的全球化特征，任何一国的新闻同时也是国际的新闻，同样，任何国际的新闻也可以引爆国内的舆论，因此，如何在全球范围内以政治经济学方法来分析传播行为，就形成了"跨文化传播政治经济研究"这一"有关全球传播的整体性理论和实践框架"。"作为马克思主义传播学术的当代发展，这一研究取向聚焦权力这一核心概念，以挑战西方中心主义、文化本质主义和媒介中心主义为己任，将传播、政治经济结构和社会发展等问题放在全球资本主义体系内不同文化

---

① 郭镇之：《传播政治经济学之我见》，《现代传播（中国传媒大学学报）》2002 年第 1 期，第 34-37 页。

间的碰撞和互动过程中来分析,强调社会体系的动态转型与历史性演变过程以及传播与文化的社会历史嵌入性和社会主体的能动性。"①

随着经济全球化的深入和媒体市场化的推动,资本、跨国资本在中国新闻传播活动中的主动性、主导性越来越强,分析这些新闻传播活动背后的资本力量及其关系,可以对新自由主义全球化带来的政治、经济与文化冲突有更深刻的把握。事实上,一些全球性、垄断性的大型社交媒体平台具有强大的平台权力,其传播渠道成为当代社会新闻传播的主要出口,而选择性赋权更是带来公共空间治理权的私有化。

全球视野下的中国特色新闻学建设,需要更加整体性的视角、批判性的视角和建设性的视角,而跨文化传播政治经济研究无疑提供了具有探索性的积极的理论工具。换言之,这种理论工具的价值不仅在于批判,也在于建设。批判西方的新闻理论、新闻观念、新闻哲学,建设基于马克思主义认识论、中国历史传统和当代实践的新闻理论、新闻观念、新闻哲学。其目标是"超越形而上学的二元对立(我们/他们、东方/西方、结构/主体等等)以及世界是由一种'内/外二元体'(inside/outside binary)构成的本体论立场,以马克思的'过程关系本体论'以及中国传统哲学中的'关系理性'为基础,构建有关世界秩序新的认知体系。"②

(四)文化研究与中国特色新闻学的理论建构

文化研究为中国特色新闻学提供了分析新闻与政治关系的理论工具。在对唯物史论的理解中,常常会存在一种简单化、庸俗化的取向,即认为经济

---

① 赵月枝:《跨文化传播政治经济研究中的"跨文化"涵义》,《全球传媒学刊》2019 年第 1 期,第 115-134 页。
② 赵月枝:《跨文化传播政治经济研究中的"跨文化"涵义》,《全球传媒学刊》2019 年第 1 期,第 115-134 页。

基础是决定上层建筑的唯一因素,甚至经济基础自行创造上层建筑,而上层建筑在历史进程中完全是被动的、消极的。恩格斯在晚年曾对此有着清晰的批评,"根据唯物史观,历史过程中的决定性因素归根到底是现实生活的生产和再生产。无论马克思或我都从来没有肯定过比这更多的东西。如果有人在这里加以歪曲,说经济因素是唯一决定性的因素,那么他就是把这个命题变成毫无内容的、抽象的、荒诞无稽的空话。经济状况是基础,但是对历史斗争的进程发生影响并且在许多情况下主要是决定着这一斗争的形式的,还有上层建筑的各种因素"。尽管经济基础是决定性的因素,"但是政治等等的前提和条件,甚至那些萦回于人们头脑中的传统,也起着一定的作用,虽然不是决定性的作用"[①]。

在简化论的经济基础—上层建筑关系中,包括新闻舆论在内的上层建筑的产生是被动的,作用是有限的,这显然与现实情况中观念与认识的产生机理是违背的,而在当代世界中,社交媒体引发的新闻舆论发挥的巨大的作用更是无法用这种线性的经济决定论来解释。从当前中国发展面临的挑战来看,不论是在国内还是在国外,有利益认同而没有价值认同的现象依然存在,在国际合作中,仅仅依靠商业合同无法自然产生舆论认同、观念认同的问题依然存在。

意大利思想家安东尼奥·葛兰西(Antonio Gramsci)是第一个直接关注上层建筑问题的重要的马克思主义思想家。[②]葛兰西的思想体系具有很强的原创性,以至于英国历史学家艾瑞克·霍布斯鲍姆(Eric Hobsbawm)认为,

---

① 中共中央马克思恩格斯列宁斯大林著作编译局:《马克思恩格斯选集》第四卷,人民出版社,1995,第695-696页。
② 〔英〕阿兰·斯威伍德:《文化理论与现代性问题》,黄世权、桂琳译,中国人民大学出版社,2013,第15页。

葛兰西是1917年以来西方最具原创性的思想家。①

葛兰西认为，"人民群众在世界观转变方面比较缓慢"，统治阶级在新旧世界观的转换中要研究其传播规律。新世界观的传播过程有其政治的原因，但是，形式的要素、逻辑上的融贯一致性的要素、权威性的要素以及组织的要素，在不论是由单个的个人还是一定规模的集团确定了总的方向之后，就立即在这个过程中发挥出非常重要的作用。②

葛兰西认为培养"有机知识分子"对于实现全社会的文化认同具有重要作用。要努力培养出新型的直接从群众中产生出来，而且还同群众保持着联系的知识分子。③显然，新闻舆论工作者就是当代有影响力的"有机知识分子"的重要组成。

葛兰西开创并强调了文化研究的独立性，从20世纪60年代开始，文化研究在欧洲兴起，也出现了德国法兰克福学派、英国伯明翰学派这样的理论重镇。这些研究将文化视为符号、媒介、价值观和意识形态，关注其产生机理以及社会影响，特别是能否成为社会黏合剂。在对现代性、后现代性社会的理论阐释与发展预测中，文化研究表现出了很强的解释力和洞察力。哈贝马斯的交往理论、米歇尔·福柯（Michel Foucault）的话语理论、皮埃尔·布尔迪厄（Pierre Bourdieu）的场域理论等都成为文化研究中重要的理论组成，也可以帮助解释新闻传播行为在当代社会文化中的位置、运行与影响。

新闻传播是当代文化与意识形态的重要组成，事实上，新闻传播活动自身已经不仅是单纯的信息活动，也成为文化活动。前者追求真实性，后者追求娱乐性。在视频内容日趋获得高点击率的当代新闻传播中，新闻的文化产

---

① 〔英〕埃里克·霍布斯鲍姆：《如何改变世界——马克思和马克思主义的传奇》，吕增奎译，中央编译出版社，2017，第297-299页。
② 〔意〕安东尼奥·葛兰西：《狱中札记》，曹雷雨、姜丽、张跣译，河南大学出版社，2014，第391页。
③ 〔意〕安东尼奥·葛兰西：《狱中札记》，曹雷雨、姜丽、张跣译，河南大学出版社，2014，第394页。

品属性日趋显现，好看、好玩的新闻才是有传播力的新闻，而有文化感的新闻才是有持续影响力的好新闻。

在当代中国，新闻舆论的重要性得到了前所未有的认识，国内舆论场关乎人民群众的道路自信、理论自信、制度自信、文化自信，国际舆论场关乎中国的国家形象。与此同时，全球化、个人化、技术化的舆论场的引导难度与挑战性也越来越大，当前新闻舆论环境的复杂性、风险性与不确定性也越来越强，这也在一定程度上凸显了采用文化理论来分析新的新闻传播活动的必要性所在。

（五）媒介理论与中国特色新闻学的理论建构

媒介理论为中国特色新闻学提供了分析新闻与技术关系的理论工具。从印刷媒介到电子媒介再到数字媒介，媒介在当代传播活动中的作用越来越凸显。事实上，在人工智能、大数据、机器人等广泛应用的大背景下，当代传播的媒介性、物质性、技术性已经成为突出特征。

麦克卢汉、弗里德里希·基特勒（Fredirch Kittler）和西皮尔·克莱默尔（Sybille Krämer）的媒介思想体现了近50年来研究人、媒介和技术关系的重要理论范式转折。这些理论范式由原本以技术为核心、强调技术的决定力量的视角，转向以媒介本体为核心的视角。[1]技术变迁改变媒介形态，媒介形态改变内容呈现，内容呈现改变受众行为，媒介在新闻传播活动中的关键性作用愈发明显。从当代社会来看，虽然看报纸、看电视的人越来越少，但看新闻的需求依然不变，只是看新闻的媒介从报纸、电视转变成了手机等移动终端。媒介的快速发展使得其自身成为新闻传播活动中最具活力的自变量。

媒介将传播的信息转换成符合媒介自身条件的数据结构。这种经过变形

---

[1] 吴璟薇、曾国华、吴余劲：《人类、技术与媒介主体性——麦克卢汉、基特勒与克莱默尔媒介理论评析》，《全球传媒学刊》2019年第1期，第3-17页。

而转成的媒介符码构成了媒介的结构性内容，它们不仅传播信息，而且同时塑造、决定甚至最终构成了它们所传播的那些东西。[1]媒介的这种关键性作用往往并没有得到充分显现和认知，甚至会出现"日用而不知"的隐匿。受众沉浸在内容中而不是媒介中，但忘却了媒介的能动性作用和结构性力量，在当下的屏幕阅读、平面传播、智能推送中这种现象尤为明显。

值得关注的是，技术的先进度越高，媒介的透明度越低，信息的真实度、客观度也越低。这是媒介的另一种"隐匿"。具体来看，随着技术的发展，媒介的选择性呈现能力与主观性加工能力更强，新闻图片与新闻视频都可以"制作"出来，媒介呈现的"真实感"不代表事实的"真实感"。算法技术带来的精准推送行为更是让新闻呈现的世界图景趋向单一化、封闭化和固定化，新闻推送的"规模化"不代表事实呈现的"全景化"，"海量信息"不代表"非常真实"。后真相时代的出现表明：从"客观的真实"到"媒介的真实"再到"想象的真实"的距离越来越远。其重要原因在于，媒介对"想象的真实"的建构力量前所未有地强大，技术性符号取代客观性事实成为认识社会的依据。

从当代新闻传播实践特别是智能传播趋势来看，技术化驱动依然在不断加快，机器人新闻主播可以替代真人新闻主播，机器人写稿可以完成部分专业新闻稿件，对这些现象的分析，媒介理论是不可替代的重要理论工具，可以帮助理解新闻传播活动中人与机器的关系、人性与技术的关系，更好地处理技术的先进性与伦理性的平衡，更好地推动媒介技术发展的价值引领。

中国的新闻传播已经进入全媒体时代，随着5G、大数据、云计算、物联网、人工智能等的全面应用，移动互联网成为新闻传播的主渠道，媒体智能

---

[1] 〔德〕西皮尔·克莱默尔：《作为文化技术的媒介：从书写平面到数字接口》，吴余劲、叶倩、吴璟薇译，《全球传媒学刊》2019年第1期，第20页。

化成为新闻传播的新趋势，探索将人工智能运用在新闻采集、创作、分发、接收、反馈等全流程中，用主流价值主导"主流算法"，成为中国特色新闻实践与理论探索中崭新的课题。

掌握科学的理论工具，建构坚实的理论体系。中国特色新闻学的理论建构不是封闭的过程而是开放的过程，不是纯粹思辨的过程而是理论与实践互动的过程，不是一蹴而就的过程而是日积月累的过程，保持对新鲜实践的敏感性与多元理论的包容性，追求理论的原创性和普遍性，中国的新闻理论研究就会不断取得新的进展。

第三节　新闻观念的运用

新闻观念在实践中的运用普遍表现在新闻采编业务中，与此同时，从当代中国新闻舆论工作来看，有两个领域成为展现当代中国新闻观念的重点领域：一是网络舆论治理，二是对外传播体系。前者反映了当代新闻传播的主要形态，后者反映了全球化条件下当代中国新闻舆论工作面临的挑战。两者都是时代之问，对新闻观念的构建提出了要求。

一、网络舆论治理

互联网进入中国近三十年，却比任何技术手段对社会的影响都深刻。事实上，当代社会已经进入网络化社会与全媒体时代，网络化连接、数字化内容与智能化应用使社会的存在状态呈现网络化特征。网络空间与现实空间并存，其影响力特别是舆论影响力与日俱增，网上信息左右网下行为日益明显。网络舆论对整个社会舆论发挥着集体议题设置作用、认识框架形成作用、行为选择引导作用，网络舆论治理成为当代国家治理能力现代化的重要内容。

互联网比任何技术手段对社会的影响都更为深刻，网络舆论治理成为当代国家治理能力现代化的重要内容。提升网络舆论治理能力，应基于中国特色的新闻观念，形成符合时代要求的网络舆论治理观念体系。具体包括：树立责任观念，培养网络使用行为中的责任意识；树立生态观念，把握多样性、平等性、积极性的舆论原则；树立青年观念，培养青年意识，信任青年力量。

（一）网络舆论治理的责任观念

习近平总书记指出："坚持正确舆论导向，高度重视传播手段建设和创新，提高新闻舆论传播力、引导力、影响力、公信力。加强互联网内容建设，建立网络综合治理体系，营造清朗的网络空间。"[1]网络空间的结构是扁平化的，网络传播的主体是全民性的。这些特点决定了网络舆论治理要坚持"我为人人、人人为我"的原则，培养网络使用行为中的责任意识。在网络传播中，匿名不应成为滥用自由的保护，有序则应成为自我约束的共识。事实上，自由而负责的网络传播行为，符合所有网络空间参与者的切身利益。

近代新闻业兴起以来，新闻界就将自己视作推动社会进步的重要力量，要求获得最大限度的自由表达权，但这种自由表达权的滥用，又使得社会不得不对新闻界的行为进行约束。这种约束既包括以法律形式体现的制约，又包括新闻界自身进行反思而提出的行业自律或新闻伦理要求。事实上，即便在西方资本主义社会，新闻界的专业性也不是以无条件、无边界的自由言论作为依托的。20世纪40年代美国新闻自由委员会所做的《一个自由而负责的新闻界》（A Free and Responsible Press）报告，明确提出了"表达自由作为精神权利不是无条件的"的论断，建立"可问责的新闻界与负责任的共同体"的目标。[2]值得注意的是，在当代西方网络舆论中，传播虚假与仇恨的信

---

[1] 习近平：《决胜全面建成小康社会 夺取新时代中国特色社会主义伟大胜利——在中国共产党第十九次全国代表大会上的报告》，http://jhsjk.people.cn/article/29613458。

[2] 胡钰：《新闻理论经典著作选读》，清华大学出版社，2016，第231-243页。

息已经让社会发展付出了巨大成本，引起了学界、业界的反思。

我国近代新闻学第一人徐宝璜先生在1918年完成的《新闻学》一书中就提出了新闻的"提供道德"的职责，"新闻纸应立在社会之前，导其入正常之途径"[①]。网络舆论治理中，要以培养、调动网络用户的"立在社会之前"的责任意识为重要着力点，形成自发维护网络空间舆论生态的共识，切实加强网络传播行业自治组织建设，同时，明确网络传播行为的法治边界，依法处理各种错误行为。

习近平主席在第二届世界互联网大会开幕式上的讲话中指出："网络空间同现实社会一样，既要提倡自由，也要保持秩序。自由是秩序的目的，秩序是自由的保障。我们既要尊重网民交流思想、表达意愿的权利，也要依法构建良好网络秩序，这有利于保障广大网民合法权益。网络空间不是'法外之地'。"[②]在网络空间中培养责任意识，体现在三个方面：一是基于事实进行传播，对于未经核实的信息不进行传播；二是基于伦理进行传播，对于违背社会公德、侵犯个人隐私等的信息不进行传播；三是基于法治进行传播，对于违反宪法和各项法律的信息不进行传播。需要说明的是，对于网络空间来说，要求网络传播行为体现社会责任，也是保障网络商业行为规范、健康的坚实支撑。

（二）网络舆论治理的生态观念

网络传播中的海量参与主体使得网络空间的舆论呈现天然的多样性，构成了不同于传统媒体舆论生态的网络舆论生态。建设好这一特殊舆论生态，需要遵循舆论形成发展的基本规律。

习近平在致首届中国网络文明大会的贺信中指出："网络文明是新形势

---

① 徐宝璜：《新闻学》，中国人民大学出版社，1994，第8页。
② 习近平：《在第二届世界互联网大会开幕式上的讲话》，《人民日报》2015年12月17日。

下社会文明的重要内容，是建设网络强国的重要领域。近年来，我国积极推进互联网内容建设，弘扬新风正气，深化网络生态治理，网络文明建设取得明显成效。要坚持发展和治理相统一、网上和网下相融合，广泛汇聚向上向善力量。各级党委和政府要担当责任，网络平台、社会组织、广大网民等要发挥积极作用，共同推进文明办网、文明用网、文明上网，以时代新风塑造和净化网络空间，共建网上美好精神家园。"[1]

在网络空间建设良好舆论生态，要把握好三个原则：一是多样性原则，坚持正确方向的同时，允许网络空间存在多种声音，具有"无害的多样性"的生态是充满生机的；二是平等性原则，对于网络空间中出现的不同声音乃至错误意见，以平等的姿态进行交流沟通，或是以实名身份进行认真对话，切忌生硬地"打板子""抓辫子"；三是积极性原则，坚持以积极的姿态参与网络舆论生态建设，避免在网络空间"不屑说""不会说"的问题，避免在纷繁舆论中的"不作为""乱作为"。

在网络舆论生态建设中要理解好"正面宣传"的内涵。我们强调"正面宣传为主"，不是为了某个人，也不是为了某个机构、某个组织的小利益，而是为了推动社会进步的大利益。新闻舆论工作的力量，来自党性和人民性的统一。不能够简单地把正面宣传理解为只能报好的东西，应该打开思路——所有推动社会进步的报道，都应该视为正面宣传。或者说，只要发挥正面力量的报道，都是正面宣传。正面力量跟正面内容是完全不同的，一个是效果维度，另一个是内容维度。积极的舆论监督、建设性的批评报道，都属于正面的力量。

建设好网络空间的舆论生态，就会逐渐形成自我净化、发展的机制，理性、积极的声音就会成为主导力量。事实上，从作为社交平台的网络空

---

[1]《习近平致首届中国网络文明大会的贺信》，http://jhsjk.people.cn/article/32286895。

间看，这种自我净化、发展的机制已经表现得越来越普遍，在朋友圈中传播消极、虚假信息的人逐渐会被大家屏蔽，这种状态是网络舆论治理的最佳目标。

（三）网络舆论治理的青年观念

对于网络之于青年人的关系，习近平总书记指出："我们要本着对社会负责、对人民负责的态度，依法加强网络空间治理，加强网络内容建设，做强网上正面宣传，培育积极健康、向上向善的网络文化，用社会主义核心价值观和人类优秀文明成果滋养人心、滋养社会，做到正能量充沛、主旋律高昂，为广大网民特别是青少年营造一个风清气正的网络空间。"[1]

青年人对互联网有着天然的接近性，他们自称网络空间的"原住民"，把中老年人称为网络空间的"移民"，尽管有夸大成分，但在一定程度上反映了网络空间的青年属性。这从作为娱乐平台的网络空间看更加突出，不论是各种直播平台还是短视频平台，这些之所以能够流行，都是因为其以青年人的使用、推崇为主要动力。

网络空间的活跃主体是青年人，网络舆论的建设主体也理应是青年人。网络语言、网络传播习惯不是由外而内、由上而下形成的，而是网络用户自发地、自下而上地形成的，要掌握这些语言与习惯，需要长时间亲近网络、使用网络，培养母语般的网络意识与行为。

在网络舆论治理中发挥青年的作用，具体表现在：一方面，培养青年意识，在网络空间建设中主动与青年人沟通，掌握青年人的习性与需求，特别是掌握以轻松心态、娱乐姿态进行真诚沟通交流的能力；另一方面，信任青年力量，充分发挥青年人在网络舆论治理中的生力军作用，放手让青年人负

---

[1]《习近平纵论网络：互联网大有作为 让亿万人民共享发展成果》，http://jhsjk.people.cn/article/28293542.

责，创造条件和资源帮助青年人实现自己的网络蓝图。清华大学的许多新闻类微信公众号，既具有正确的导向，又具有强大的传播力，经常获得 10 万+的点击量，而这些微信公众号的负责人基本都是"90 后"乃至"95 后"，撰写文章的也同样是青年人。对于网络舆论治理来说，既要在具体网络舆论内容上着力，更要在培养、使用能够治理网络舆论的青年人上用力，后者会产生更具基础性、持续性的作用。

作为全新的舆论场，网络空间的舆论治理是一个崭新的挑战，需要不断创新观念。这些新观念是基于网络空间的存在实质和网络传播的基本规律提出的，对于网络舆论治理来说，也是带有根本性的观念变革的。从实践中看，技术应用与法治思维在网络舆论治理中的运用都取决于观念变革。新观念带来新行为，新行为带来新力量。如此，网络空间会越来越清朗，互联网也会逐渐成为中国事业发展的最大增量。

二、对外传播体系

党的十九大报告提出，要"推进国际传播能力建设，讲好中国故事，展现真实、立体、全面的中国，提高国家文化软实力"[1]。习总书记在党的二十大中强调："加快构建中国话语和中国叙事体系，讲好中国故事、传播好中国声音，展现可信、可爱、可敬的中国形象。"面对中国百年未有之大变局，讲好中国故事、传播好中国声音，关乎国家形象。当前，主流媒体、宣传部门、民间团体等不同的主体，在国际传播中付出许多努力，但国际舆论斗争形势仍然很严峻。要突破目前当代中国面临的对外传播困局，就要形成崭新的对外传播观念体系。

---

[1] 习近平：《决胜全面建成小康社会 夺取新时代中国特色社会主义伟大胜利——在中国共产党第十九次全国代表大会上的报告》，http://www.gov.cn/zhuanti/2017-10/27/content_5234876.htm。

（一）对外传播的多元主体观念

提升对外传播能力首先要突破原有传播主体的边界，充分发挥非官方主体的作用。转变原有的传者视角为受众视角，充分发挥智库、高校、青年等非官方主体的传播作用，用具体的、有针对性的传播取代部分原有官方主体的泛化的、抽象的传播。

充分发挥智库的桥梁作用。与官方主体相比，智库是具有鲜明差异性与多样性的社会力量，在具体的项目建设与宏观的社会引导上发挥重要作用。中国智库在对外传播过程中可从两个方面发挥作用，一方面是积极搭建决策者与公众之间的沟通桥梁，让非官方的、具有创新性的群众传播经验能够传递给决策者，从而丰富对外传播话语和媒介的多样性，同时也让有关对外传播的政策意见及时触及公众，让公众能够有机会参与中外话语体系的融通。另一方面是努力成为中国与外国平等交流的桥梁，相比政府间的交流，智库间的合作往往削弱了其中的政治性，更容易基于人类命运共同体，就共同的公共议题展开合作与对话，通过学术的、专业的交流实现中外话语体系的融通，往往阻力更小。

充分发挥高校交流平台的作用。高校是前沿技术和学术研究的集中地，通常有较多的中外交流机会，借助高校平台融通中外话语体系，既要使高校成为对外传播的"名片"，也要使之成为对外交流的"窗口"。高校作为对外传播的"名片"，首先体现在话语层面，即高校所有对外的宣传网页、社交媒体所展现的精神风貌。纵观国内高校的英文网页建设，会发现许多有待提升的地方，从基本的话语翻译到整体的形象呈现，正如"一带一路"的翻译会对后期的交往产生重要影响一样，看似不重要的页面恰恰是对外传播能力的基点。当有外国高校来访时，如何让中国高校成为一张能够代表真实中国文化的"名片"是未来需要考量的。高校作为对外交流的"窗口"，主要体现在前沿研究、学术观点、师生交流在中外话语体系融通中扮演的角色。同领域的领先研究、国际会议中有见地的观点以及中外师生交流中得体的表达,看似微小的细节,实际上都是对外传播过程中中国高校形象、中国形象的彰显。

充分发挥青年的传播热情。在类似香港"占中"等事件中崛起的"小粉红"群体,一定程度上反映了"无组织的组织"力量在对外传播过程中的潜力。"帝吧出征"事件中网友通过贴吧、微博、QQ等多种可触及的媒体进行爱国主义情感的传递,并且通过QQ群进行分工协作,实际上反映青年群体对自身文化的认可以及在运用传播媒介方面的优势。当然在"小粉红"们进行网络表达的过程中,也存在过于偏激和缺乏理性的情况,因此,需要引导青年群体不断地建立正确的价值倾向,有效运用新媒体手段进行表达。在对外传播中,既要让青年群体在思想与情感上更加确定,这种确定需要建立在让他们了解真实的中国语境,认识真实的外国语境的基础上;同时,也要让他们在运用传播方式上更加理智,用多样的媒介传递有效的信息,而不是散布大量混乱的、虚实夹杂的、情绪化的信息造成对外传播的困境。

(二)对外传播的先进媒介观念

我国互联网业务海外业务的迅猛发展不断证明在融通中外话语体系过程中建设好自己的社交媒体的必要性。纵向梳理中国互联网海外发展的历程,从最初推出工具类应用软件,到推出社交类应用软件,再到今天推出内容创作类应用软件,实际上为中国进行文化的对外传播,进行中外话语的交流提供了越来越可行和便利的条件。以TikTok(字节跳动旗下短视频社交平台,抖音海外版)为代表的短视频平台实际上为国际用户拓宽了个人表达的空间,丰富了互联网的内容,同时也为中国文化出海,为中外互联网用户创建相通的互联网语境提供了契机。在新冠疫情期间,TikTok的下载数量激增,有数据显示，2022 年 7 月全球热门移动应用（非游戏）下载前十名中，TikTok 位列第一，全球月活用户突破 10 亿，全球下载量超 30 亿人次。[①]与流量俱来的是国际媒体对其政治影响力和安全风险性的担忧，一方面是新冠疫情阴霾下，世界多国地方保护主义兴起给中国社交媒体海外发展带来了"新困境"，另一方面也反映出中国企业在"走出去"过程中面临的"老问题"。面对"逆全球化"和"去中国化"的声音，更要坚定地建设好属于中国自己的社交媒体，掌握中外对话的渠道和平台；面对国际市场的阻力和挑战，则要建设国际抗风险能力更强的社交媒体，尽快克服平台在当地的"水土不服"。

要建设好中国自己的社交媒体平台，关键在于核心技术与企业创新能力的提升。TikTok 之所以在海外迅速走红和不断受到追捧，与其背后的大数据和推荐算法密切相关，许多美国科技公司都向 TikTok 提出购买其算法的合作方式，由此可见科技力量在中国对外传播中的重要意义。与此同时，也应该警惕技术较量带来的意识形态偏见。外国跨国科技公司在和以字节跳动、腾讯等为代表的中国科技公司的比较和对话过程中，或多或少表现出了对中国社交媒体崛起的担忧，如若发生技术对话失败，或将导致技术矛盾上升为意识形态矛盾，这将给中国对外传播带来不小阻力。

要建设好抗风险能力强的社交媒体，提高社交媒体平台的国际影响力与国际抗风险能力，就要对国际法律法规、政治风险等进行深入研判。当前中国社交媒体在海外受到非议的原因主要集中体现在隐私数据的保护和未成年人权益保护方面。这意味着企业在海外发展时需要尊重当地法律和文化，尤其是数字隐私安全等方面的相关规定，同时要提前做好风险预案，评估当地

[①] FastData 研究院：《2022 上半年 TikTok 生态发展与全球短视频生态布局报告》，https://www.163.com/dy/article/HI7MNUHO0511B3FV.html。

的政治、经济、文化等多方面的潜在不确定的因素，提前做好应对方案。但是，要增强企业的抗风险能力，还需要政府和民众共同参与。公众在面对企业有关海外业务的决策时，要避免极端爱国情绪的牵引和道德绑架，唯有国内外都创造健全、平等的环境，中国的社交媒体才能在未来中外话语体系融通中发挥更大的作用。

（三）对外传播的创新内容观念

要想融通中外话语体系，需要大力度加强非政治内容，允许适度的批评性内容，避免强烈的情绪对抗。事实上非政治内容的对外传播往往可以推动中外话语体系更快速地融合。同时也要注意社会情感的平衡，即避免中外交流中强烈的情绪对抗，而是基于人类命运共同体的愿景，从共通的人类情感出发来缓和双方的交流，对外传播中要时刻注意把握人类共同的道德和情感底线。

传播非政治内容和允许适度的批评性内容，意味着对更多文化、生活方面议题的关注，这些议题固然与政治、经济、文化背景有着密切联系，但是进行中外对话的过程中，从非政治的议题切入，往往更容易搭建起中外话语体系。从抖音的海外实践中不难发现，在文化传播中，有选择性地隐去政治、宗教、民族类题材，能够有效地减少平台中的冲突、无序和攻击，从而减少中外话语对抗。当然，对政治类题材的选择性传播，不意味着远离时事，而是借助文化艺术类的热点来激发中外话语的讨论空间，实现深度融合。同时，非政治内容的传播一定程度上可以认为是传播内容的泛生活化，从当下中外传播环境来看，越是日常的、生活化的内容越能够超越种族、意识形态方面的差异，成为不同文化背景的人对话的素材，同时也能够保留和彰显差异化的文化特色。

传播非情绪对抗的内容，意味着平衡社会情感，在对外传播中增加兼具真实性和批评性的内容。社会情感的平衡建立在人类命运共同体的普遍共情基础上，因此在传播过程中坚守道德和情感底线十分必要。在对外传播中增加兼具真实性和批评性的内容，不仅是力求呈现真实的中国，也是要呈现真实的他国；不仅对他国的不当做法提出批评，也会对中国的错误做法进行反思。单一的自我表扬或贬低对方都会导致中外话语体系交流中的冲突和对抗，平等的交流和融入建立在坦诚与真实的基础上。

（四）对外传播的弹性制度观念

建立融通中外的话语体系离不开宏观的制度环境，就我国目前对外传播的经验来看，弹性的制度和容错的文化更有利于提升对外传播能力。弹性的制度意味着在对外传播中允许个体化的力量，允许商业利益的并存；容错的文化意味着在对外传播中允许在大方向正确的情况下说错话，允许在不违背规则的情况下多尝试。

允许个体化的力量，充分发挥人民群众的力量。某网络红人在海外社交媒体平台上的成功被视为中国文化出海的成功案例，很多人看到了个体传播的成功结果，但鲜有人意识到个体传播的简单复制并非易事。各类官方报道和奖励的袭来，反而在一定程度上增加了个体对外传播的阻力。事实上，主流媒体的大量报道和讨论会让一些不了解中国的海外观众认为其是中国对外宣传国家力量的一部分，从而开始质疑其传播的目的与性质。同时，个体的走红让很多人看到了短视频媒介形式的有效性，却很少思考其内容是传播力的重要内核，没有摆脱工具主义的框架。

允许商业利益的并存，充分发挥市场化的力量。谈及对外传播，人们很容易认为其是完全的国家利益的实现与国家层面的努力，而忽略了市场化力量在其中的重要作用。从早期来看，商业化网站在对外传播中的作用不可忽视，以搜狐网、新浪网为代表的商业网站在21世纪初期率先开设英文频道，扮演了早期对外新闻报道的角色；从当下来看，对外新闻报道的功能逐渐由

China Daily（中国日报）、CGTN（中国国际电视台）等主流媒体来承担，但中国互联网企业在海外的迅猛发展再次证明了商业力量在对外传播中的不可或缺。由此可以看出，市场化的力量有时恰恰是对全球传播格局反应最为敏锐的，能够迅速打开对外传播的格局，成为融通中外话语体系的新兴力量。

允许在大方向正确的情况下偶尔说几句错话，提升舆论容错度。当前我国对外传播中的一个问题是，过于小心翼翼带来的反应迟缓，对于很多污名和误解没有做出及时的回应，使得我们在对外传播过程中容易处于被动局面。《环球时报》相关声音一定程度上是容错文化应该鼓励的对外传播路径，虽然在发声时也有欠考虑和出错的时候，但在针对时事的迅速回应和深度反应上，《环球时报》在国内媒体中位居前列。很多外国媒体都将《环球时报》作为第一参考来源，这与其时刻坚持"说话"的媒体风格十分相关。要想建立中外对话的话语体系，首先需要我们积极参与对话。

允许在不违背原则的情况下多尝试。短视频出海是中国互联网企业发展过程自主走出的对外传播道路，并在中外交流中发挥了前所未有的作用。企业的自主性同时也带来了在应对风险时的不确定性，当国家之间的政治和经贸博弈发生变动时，企业自身很难不受到影响，其发展的积极性和创新性也可能会被挫伤。值得提前思考的是：一方面，企业的商业发展不能有违国家整体利益和规则；另一方面，国家政策在特殊时期如何有效地帮助企业渡过难关，尤其是对于在海外传播方面有着较大潜力和影响力的企业，要给予它们犯错、成长的空间。

传播主体多元化，传播媒介自主化，传播内容丰富化，传播制度弹性化，这是当代中国新闻观念回应时代之问的答案，也是当下中国加快构建融通中外的话语体系的重要路径。

第三章
历史之问：新闻观念如何流变？

自中国近代产生现代意义上的新闻业以来，基于中国新闻实践的新闻观念就应运而生。这些新闻观念体现了中国的文化传统、政治需求和时代特征，成为研究当代中国新闻观念历史脉络的重要路径。这些新闻观念在其产生的时代都曾发挥了积极的指导作用，推动了新闻业的发展，但囿于时代和发展的局限性，其沿革与流变都带有历史截面的特性和不充分性，需要加以辨析。进入中国特色社会主义新时期，坚持以马克思主义新闻观为指导，探索形成新型有机知识分子的路径，建设当代中国的卓越新闻人才队伍，构成了新的主流新闻观念形态。

第一节　百年来中国的新闻观念

徐新平曾经将中国新闻事业发展的历史梳理为三个阶段，分别为"通才办报"、"史家办报"和"政治家办报"[①]。这三个阶段正好可以反映百年来的中国新闻实践中新闻观念的变化和沿革情况。下文将从历史的纵深出发，逐一分析百余年来每个不同历史阶段富有代表性的新闻观念。

[①] 徐新平：《通才·史家·政治家——中国新闻人才观的变迁》，《新闻大学》2003年第1期，第55-58页。

一、"通才办报"新闻观念

"通才办报"由"中国记者之父"王韬于1878年提出。[①]在传统封建时代的人才观中,人才就是熟读儒学经典,并能熟练掌握其中的理论原则和道德准则的人。人才的选拔者往往认为,通读四书五经的"通才"可以自然而然地应对从政生涯中的种种问题,并将这种"通才"视为一种典范。[②]王韬对传统的人才观进行了批判和发展,并在此基础上提出了自己对于办报通才的理解:既有传统文化的根基,又有学习西方先进知识的意识[③],即不仅要做只"通古今"的"迂才",还要具备"通中西"的广博见识,如此才能开阔视野,兼容并包,对时事做出正确的判断,成为真正的新闻高手。

王韬本人即是一位著名的"通才"。他出生于儒学世家,自幼接受了传统的儒家教育,后长期接触西学,还曾漫游欧洲、日本等地,受到西方文明的直接冲击,由此从传统文人逐渐转变为主张变革图强的近代启蒙思想家,时人评价其"博极群书……以及算学、化学、重学,无不融会于心",《申报》评价其"留心世事,博通中外之典章,肆力陈编,宏备古今之渊鉴"[④]。具体到新闻实践中,王韬在香港创办了《循环日报》并自任主笔长达十年,常常在《中外新闻》栏目发表"论说"以对时政进行评论。戈公振称赞王韬的"论说":"取西制之合于我者,讽清廷以改革。"[⑤]事实上,近代以降

---

① 徐新平:《通才·史家·政治家——中国新闻人才观的变迁》,《新闻大学》2003年第1期,第55-58页。
② 〔美〕柯文:《在传统与现代性之间:王韬与晚清改革》,雷颐、罗检秋译,中信出版社,2016,第147页。
③ 〔美〕柯文:《在传统与现代性之间:王韬与晚清改革》,雷颐、罗检秋译,中信出版社,2016,第151页。
④ 徐新平:《通才·史家·政治家——中国新闻人才观的变迁》,《新闻大学》2003年第1期,第55-58页。
⑤ 王梓涵:《报人王韬的生平经历与新闻思想》,《新闻研究导刊》2020年第3期,第47-48、50页。

的著名报人，受到当时社会环境的影响，大抵与王韬具有相同的受教育经历，因此都可算作"通才"，即使是倡导"史家办报"的梁启超、史量才等也是如此。

可以说，王韬的"通才办报"理念与近代中国新闻业诞生时期的人才储备情况与现实需求是符合的，且深刻地影响了中国新闻业的人才观。新闻学界和业界也多将"通才"视为成为合格记者的必备素养之一，如中国近代著名出版家张静庐在论述"新闻记者的资格"时指出，新闻记者要具备丰富的常识可以说是包罗一切的常识，能具备丰富的常识才能熟知一切。然后无论采访新闻，还是编审新闻、评论新闻，都不至于有盲目之弊。[1]

时至今日，中国新闻业界广泛认可的"记者是杂家"理念也与"通才办报"理念一脉相承，成为我国新闻人才观念的重要构成部分。我国著名报人邵飘萍专门论述过多元的知识结构对于记者的重要性：新闻记者之知识，除关于新闻学之研究外，如政治、经济、法律、社会学及其他科学等平时必须有数种专门之特长。[2]著名记者肖乾也曾说记者"首先必须是通才，必须有丰富的知识"[3]；曾任新华社社长的郭超人在接受访谈时更是明确指出，"未来的新闻传媒更需要受过'通才教育'的复合型新闻人才"，"记者先做杂家，再做专家"。[4]此类论述，均是"通才办报"理念的反映。

二、"史家办报"新闻观念

"史家办报"由梁启超最初倡导，与通才办报一道，成为中国20世纪上

---

[1] 张静庐：《中国的新闻记者与新闻纸》，西北大学出版社，2019，第15页。
[2] 邵飘萍：《邵飘萍新闻学论集》，北京大学出版社，2008，第113页。
[3] 转引自刘保全：《刊林漫步》，《新闻与写作》1986年第2期，第45-46页。
[4] 郑鸣：《关于记者：郭超人新闻思考》，新华出版社，2010，第66页。

半叶资产阶级报人对新闻人才的两大要求。[①]在"史家办报"的新闻人才观看来,新闻人才应当承担起记录时代的重任,具备忠实记录时代的"史家"素质。这一点也影响了章太炎、蔡元培、徐宝璜等人关于新闻人才的观念,正如在1919年出版的中国最早的新闻学著作《新闻学》中蔡元培作序所言:"余惟新闻者,史之流裔耳。""虽谓新闻之内容,无异于史可也。"[②]即将新闻视作记录历史的一种载体,正所谓"今日的新闻即明日的历史"。革命先驱李大钊同样秉持这一理念,他在1923年专门撰写文章《报与史》论述报刊与历史的关系,指出"报的性质,与记录的历史,尤其接近,由或种意味言之,亦可以说,'报是现在的史,史是过去的报'"。[③]

"史家办报"的新闻人才观要求记者要具备忠实、准确地记录时代的"史家素养",这成为中国新闻界对于新闻人才素质的一种共识和杰出新闻工作者的实践理念,邓拓即是其中的典范。邓拓在从事新闻工作前是具备深厚史学造诣的学者,曾发表多篇重要的历史学论文,在24岁时就用文言文写就了历史著作《中国救荒史》,即便是在担任《人民日报》总编辑期间,还开展了一系列史学研究,推动了中国近代史的发展。1948年《晋察冀日报》停刊时,邓拓赋诗一首,将其比作"毛锥十载写纵横",认为这份报纸是"战史编成三千页",可见其对报纸即史料的定位。[④]也正是邓拓办报的史家精神,使得他曾主持的《抗敌报》《晋察冀日报》等报纸受到当今治史之人的重视,具有极高的史料价值。

还应注意到,我国"史家办报"的新闻理念与新闻真实性的要求相契合,如史家般求实、立言也成为当代新闻人的自我要求。正如梁启超在《敬告我

[①] 徐新平:《通才·史家·政治家——中国新闻人才观的变迁》,《新闻大学》2003年第1期,第55-58页。
[②] 徐宝璜:《新闻学》,中国人民大学出版社,1994,第1页。
[③] 杨琥:《中国近代思想家文库 李大钊卷》,中国人民大学出版社,2014,第379页。
[④] 黄艳林:《解读邓拓的史家办报风格》,《东南传播》2008年第11期,第80-82页。

同业诸君》中写道："西哲有言：'报馆者，现代之史记也。'故治此业者，不可不有史家之精神。"[①]一个记者如何体现自己具备史家精神？他写的新闻必须是依据事实、反映事实的，这不仅是对记者从业理念的规定，也是对新闻内容真实性的客观规定。徐铸成曾说："每一个新闻工作者，都要把自己看成现代的史家。将来的历史，很多素材来源于现在的报纸。如果我们歪曲了事实，报纸出了问题，将来的历史也就被歪曲，受到影响了。"[②]可见，"史学家办报""史学精神"是我国新闻事业对新闻真实性要求的思想根源之一，即坚持记录事实，不仅是对当下的读者负责，还要对明天的历史负责。相比西方较多强调事实真实和以客观性为基础的形式真实外，我国的新闻事业在强调事实真实的基础上，更进一步强调本质真实、整体真实，强调新闻的主客观统一。

此外，"史家办报"的新闻人才观还强调新闻的导向性作用。新的事件每天产生，原来的事件便成为历史，两者具有一定的相似性和继承性，既然治史者记录历史抱有"鉴既往，示将来，导国民进化之途径者也"的目的，记者的记录自然要有为他日之史家预备史料的自觉，也同样追求反映历史趋势，反映时代风貌，"以向导国民为目的"[③]。这就是"史家办报"更高层次的追求了。

三、"政治家办报"新闻观念

新闻报刊的发展在东西方都经历了"观点纸"这一阶段，常被政治人物用来传播自己的思想和观点。然而，作为中国特色新闻学理论组成部分的政

---

① 梁启超：《敬告我同业诸君》，见张之华编：《中国新闻事业史文选》，中国人民大学出版社，1999，第46页。
② 徐铸成：《新闻艺术》，知识出版社，1985，第17页。
③ 梁启超：《敬告我同业诸君》，见张之华编：《中国新闻事业史文选》，中国人民大学出版社，1999，第46页。

治家办报理论，始终保持着鲜明的意识形态和阶级属性，这与中国清末早期的"议政办报"和西方的"政客办报"有着本质的区别。

新中国成立之后，毛泽东在20世纪50年代末明确提出"政治家办报"的要求，强调新闻工作者应当像政治家一样具备政治意识、政治素养和政治责任感，能在复杂的政治局势中，尤其是在大是大非的问题上把握准方向。1957年4月10日，毛泽东对《人民日报》这一时期的工作提出批评："最高国务会议和宣传工作会议，已经开过一个多月了，共产党的报纸没有声音……过去我说你们是书生办报，不是政治家办报。不对……应当说是死人办报。"[1]同年6月7日，毛泽东在召见时任中宣部副部长胡乔木和人民日报总编辑兼新华社社长吴冷西时，提出"写文章尤其是社论，一定要从政治上总揽全局，紧密结合政治形势。这叫做政治家办报"[2]。"政治上总揽全局，紧密结合政治形势"，这句话构成了政治家办报理念的核心观点。

当然，近代以来的诸多杰出新闻人才也秉持类似理念，以至于有学者指出在中国新闻史上政治报刊占据主导地位，有影响的报人也多是政治报人，这既与中国文人论政的传统有关，也与有识之士所面临的亟待救亡图存的社会环境有关，因此可以说，"一部中国新闻史就是一部政治家办报的历史，就是一部政治家报人如何运用媒介充当喉舌、进行舆论宣传的历史"[3]。具体到党的革命进程，也正是存在一批借助报刊宣传马克思主义思想的报人有力地推动了中国共产党的创建，才开启了思想立党、报刊建党的伟大事业。[4]

---

[1] 中共中央文献研究室：《毛泽东年谱（1949—1976）》第3卷，中央文献出版社，2013，第131页。
[2] 朱清河、张荣华：《"政治家办报"的历史起点与逻辑归点》，《新闻与传播研究》2009年第4期，第22-33、108页。
[3] 吴廷俊、阳海洪：《新闻史研究者要加强史学修养——论中国新闻史研究如何走出"学术内卷化"状态》，《新闻大学》2007年第3期，第5-12页。
[4] 韩红星、蔡思梦：《红色报刊的开拓：建党之初的党报实践与办报思想》，《当代传播》2022年第4期，第48-52、67页。

"政治家办报"的理念首先反映了中国共产党领导下的新闻事业的基本性质。毛泽东一直将新闻媒介视作一种革命和斗争的武器，将新闻事业作为党的事业的重要一部分来对待。[1]如在1929年中国共产党红军第四军第九次代表大会上，毛泽东指出"红军的宣传工作是红军第一个重大的工作。若忽视了这个工作就是放弃了红军的主要任务，实际上就等于帮助统治阶级削弱红军的势力"[2]，直接表达了新闻事业之于党的重要性。此后，这一思想成为中国共产党党报理论中重要的组成部分，是党在新闻事业进入历史新阶段后所做出的重要论断，也是毛泽东对于马克思主义新闻观中国化做出的开创性贡献。[3][4]

经过党的几代领导人的不断丰富和发展，"政治家办报"理念已然为新中国培养新闻人才提供了重要的思想指引，成为新中国成立以来中国新闻人才观的核心要求，在建设与改革时期成为新闻舆论工作的重要指导思想。邓小平在讲话中虽未直接提到政治家办报，但是基于中国特色社会主义建设多次强调新闻宣传工作者应具备政治意识，党报工作的开展应合乎党的原则，合乎人民的利益。[5]江泽民在视察人民日报社发表的讲话中直接提到"报社的同志要有大局意识、全局观念，坚持政治家办报，正确处理改革、发展、稳定的关系，登什么，不登什么，怎么登，都要从全局出发，从党和人民的整体利益出发"[6]胡锦涛在2000年的全国宣传部长会议上指出"要认真执行江泽民同志关于培养一大批既熟悉党的路线方针政策，又熟悉理论、新闻、

---

[1] 程曼丽：《中国共产党新闻思想探析》，《新闻与传播研究》2001年第3期，第24-30页。
[2] 中共中央文献研究室、新华通讯社：《毛泽东新闻工作文选》，新华出版社，1983，第15页。
[3] 熊忠辉、李暄：《从新闻宣传到新闻舆论——中国共产党马克思主义新闻观发展的历史考察》，《南京政治学院学报》2016年第4期，第92-99页。
[4] 郑保卫：《马克思主义新闻观中国化的历史进程及其理论贡献》，《新闻与传播研究》2018年第2期，第5-19、126页。
[5] 沈正赋：《"政治家办报"思想的理论渊源、嬗变历程与时代内蕴》，《现代传播（中国传媒大学学报）》2017年第2期，第68-72页。
[6] 江泽民：《江泽民文选》第一卷，人民出版社，2006，第565页。

出版、文艺工作业务的专门人才的指示，积极落实政治家办报、政治家管宣传、政治家管文化的要求。对宣传干部要多关心、多体谅、多支持、多爱护，充分发挥他们的积极性，鼓励他们作出更大的贡献"[1]。可以发现，"政治家办报"的核心理念是一以贯之的，"党性与人民性相统一"的核心理念也是一以贯之的。在实践层面，纵观共产党百年来的新闻实践，尽管关于新闻宣传的制度政策、新闻媒体机构的管理经营模式随着党的中心工作和任务使命的变化而不断调整，但是党管媒体的根本原则始终不变，新闻媒体是党和人民的"耳目喉舌"的定位与使命始终不变。

进入新时代，新闻舆论工作成为"治国理政、定国安邦"的大事，对政治家办报的要求更加突出。习近平总书记曾在多次讲话中阐释"政治家办报"的原则，如在 2016 年党的新闻舆论工作座谈会上提出："党和政府主办的媒体是党和政府的宣传阵地，必须姓党"，"新闻舆论工作者要增强政治家办报意识，在围绕中心、服务大局中找准坐标定位，不断解决好'为了谁、依靠谁、我是谁'这个根本问题"[2]，为政治家办报的理念赋予了更丰富的内涵，也进一步推进了马克思主义中国化和以马克思主义新闻观为支柱的中国特色新闻学的学科发展。

因此，当前判断新闻工作者是否坚持了"政治家办报"理念，其具体的检验标尺就体现在是否坚持马克思主义指导和中国特色社会主义道路。是不是确立了马克思主义新闻观，是不是自觉在思想上、政治上、行动上同党中央保持高度一致，是不是忠实宣传党的理论和路线方针政策，是不是严格遵守党的政治纪律、宣传纪律和长期形成的规矩，是不是在大是大非面前具有

---

[1] 陈雁、郑宏范、刘宇：《胡锦涛在全国宣传部长会议上发表重要讲话，要求宣传思想战线唱响主旋律打好主动仗》，《人民日报》2000 年 1 月 12 日。

[2]《习近平的新闻舆论观》，http://jhsjk.people.cn/article/28147896。

政治定力。这些都是评判是否做到了政治家办报的重要依据。[①]

需要指出的是，三种人才观各有侧重，又互为补充，共同成为形塑当代新闻人才观的基石。从共同点来看，三者都根植并贴合于中国具体的历史情境和社会形势，都为新闻人才提出了较高要求，认为合格的记者应对社会时事具有全面、正确的理解和把握，都强调新闻应面向社会大众，是关乎国计民生的重要事业，社会价值高于经济价值。从不同点来看，"通才办报"强调记者的知识储备与开阔的眼界，以保证记者从事新闻工作的基本能力。"史家办报"强调记者的职业素养和新闻报道的真实性原则，确保新闻内容以事实为基础。"政治家办报"则强调新闻工作的政治属性，规定了党的新闻人才的责任使命和价值取向。这些依然是当今新闻人才培养的重要理念，同时塑造与彰显了具有中国特色的新闻文化。

第二节　耳目喉舌论：中国特色的新闻观念

耳目喉舌论发轫于中国，晚清以降被普遍应用于我国的新闻舆论工作。随着时代变迁和中国新闻实践的展开，耳目喉舌论的内涵逐渐丰富起来，成为具有较强指导性的本土化新闻理论，得到学界和业界的广泛关注。但部分学者仅将"耳目喉舌"概念的使用溯源至19世纪末20世纪初以梁启超为代表的维新派的新闻实践[②③]，未联系其在中国古代悠久的发展历程。有学者注意到了现当代的耳目喉舌论与中国古代新闻传播实践的内在关联，但缺乏对其在新时代、新格局下的理论性质和时代内涵的系统论述，抑或是只论述"喉

[①] 杨振武：《把握好政治家办报的时代要求——深入学习贯彻习近平同志在党的新闻舆论工作座谈会上的重要讲话精神》，《新闻战线》2016年第5期，第5-9页。

[②] 周珊珊：《浅谈"耳目喉舌论"各个时期的发展演变及其影响》，《采写编》2013年第4期，第11-12页。

[③] 吴廷俊：《对"耳目喉舌"论历史的回顾与反思》，《新闻研究资料》1989年第2期，第143-152页。

舌"而不谈"耳目",有意无意地将二者区隔开来,等等。[1][2][3]

因此,重溯耳目喉舌论的发展脉络,裨补文化和实践的历史视角,对于重新挖掘和发展耳目喉舌论的理论意义,推动马克思主义新闻思想中国化和时代化,以及建构中国特色新闻学话语体系而言意义重大。本节结合中华优秀传统文化和中国共产党百年来的新闻实践,充分挖掘耳目喉舌论的理论脉络和时代内涵,进一步激发本土理论话语的生命力与解释力。

一、耳目喉舌论的历史沿革

将"耳目喉舌"概念作为一种隐喻的习惯自古有之,但"耳目"和"喉舌"各有自己的发展脉络,直至近代,中国才将其视为一个整体来看待并进一步发展。因此,有必要回到历史语境,厘清"耳目喉舌"的内涵与外延、机构与定位、责任与使命,以全面准确地把握与理解当前的耳目喉舌论。

(一)内涵与外延

"耳目"主要指统治者用以自下而上获取信息、掌握舆论、了解民情的工具。《荀子·君道》中论述了"耳目"之于君主的重要性:"墙之外,目不见也;里之前,耳不闻也;而人主之守司,远者天下,近者境内,不可不略知也……耳目之明,如是其狭也;人主之守司,如是其广也;其中不可以不知也,如是其危也。"眼睛和耳朵是人认知世界的重要手段,但人体之耳目具有局限性,君主亦如此,且所面对的世界更为广阔,因此需要专门的机构和人充当"耳目",否则"如是其危也"。此后,"耳目"常见于各代史书

---

[1] 文凌月:《论"耳目喉舌"论的嬗变与中国新闻史的联系》,《中国报业》2013年第8期,第122-123页。
[2] 童兵、徐玲英:《从"耳目喉舌"到"新闻信息"——百年来中国新闻理论核心观点演变》,《新闻爱好者》2016年第2期,第41-46页。
[3] 林绪武:《党报党刊和百年中国共产党》,《全球传媒学刊》2021年第3期,第35-47页。

中，如《晋书·凉武昭王传》："赏勿漏疏，罚勿容亲，耳目人间，知外患苦。"《圣武记》："大清又厚抚辽人之往来我地者，於是降人与辽人皆为我耳目"等，将耳目所指代的范围进一步扩大。

"采风"可以被视作为"耳目"的实践路径。《汉书·食货志》中记载了"采风"的具体流程："孟春之月，群居者将散，行人振木铎徇于路以采诗，献之大师，比其音律，以闻于天子。故曰王者不窥牖户而知天下。"秦理斋将"采风"视为我国新闻事业的发轫："我国新闻事业，发轫最早。在昔商周之际，政府已设置专官，春秋二季，出巡列邦，采风问俗，归而上诸太史。刘歆与扬雄书曰：'三代周秦，轩车使者，遒人使者以岁八月巡路，求代语、童谣、歌戏。'"①

"喉舌"主要指统治者用以自上而下传达信息、颁布政令、管理社会秩序的工具。"喉舌"一词诞生于先秦时代，最早出自《诗经·大雅·烝民》："出纳王命，王之喉舌"，即专指周王的发言人。随着国家政府体制日益完善，"喉舌"从只为统治者服务扩展到为整个统治阶层服务，并成为统治机构重要的组成部分。②如《后汉书·左雄传》中提到："宜擢在喉舌之官，必有匡弼之益，由是拜雄尚书，再迁尚书令。"邸报作为古代中国最早的新闻发布形式，是"喉舌"的主要实践路径之一，其内容包含了公示榜文、有关决定、批准公开的奏章和朝廷动态等重要信息和中央旨意。③

值得一提的是，尽管"耳目"与"喉舌"分立，其信息流动的方向不同，但均不是绝对的单向流动。一方面，《尚书·胤征》中记载"遒人以木铎徇

---

① 秦理斋：《中国报纸进化小史》，见张静庐编：《中国现代出版史料 丁编（上卷）》，中华书局，1959，第 22 页。
② 袁映雪：《"耳目喉舌"论的历史性变革与中国新闻思想观念的发展》，《新闻爱好者》2019 年第 1 期，第 73-75 页。
③ 文凌月：《论"耳目喉舌"论的嬗变与中国新闻史的联系》，《中国报业》2013 年第 8 期，第 122-123 页。

于路","遒人"即采风之人,孔颖达疏:"木铎,金铃木舌,所以振文教",《论语·八佾》中提到:"仪封人曰'二三子何患于丧乎天下之无道也久矣,天将以夫子为木铎'。"可见官员会在"采风"时向百姓传达信息。另一方面,朝廷除了颁布邸报外,会依赖官员和机构呈递的官文书了解下情,清代甚至发展出了只向皇帝报告的"密折"制度,加强信息往来,提高了皇帝对下级的控制能力。①可见"喉舌"也会使信息向上流动。

近代以来,"耳目"和"喉舌"被视作一个整体来看待,且被用以指代具体的新闻报刊事业。黄天鹏认为民国时期的新闻报刊事业沿袭了古代"耳目喉舌"的功能:"古者太师陈诗,以观民风,饥者歌其食,劳者歌其事。使乘輶轩以采访之乡,移于邑,邑移于国,国移于天子,是犹采访者之报告也。古设太史之官,以采风问俗,今设访员之职,以探访消息。所职所司,微有不同,就大体言,实殊途而同归。"②梁启超的《论报馆有益于国事》中更是直接说明"有助耳目喉舌之用而起天下之废疾者,则报馆之谓也"③。彼时,报纸、宣传册等开始于民间流行,成为思想报国、言论报国的重要载体。对于经历了马克思主义思想的洗礼的中国共产党而言④⑤,"耳目喉舌"所特指的新闻舆论工作,是党的百年新闻舆论革命事业不可分割的一部分。

(二)机构与定位

"耳目喉舌"不仅存在于日常表达之中,其作为工具性存在理应有相应的

---

① 黄旦:《耳目喉舌:旧知识与新交往——基于戊戌变法前后报刊的考察》,《学术月刊》2012年第11期,第127-145页。
② 黄天鹏:《中国新闻事业》,见《民国丛书 第三编 第41册》,上海书店,1989,第23页。
③ 梁启超:《饮冰室文集》,云南教育出版社,1989,第92页。
④ 韩红星、蔡思梦:《红色报刊的开拓:建党之初的党报实践与办报思想》,《当代传播》2022年第4期,第48-52、67页。
⑤ 邓绍根:《中国共产党成立前后〈加入共产国际的条件〉在我国的传播及其影响》,《全球传媒学刊》2021年第3期,第23-34页。

机构或官职确证其合法性。在古代，所谓"耳目官"，黄旦总结其指"亲近侍从之官，为天子耳目，后则专指御史"。①但若将"采风"视为耳目的实践方式，则可发现"耳目官"的职位更加丰富。如上文所提到的"行人振木铎徇于路"的"行人"即为发端于周代、沿袭至清代的官职，《周礼·秋官司寇》中还详细介绍了"大行人"与"小行人"的职责，其中小行人"及万民利害之一书……以反命于王，以周知天下之故"。所谓"喉舌官"，尹韵公做了详细梳理，发现其在周代为内史，在秦汉为尚书、中书，在魏晋设中书省，在唐宋新设门下省，在明代设通政司，成为象征政府权威的"意见领袖"。②虽然古代报纸另有一套运作机制且与皇权之间存在一定张力，但其与"喉舌官"联系密切。③与此相呼应的，"耳目官"和"喉舌官"机构设置逐渐完善，分工愈发复杂精细，且存在相互重叠交融的趋势，两者也从只为统治者服务逐渐扩展至需要服务于整个统治阶层。

清代以降，"耳目喉舌"的机构与定位呈现出多元化趋势。承担"耳目喉舌"功能的机构大抵指各类报馆，但根据其办报主体不同，定位有所不同。总体来看，可分为两大类。第一类将报刊视为改良工具。此语境下"耳目喉舌"的主体为国家或政党，因此继承了"耳目喉舌"的原本含义，并结合当时内忧外患的历史语境，旨在通过报刊去塞求通，救亡图存。如孙家鼐上书光绪皇帝改《时务报》为官报时曾写道："采风问俗，三代之隆规。自古圣帝明王，未有不通达下情而可臻上理者也。"④第二类将报刊视为社会公器。

---

① 黄旦：《耳目喉舌：旧知识与新交往——基于戊戌变法前后报刊的考察》，《学术月刊》2012年第11期，第127-145页。
② 尹韵公：《"喉舌"追考——〈文心雕龙〉之传播思想探讨》，《新闻与传播研究》2003年第3期，第2-12、93页。
③ 刘晓伟：《皇权政治与中国古代报纸的二重演化》，《新闻与传播研究》2022年第10期，第110-125、128页。
④ 戈公振：《中国报学史》，中国新闻出版社，1985，第38页。

此语境下的"耳目喉舌"理念吸收了西方资产阶级自由主义观念,将报刊本身作为服务社会的、独立经营的主体。张季鸾在提出其著名的"四不"方针时说"本社同人,除愿忠于报纸固有之职务外,并无私图。易言之,对于报纸并无私用,愿向全国开放,使为公众喉舌"①,强调新闻具有超然地位。

在中国共产党百年来的新闻实践中,"耳目喉舌"的机构与定位主要围绕党的中心工作与"大宣传"理念,坚持党管媒体的体制,坚持新闻舆论工作是全党共同的事业。一方面,1921年中共一大通过的决议中规定了报纸杂志、百科全书等必须由中央执行委员会经办,这决定了新闻舆论工作从一开始就是党的革命事业的组成部分。另一方面,毛泽东1942年2月8日在延安干部会上的讲演中曾说:"什么是宣传家?不但教员是宣传家,新闻记者是宣传家,文艺作者是宣传家,我们的一切工作干部也都是宣传家。"②进一步规定了新闻宣传工作之于全党的定位。1950年5月16日,邓小平在西南区新闻工作会议上的报告中指出:"拿笔杆是实行领导的主要方法",而"拿笔有多种,作用最广泛的是写文章登在报纸上和出小册子,再就是写好稿子到广播电台去广播"③;江泽民在1989年的讲话中提到"我们的新闻工作是党的整个事业的一个重要组成部分",新闻工作的"领导权一定要牢牢掌握在马克思主义者手中"④;胡锦涛在视察人民日报时指出新闻宣传工作"关系党和国家工作全局,关系改革和经济社会发展大局,关系国家长治久安"⑤;习近平总书记在党的新闻舆论工作座谈会上的讲话中指出:"在新的时代条件下,党的新闻舆论工作的职责和使命是,高举旗帜、引领导向,围绕中心、

---

① 转引自陈建云:《中外新闻学名著导读》,浙江大学出版社,2005,第81页。
② 中共中央文献研究室、新华通讯社:《毛泽东新闻工作文选》,新华出版社,1983,第79页。
③ 邓小平:《邓小平文选》第2卷,人民出版社,1983,第255页。
④ 江泽民:《关于党的新闻工作的几个问题——在新闻工作研讨班上的讲话提纲》,《新闻战线》1990年第3期,第3-6页。
⑤ 胡锦涛:《在人民日报社考察工作时的讲话》,《新闻采编》2008年第3期,第3-4页。

服务大局，团结人民、鼓舞士气、成风化人、凝心聚力、澄清谬误、明辨是非、联接中外、沟通世界。要承担起这个职责和使命，坚持正确政治方向是第一位的。"①可见党对新闻事业的定位是一脉相承的。

落实到实践中，在新闻制度方面，中国共产党经历了"革命—管理—治理"的政治话语演变过程和"革命传播体系—传统传播体系—现代传播体系"的新闻传播系统演变过程。②在经营模式方面，党的新闻事业也依循时代使命与政策变化不断调整，历经企业化尝试（报社）、市场化转型（商业报社）、集团化发展（报业集团）、融媒化探索（融媒体集团）的发展过程。③

（三）责任与使命

"耳目喉舌"在不同的历史语境之下承担了不同的责任与使命。在古代中国，"耳目""喉舌"的根本责任是保证信息的上下流通，使统治阶层能够通晓民情、宣传教化，达到巩固统治的目的。彼时的"耳目喉舌"呈现出以下三个特征。第一，强调信息流动的方向性、目的性。也就是说，统治阶级占据主导性地位，其目的是维护统治阶级的利益。第二，"耳目"与"喉舌"较为割裂，两者各司其职，这进一步加强了其服务于统治者的特征。第三，"耳目喉舌"具有较强的局限性，因当时的社会环境与媒介技术等因素使信息的流动受到时间和空间的限制，所以并没有大范围深入群众。④即使到了近代，秉承着"耳目喉舌"新闻理念的同人办报、商人办报等也依然存在以上局限性，但更强调"去塞求通"，以达到宣传教育、服务社会公众的目的，

---

① 《习近平在党的新闻舆论工作座谈会上强调 坚持正确方向 创新方法手段 提高新闻舆论传播力引导力 刘云山出席》，《人民日报》2016年2月20日。
② 许加彪、王军峰、李亘：《试论中国共产党百年新闻政策的范式变迁》，《新闻与传播研究》2022年第9期，第5-18、126页。
③ 王姗、刘年辉：《党报百年经营嬗变的历程与启示》，《新闻爱好者》2021年第7期，第20-24页。
④ 魏海岩、彭翠、宋伟龙：《唐代进奏院状报读者构成特点及影响》，《国际新闻界》2022年第7期，第158-176页。

如吴鼎昌曾说:"我们办报是毫无目的的,如果有目标的话,那就是'为新闻而新闻',要真正作人民的耳目喉舌。"①其本质是资产阶级专业主义新闻观念的反映。

在中国共产党的实践语境下,被视为"耳目喉舌"的新闻事业主要肩负着革命武器、宣传教育、组织动员、引导舆论的责任与使命。1929年毛泽东撰写的《政治周刊》发刊词中提到"向反革命宣传反攻,以打破反革命宣传"②,直接表达了新闻报刊作为党的革命武器的重要责任。《提高我们党报的作用》一文中提到:"党报并不只是一个宣传鼓动的中心,它同时是一个组织的中心。"③体现了党报的组织动员作用。1940年《中国工人》发刊词中写道:"《中国工人》应该成为教育工人、训练工人干部的学校,读《中国工人》的人就是这个学校的学生"④,1942年4月1日,《解放日报》社论《致读者》一文指出:"报纸的任务:不仅要充实群众的知识,扩大他们的眼界,启发他们的觉悟,教导他们,组织他们,而且要成为他们的反映者、喉舌"⑤,体现出了党报宣传教育、引导舆论的功能。改革开放政策实施后,邓小平基于四项基本原则和社会主义经济建设的中心工作提出"党报党刊一定要无条件地宣传党的主张……要成为全国安定团结的思想上的中心"⑥。江泽民在1989年1月28日的《关于党的新闻工作的几个问题》中指出:"我们国家的报纸、广播、电视等是党、政府和人民的喉舌。这既说明了新闻工

---

① 侯迎忠:《20世纪初民族新闻业的专业主义解读》,《湖南大学学报(社会科学版)》2005年第2期,第122-125页。
② 中共中央文献研究室、新华通讯社:《毛泽东新闻工作文选》,新华出版社,1983,第5页。
③ 中国社会科学院新闻研究所:《中国共产党新闻工作文件汇编》下卷,新华出版社,1980,第34页。
④ 中共中央文献研究室、新华通讯社:《毛泽东新闻工作文选》,新华出版社,1983,第48页。
⑤ 中共中央文献研究室、新华通讯社:《毛泽东新闻工作文选》,新华出版社,1983,第51页。
⑥ 邓小平:《邓小平文选》第2卷,人民出版社,1995,第255页。

作的性质，又说明了它在党和国家工作中的极其重要的地位和作用。"①胡锦涛指出"要坚持把实现好、维护好、发展好最广大人民的根本利益作为新闻宣传工作的出发点和落脚点"②。习近平总书记在2019年做出了具体阐释："要做大做强主流舆论，巩固全党全国人民团结奋斗的共同思想基础，为实现'两个一百年'奋斗目标、实现中华民族伟大复兴的中国梦提供强大精神力量和舆论支持。"③这些论述均体现出作为党的"耳目喉舌"的新闻舆论工作在不同时期所应具备的责任与使命。

总体来看，"耳目喉舌"是一个具有中国文化特色和丰富内涵的新闻观念隐喻。耳目喉舌论是发端于中华优秀传统文化、经由马克思主义新闻观改造并吸收了中国百年新闻实践经验的党的新闻理论，是马克思主义中国化和中国特色新闻学话语体系的重要组成部分和时代化表达，是对党的新闻舆论事业的性质、责任使命和实践路径进行诠释的本土化理论。耳目喉舌论结合了中华优秀传统文化中"民为邦本"和马克思主义新闻观以人为本的价值取向，强调新闻事业属于党和人民、面向党和人民、为了党和人民，是党同人民群众建立和维持联系的主要途径。

二、耳目喉舌论的理论脉络

（一）基本原则：党性与人民性相统一

以党性与人民性的统一为立足点。耳目喉舌论突出了新闻舆论工作的工具性，因此首先应明确的是其主体问题，即"是谁的耳目喉舌"？刘少奇在1948年的讲话中直接点明："你的笔，是人民的笔，你是人民

---

① 江泽民：《关于党的新闻工作的几个问题——在新闻工作研讨班上的讲话提纲》，《求是》1990年第5期，第2-7页。
② 胡锦涛：《在人民日报社考察工作时的讲话》，《新闻采编》2008年第3期，第3-4页。
③《习近平：加快推动媒体融合发展 构建全媒体传播格局》，http://jhsjk.people.cn/article/30978511。

的喉舌。"①李瑞环进一步解释道:"我们说报纸是党、政府和人民的耳目喉舌,就是对新闻工作党性的一种鲜明的、形象的和科学的表达。"②也就是说,"耳目喉舌"既是党的,也是人民的,"耳目喉舌"立足于党性和人民性的统一。

如何体现出新闻事业是党和人民的"耳目喉舌"?一方面,毛泽东在1944年对《抗战日报》指示道:"不是给新华社办报,而是给晋绥边区人民办报,应根据当地人民的需要(联系群众,为群众服务),否则便是脱离群众,失掉地方性的指导意义。"③从这个维度来看,新闻事业是人民群众向党表达需求的喉舌,是党发现人民群众需求的耳目。另一方面,博古在1944年讲话中指出党报"作党的喉舌,党每天经过报纸向群众讲话,没有别的工具能如报纸这样更紧密的和群众联系;另方面党报又是党的眼睛、耳朵,经过它了解下面的情形,应该说报纸比其他的线索更快更生动"④。毛泽东1948年在《对晋绥日报编辑人员的谈话》中也强调:"报纸的作用和力量,就在它能使党的纲领路线,方针政策,工作任务和工作方法,最迅速最广泛地同群众见面","在报纸上正确地宣传党的方针政策,通过报纸加强党和群众的联系,这是党的工作中的一项不可小看的、有重大原则意义的问题"⑤。从这个维度来看,新闻报刊是党向群众传达信息的喉舌,是群众了解党的动态的耳目,自然也是舆论监督的重要工具。此外,2008年,胡锦涛提出媒体要"把体现党的主张和反映人民心声统一起来,把坚持正确导向和通达社情民意统一起

---

① 中国社会科学院新闻研究所:《中国共产党新闻工作文件汇编》下卷,新华出版社,1980,第259页。
② 李瑞环:《坚持正面宣传为主的方针》,《人民日报》1990年3月3日。
③ 中共中央文献研究室、新华通讯社:《毛泽东新闻工作文选》,新华出版社,1983,第120页。
④ 中国社会科学院新闻研究所:《中国共产党新闻工作文件汇编》下卷,新华出版社,1980,第203页。
⑤ 中国社会科学院新闻研究所:《中国共产党新闻工作文件汇编》下卷,新华出版社,1980,第233、234页。

来"①。习近平强调："党性和人民性从来都是一致的、统一的。坚持党性，核心就是坚持正确政治方向，站稳政治立场，坚定宣传党的理论和路线方针政策，坚定宣传中央重大工作部署，坚定宣传中央关于形势的重大分析判断，坚决同党中央保持高度一致，坚决维护中央权威。所有宣传思想部门和单位，所有宣传思想战线上的党员、干部都要旗帜鲜明坚持党性原则。坚持人民性，就是要把实现好、维护好、发展好最广大人民根本利益作为出发点和落脚点，坚持以民为本、以人为本。要树立以人民为中心的工作导向，把服务群众同教育引导群众结合起来，把满足需求同提高素养结合起来，多宣传报道人民群众的伟大奋斗和火热生活，多宣传报道人民群众中涌现出来的先进典型和感人事迹，丰富人民精神世界，增强人民精神力量，满足人民精神需求。"②这为党的新闻舆论工作提出了更高的要求，即党的新闻舆论工作不仅要明耳目、通喉舌，还要入脑入心，体现出党性和人民性的高度统一。

1945年10月11日，《新华日报》发表社论《人民的报纸》，文中谈道："本刊创刊八年来，一贯的就是以人民的报纸为方针，为努力目标……人民的报纸必须以人民的利害为依归。对人民有利的，我们要坚决地主张，对人民不利的，我们要毫不容情地反对。"③1956年7月1日，《人民日报》发表社论，文中鲜明地指出："我们的报纸名字叫做《人民日报》，意思就是说它是人民的公共的武器，公共的财产。人民群众是它的主人。只有靠着人民群众，我们才能把报纸办好。"④这就是中国特色新闻事业的根本特点：为了最大多数人民的利益，而不是为了少数强权者与资本者的利益。

《解放日报》《新华日报》《人民日报》都是中国共产党的机关报，都始

---

① 胡锦涛：《在人民日报社考察工作时的讲话》，《新闻采编》2008年第3期，第3-4页。
② 习近平：《胸怀大局把握大势着眼大事 努力把宣传思想工作做得更好》，《实践（党的教育版）》2013年第10期，第4页。
③ 中国社会科学院新闻研究所：《中国共产党新闻工作文件汇编》下卷，新华出版社，1980，第75-76页。
④ 胡乔木：《致读者》，《人民日报》，1956年7月1日。

终坚持把服务人民利益作为自己的最高追求，体现了中国特色新闻学中人民性新闻立场的深刻内涵，既没有脱离党性的人民性，也没有脱离人民性的党性，两者的高度统一始终是中国特色新闻学的理论特色，也是实践原则。其根本历史逻辑、理论逻辑在于，中国共产党从诞生之日起，就是以代表民族利益、人民利益为宗旨的，不是仅仅代表一部分人的利益，更不是仅仅代表自身政治组织的利益。从新闻实践看，坚持了党性和人民性相统一，也就坚持了人民性的立场，成为人民利益的坚定维护者。

此外，还坚持以群众路线为基本路线。第一，群众路线是检验新闻媒体是否充当了"耳目喉舌"角色的标准。新时代的耳目喉舌论与以往时期的耳目喉舌论的本质区别就在于人民群众占据主体性地位，要做最广泛的人民群众的"耳目喉舌"。邓小平曾强调要把联系群众作为办好报纸的基本条件之一，李瑞环也曾强调新闻报道要"密切联系人民群众，真诚地和人民同呼吸，共甘苦，齐爱憎，正确地反映他们的愿望、呼声和要求"[①]。作为以人民为中心的新闻事业，若不走群众路线，不密切联系群众，就难以将其称为人民的"耳目喉舌"。第二，在强调群众路线之于"耳目喉舌"的指导性地位时，也应注意到正确地发挥媒体的"耳目喉舌"功能是群众路线重要的实现途径。党同人民群众保持密切联系是党带领人民进行伟大革命，成就伟大事业的基本保证。在此过程中，作为"耳目喉舌"的新闻舆论事业起到关键性作用。正如江泽民在视察人民日报社时所指出的，"新闻工作，党报工作，说到底，也是群众工作，是我们党联系群众的重要纽带。密切联系群众，是新闻工作者的必修课和基本功"[②]。党的十八大以来，新闻舆论工作被提高至"治国理政，定国安邦"的重要地位，是关乎党和国家命运的事

[①] 李瑞环：《坚持正面宣传为主的方针》，《人民日报》1990年3月3日。
[②] 江泽民：《江泽民文选》第一卷，人民出版社，2006，第566页。

业；党的二十大更是强调了"加强全媒体传播体系建设，塑造主流舆论新格局"的重要性，新闻舆论工作是建设具有强大凝聚力和引领力的社会主义意识形态的重要方式。

（二）实践路径：整体—主动—积极

整体的而非局部的。首先，"耳目喉舌"应被视为一个整体来看待。历史实践已经证明，无论是把耳目和喉舌割裂开来，还是把党的"耳目喉舌"和人民的"耳目喉舌"割裂开来，或者只强调某一部分的重要性都是违背马克思主义、违背共产党宗旨的体现。[①]只有当两者相统一形成整体时，作为"耳目喉舌"的新闻媒体才是党性和人民性相统一得以实现的媒介。其次，"耳目喉舌"所面对的对象是一个整体，是党和最广泛的人民的"耳目喉舌"，而非某一特定群体、利益集团或者个体的"耳目喉舌"，同时，"党依靠你们指导人民的一切活动，指导党的、政府的、军队的工作，党又依靠你们把人民的一切活动、情绪反映上来，帮助党了解情况"[②]。最后，"耳目喉舌"与其他社会部分共同构成社会整体，即"耳目喉舌"是与整个社会相互联系、相互影响的，而非单纯的"瞭望者"或独立于社会结构的超然存在。具体来说，新闻舆论工作既是社会意识形态的重要组成部分，也是加强意识形态建设的重要手段。[③]

主动的而非被动的。第一，"耳目喉舌"应持有开放的姿态，敢于面对和呈现不同的声音。正如1942年中共中央宣传部《为改造党报的通知》中所提到的，"党报要成为战斗性的党报，就要有适当的正确的自我批评，表扬

[①] 刘建明：《马克思主义新闻观的经典性与实践性》，《国际新闻界》2006年第1期，第5-10页。
[②] 中国社会科学院新闻研究所：《中国共产党新闻工作文件汇编》下卷，新华出版社，1980，第252页。
[③] 沈正赋：《新闻舆论工作与意识形态建设之间的关系建构——以十八大以来党的新闻舆论思想为重心的考察》，《当代传播》2022年第5期，第19-24页。

工作中的优点，批评工作中的错误，经过报纸来指导各方面的工作。在党报上可以允许不同的观点的论争，可以容许一切非党人士站在善意的立场上对我们各方面工作的批评或建议的言论发表。另一方面，要有对于敌人的思想的批判"。[①]党报要承担起指导工作和接受舆论监督的任务，前提是自身要具有开放性，不仅允许出现不同的声音，也要对不同的声音做出主动的甄别和判断，以确保塑造良好的舆论氛围。第二，"耳目喉舌"应以主动的意识承担起新时代新形势下的新使命。习近平在2019年讲道："准确、权威的信息不及时传播，虚假、歪曲的信息就会搞乱人心；积极、正确的思想舆论不发展壮大，消极、错误的言论观点就会肆虐泛滥。这方面，主流媒体守土有责，更要守土尽责，及时提供更多真实客观、观点鲜明的信息内容，牢牢掌握舆论场主动权和主导权。"[②]在2020年的讲话中也提到要"把握主导，壮大网上正能量"，"占据主动，有效影响国际舆论"[③]，等等，均强调了"耳目喉舌"自身的主动性。

积极的而非消极的。第一，"耳目喉舌"既要看见事实，又要传播事实。马克思曾提出是否"根据事实写新闻"来衡量"好报刊"的标准。[④]坚持事实，坚持新闻真实是合格的"耳目喉舌"的基本条件，虚假的信息只会导致"耳目喉舌"的蒙蔽与堵塞，进而阻断党同人民群众联系的渠道。第二，耳目喉舌论强调新闻媒体的正向性报道和建设性效果。"正面宣传为主"是党的新闻舆论工作的基本原则之一，是凝聚思想、树立形象、弘扬主流价值观的

---

① 中国社会科学院新闻研究所：《中国共产党新闻工作文件汇编》上卷，新华出版社，1980，第126-127页。
② 习近平：《加快推动媒体融合发展 构建全媒体传播格局》，《中国报业》2019年第7期，第5-7页。
③ 习近平：《在中央政治局常委会会议研究应对新型冠状病毒肺炎疫情工作时的讲话》，《求是》2020年第4期，第4-12页。
④ 中共中央马克思恩格斯列宁斯大林著作编译局：《马克思恩格斯全集》第六卷，人民出版社，1961，第275-277页。

重要手段。①即使是负面的报道，也应以发挥建设性效果为目的，即发挥党的"耳目喉舌"引领性、建设性，"要敢于引导、善于疏导，原则问题要旗帜鲜明、立场坚定，一点都不能含糊"，"推动形成良好网络生态"②。正向性报道和建设性效果是为了党和人民的利益，若报道不基于事实，则谈不上联系党同人民群众，正向性和建设性也就无从谈起了。

三、两个"根植于"：耳目喉舌论的时代内涵

（一）根植于中华优秀传统文化

中华优秀传统文化与马克思主义新闻观具有内在的契合性③，这是耳目喉舌论作为具有丰富内涵的理论体系能够不断发展的理论基石。经过上文梳理可以发现，"耳目喉舌"体现了"民为邦本"的思想内核，吸收继承了依托"耳目喉舌"来掌握民情、宣传教化的责任使命观，体现了中华优秀传统文化开放、包容的基因；"耳目喉舌"这一表述能包容多元的文化表征，不断结合新的社会实际以丰富自身，以保证自己的理论活力。试看以下论述："报者，天下之枢铃，万民之喉舌也"④；"古者采诗以睹民风，诵诗而知国政，专立太师之官，以主其事。盖诗者，即今之新报……我中国，邸报开设千年，本远出于西报之前，特未推而广之，采诗之法，又未追而复之"⑤；"邸报可以备史臣之采择，新报不过如太史之陈风"⑥；"我国《诗经》中的国风，也是这类的东西。至于帝王的诏命以及管理宣

---

① 刘伯贤：《"正面宣传为主"的理论起源与价值意蕴》，《传媒观察》2022年第1期，第83-90页。
② 习近平：《加快推动媒体融合发展 构建全媒体传播格局》，《中国报业》2019年第7期，第5-7页。
③ 胡钰、石文婷：《马克思主义基本原理与中华优秀传统文化相结合：理论基础、历史脉络与发展路径》，《出版发行研究》2022年第5期，第12-20页。
④ 吴恒炜：《〈知新报〉缘起》，见刘家林：《中国新闻史》，武汉大学出版社，2012，第158页。
⑤ 梁启超：《开设报馆议》，《强学报》1896年1月12日，第1版，第3-4页。
⑥《邸报别于新报论》，《申报》1872年7月13日，第1版，第3-4页。

传德政的布告，有时也有几分像报纸，不是负有宣传的一种使命吗？"①。可见中华优秀传统文化的思想内核始终是推动新闻事业发展的重要影响因素之一。

新时代的耳目喉舌论作为共产党新闻事业的一部分历经百余年的发展，主要在三个方面打破了中国历史上"耳目喉舌"的局限性。第一，在内涵上，所依附主体进一步扩展。"耳目喉舌"实现了从仅服务于统治者扩展到服务于统治阶层或某一政党再扩展到服务党和最广泛的人民，这极大拓展了信息触达和流动的范围。第二，在机构上，"耳目喉舌"由分而治之到统一为不可分割的整体的转变，部分消解了由信息上传下达之间存在的壁垒而造成信息流动低效率、不透明和不对等的问题。第三，在责任使命上，"耳目喉舌"从仅为了维护统治阶层的利益这一始终不变的目的转变为在与党的中心事业始终保持统一的前提下随不同历史时期、不同社会环境有不同的具体目标。这三点"量变"引发了耳目喉舌论的"质变"，完成了其作为中国特色新闻理论辩证发展的科学过程。

此外，新时代的耳目喉舌论也体现了中国特色新闻理论话语的历史自信与文化自信。正如党的二十大报告中所提出的"坚定历史自信、文化自信，坚持古为今用、推陈出新，把马克思主义思想精髓同中华优秀传统文化精华贯通起来、同人民群众日用而不觉的共同价值观念融通起来，不断赋予科学理论鲜明的中国特色，不断夯实马克思主义中国化时代化的历史基础和群众基础，让马克思主义在中国牢牢扎根"②，坚持科学理论来源于人民群众的社会实践，坚持中国特色理论话语的生成逻辑与表述根植于中华优秀传统文化，正是体现历史自信、文化自信的必要途径。

---

① 蒋国珍：《中国新闻发达史》，见《民国丛书 第三编 第41册》，上海书店，1989，第2页。
② 习近平：《高举中国特色社会主义伟大旗帜 为全面建设社会主义现代化国家而团结奋斗——在中国共产党第二十次全国代表大会上的报告》，http://www.gov.cn/xinwen/2022-10/25/content_5721685.htm。

（二）根植于中国共产党的新闻实践

中国新闻事业作为共产党的重要组成部分，其发展过程自然与党的发展相辅相成。也就是说，耳目喉舌论根植于马克思主义中国化的历史进程和党的新闻实践。其一，马克思指出："全部社会生活在本质上是实践的。凡是把理论引向神秘主义的神秘东西，都能在人的实践中以及对这种实践的理解中得到合理的解决。"[①]马克思主义新闻观、中国特色新闻理论与马克思的其他所有理论一样，"共产主义不是教义，而是运动。它不是从原则出发，而是从事实出发。共产主义者不是把某种哲学作为前提，而是把迄今为止的全部历史，特别是这一历史目前在文明各国造成的实际结果作为前提"[②]。翁海勤、文有仁等考证发现，在国际共产主义运动的发展过程中，"耳目喉舌"始终被用来形容无产阶级报刊，且在马克思、恩格斯和列宁的作品中均有直接表述，同时见诸一些共产主义报刊中[③④]，在我国更是被历届党和国家领导人及新闻工作者所使用。具体到我国实际而言，近代以降，传统文化、现代性思潮和近代政治变迁共同作用于新闻工作者的行为范式和价值观念，形塑了当时的新闻业态[⑤]，"耳目喉舌"概念也是在这一背景之下得以极大拓展。这决定了耳目喉舌论是内涵丰富的、随着新闻实践不断发展的本土化理论，也正因如此，"耳目喉舌"才有长久的生命力和解释力。

其二，"思想、观念和命题，不仅是某种语境的产物，它们也是历史变

[①] 中共中央马克思恩格斯列宁斯大林著作编译局：《马克思恩格斯选集》第一卷，人民出版社，2012，第139-140页。

[②] 中共中央马克思恩格斯列宁斯大林著作编译局：《马克思恩格斯选集》第一卷，人民出版社，2012，第291页。

[③] 翁海勤：《"耳目喉舌"说的历史沿革》，《新闻记者》2007年第3期，第35-37页。

[④] 文有仁：《关于耳目喉舌问题》，《新闻与写作》1995年第2期，第33-34页。

[⑤] 王维佳：《作为劳动的传播——中国新闻记者劳动状况研究》，中国传媒大学出版社，2011，第41页。

化或历史语境的构成性力量"[①],"耳目喉舌"这一概念在百年来的发展中渗透至新闻事业的方方面面,也成为影响其发展的构成性力量。在新时代,首先,"耳目喉舌"强调了新闻舆论工作是属于党和人民的事业的一部分,不是其他利益集体的代表,也不是独立于所有利益集体之外的主体。其次,"耳目喉舌"强调了党的新闻舆论工作的整体性和建设性,把新闻舆论工作作为推动社会发展的积极力量,不是为了揭露而揭露,也不是为了批判而批判。最后,"耳目喉舌"强调了新闻舆论工作具有时代性,新闻舆论工作不是一成不变的,不是放之四海而皆准的,其势必会根据党在不同历史时期的核心任务和不同的社会与技术环境之下具有不同的价值导向与表征。也就是说,新闻舆论工作要忠于具体的事实,忠于具体的社会现实,以上要义正是中国新闻与西方新闻在实践层面的不同表征。

总之,耳目喉舌论的发展基于悠久的历史文化、独特的时代背景和丰富的中国实践经验,这正是马克思主义新闻观的真理性和中国特色新闻学自主知识体系的实践性的具体体现。

四、耳目喉舌论在新时代新格局下的责任使命

党的二十大提出的"加强全媒体传播体系建设、塑造主流舆论新格局"是当前新闻学界和业界亟须回应的时代命题。那么,耳目喉舌论作为马克思主义新闻观指导的、与中华优秀传统文化和党的新闻实践相结合的、与时俱进的中国特色话语理论,应如何发挥其理论活力,以真正面对时代和实践提出的重大问题,做出符合中国实际和时代要求的正确回答?

坚持面向主流,做党和人民的"耳目喉舌"。21世纪以来,媒介技术变迁成为构建传播体系、影响舆论格局的最重要的因素之一。互联网极大扩展

[①] 汪晖:《现代中国思想的兴起》,生活·读书·新知三联书店,2021,第3页。

了人民群众接收信息、表达观点的渠道，"网民来自老百姓，老百姓上了网，民意也就上了网"①，这进一步实现了"去塞求通"，例如领导留言板、人民日报读者来信等就是党和政府联系群众的优秀案例。但是，不能忽视由互联网的发展引发的群体极化以及网络意识形态斗争等严峻问题。因此，党的新闻舆论工作应首先做到代表主流、面向主流、引领主流，坚持网络群众路线，"让互联网成为我们同群众交流沟通的新平台，成为了解群众、贴近群众、为群众排忧解难的新途径，成为发扬人民民主、接受人民监督的新渠道"②，时刻明确作为"耳目喉舌"的使命担当。

坚持全球视野。"耳目喉舌"不仅应该处理好党同人民群众之间的沟通问题，也应该处理好中国与世界的关系，积极参与构建平等平衡的全球传播新生态。在当前全球数字化和不稳定局势常态化的国际环境之中，"西强我弱"的国际传播格局依然存在，并且面临着话语权之争、道路冲突、价值冲突等棘手问题。③党的二十大报告中强调，要"加快构建中国话语和中国叙事体系，讲好中国故事、传播好中国声音，展现可信、可爱、可敬的中国形象"，要"拓展世界眼光，深刻洞察人类发展进步潮流，积极回应各国人民普遍关切，为解决人类面临的共同问题作出贡献"。④这与百年前梁启超认为存在"以全世界人类之利益为目的者"的"世界之报"遥相呼应⑤。

中国特色新闻学的理论创新有着丰厚的实践基础和历史积淀，耳目喉

---

① 习近平：《在网络安全和信息化工作座谈会上的讲话》，《人民日报》2016 年 4 月 26 日。
② 习近平：《在网络安全和信息化工作座谈会上的讲话》，《人民日报》2016 年 4 月 26 日。
③ 于运全：《全人类共同价值国际传播的机遇与挑战》，《国际问题研究》2022 年第 5 期，第 44-46 页。
④ 习近平：《高举中国特色社会主义伟大旗帜 为全面建设社会主义现代化国家而团结奋斗——在中国共产党第二十次全国代表大会上的报告》，http://www.gov.cn/xinwen/2022-10/25/content_5721685.htm。
⑤ 梁启超：《敬告我同业诸君》，见汤志钧等编：《梁启超文集》，中国人民大学出版社，2018，第 651 页。

舌论即是其中的典范。耳目喉舌论根植于中国悠久的历史发展与中华优秀传统文化，根植于中国共产党百年来的新闻实践，其作为具有中国特色的新闻理论又对中国新闻舆论事业的发展和新闻实践产生了深刻影响，体现了建构中国自主知识体系与话语体系的巨大潜力和丰富内涵。这要求我们进一步增强主体意识，强化理论自觉性，增强全球视野，努力回答好中国特色新闻理论体系建设中的中国之问、世界之问、人民之问和时代之问。

第三节　新型有机知识分子：中国特色的新闻人才观念

新闻的主体是人，新闻人才观念是新闻观念的重要组成。解答了何为新闻人才以及如何培养新闻人才的观念问题，也就明确了如何树立正确的新闻观念的方向与路径。

中国特色社会主义新时期的时代特征呼唤新的具有中国特色的新闻人才观念，而"新型有机知识分子"无疑是顺应时代发展、反映时代特征、满足时代需求的新闻人才观念。

一、何为"新型有机知识分子"？

党的历史上有许多出色的"政治家报人"，如邵飘萍（1886—1926）、李大钊（1889—1927）、陆定一（1906—1996）、范长江（1909—1970）、胡乔木（1912—1992）、邓拓（1912—1966）、甘惜分（1916—2016）、魏巍（1920—2008）、穆青（1921—2003）、范敬宜（1931—2010）、郭超人（1934—2000）等，横跨了清末民初、抗日战争、新中国成立、改革开放等重要历史时期，既保留了中华优秀传统文化的文人风骨，又用行动实践着如何像一名政治家一样开展中国的新闻舆论工作，并让新闻舆论工作服务于党和国家的大局。

葛兰西提出，无产阶级如果要动摇资产阶级在文化上的领导权，就应该拥有宣传和维护自身利益的"有机知识分子"。汪晖阐释过葛兰西有机知识分子理论的两重含义："葛兰西批评资产阶级知识分子是有机的，他们是镶嵌在资本主义社会政治体制内部的专家、技术官员或者政客，他们跟整个资本主义世界有机地联系在一起……另一含义，即无产阶级应该创造出自己的'有机知识分子'，他们能够摆脱资本主义的劳动分工，而'有机地'与先进的阶级及其政治运动联系在一起。"[①] 简而言之，属于无产阶级自己的"新型有机知识分子"有别于传统意义上资产阶级的知识分子和封建时代的儒家知识分子，是以宣传和维护无产阶级自身利益为目标的知识分子，积极投身到改造世界和服务人民群众的活动中来，以夺取和稳固无产阶级的文化领导权。

在葛兰西眼中，彼时意大利的新闻记者和哲学家、传教士一样，都属于代表精英阶层的传统知识分子，与人民"严重脱节"。[②] 如果要让新闻工作者成为"新型有机知识分子"，必然要使得他们成为引领先进的生产方式和文化方向的人，摆脱资本逻辑的束缚，牢牢站在人民的一边。中国新闻界的"新型有机知识分子"应是将党的新闻舆论工作与最广大人民群众相联系，积极投身新闻实践之中，用独立的思考和强烈的责任意识来把握大局，用最贴近人民群众的方式做新闻。这样的卓越新闻人才是稀缺的，未来的中国新闻界无疑需要更多这样的"新型有机知识分子"。

在20世纪80年代西方传播学进入中国新闻学界后，中国的新闻人才培养一定程度上受到西方新自由主义和新闻专业主义思潮的影响。西方的新闻

---

① 汪晖：《理论、实践与历史诠释——答纽约大学研究生问》，http://www.aisixiang.com/data/35000.html.
② 穆美琼：《葛兰西实践哲学中的有机知识分子思想及其时代意义》，《世界哲学》2020年第1期，第37-44页。

人才观认为新闻人应当秉持客观主义、去政治化的报道立场，坚守新闻专业主义，在相当一段时间内获得了一定的影响力，至今依然仍有不少拥趸。西方的这种新闻人才观以"结构功能主义—行为主义"为主导范式，基于"政府—社会"的二元对立，突出新闻记者和新闻媒体的社会监督职能，同时也注重新闻媒体的商业利益实现，由此强调新闻人的"批评者"角色，突出新闻报道对象选择的冲突性与负面性。这种新闻人才观念认为，作为"批评者"，新闻人对社会总体上应当保持一种"旁观者"的姿态，对政府与各类公权力保持距离，新闻人自身以保持独立感为追求。

值得重视的是，在马克思主义新闻观的教育与研究中，对作为"批评者"的新闻人才观的批评也逐渐深入。这种新闻人才观引进于美国，服务于美国资产阶级统治阶层的利益，在国际传播中体现美国的霸权主义和冷战思维，在国内传播中忽视普通民众特别是少数族裔的声音，对弱小国家和弱势群体选择性失声，对社会主义制度抱有敌视，对美国对外战争中虚假信息予以传播与放大。这些都体现了这种人才观的鲜明政治立场。

尽管西方新闻观念在实践中遇到许多自我矛盾与明显缺陷，当前中国新闻人才培养的模式仍旧在相当程度上依赖和模仿西方新闻人才的培养模式，新自由主义、新闻专业主义等大量舶来的意识形态和理论观点依然或多或少地出现在中国的新闻教育中。缺少马克思主义新闻观的批判性分析，缺少中国本土理论和范式的支撑，使得培养出来的新闻人才缺乏中国特色的理论基础、现实经验和人文关怀，在面临重大的国际传播挑战和重大社会事件挑战时，中国新闻人才的战斗力和引导力面临着更大的考验。因此，突破"西方理论—中国经验"模式，将中国作为方法和视角，深耕本土的新闻理论，发掘本土的新闻经验，培养本土的新闻人才，已经成为建构中国特色新闻学和中国新闻人才观愈发紧迫的历史使命。

二、"新型有机知识分子"的特质与要求

重新审视当代中国的新闻人才观念，可以发现当代中国新闻人才的新特质。首先，新闻人才要努力做"政治家"，但不能是纯粹的"官员"或行政干部，而是要具有文人气质、专业能力与平民情怀，做融入知识界、文化界与社会各界的"新型有机知识分子"。

其次，作为"新型有机知识分子"的新闻人才要努力成为"通才"，而不仅仅是掌握采写编评摄录播的专业"窄才"。范敬宜曾用形象的说法谈到如何理解新闻"通才"，"'通才'要有比较全面的营养，就好比一个人需要方方面面的滋养，不能只靠吃点维生素丸。吃维生素丸虽然能够维持生命，但不能长成健壮的人。要健壮成长，必须粗粮、杂粮、素食、肉食什么都吃，从中汲取各种营养"。他还特别谈道："现在许多高校培养的新闻工作者，营养过于单一，学到的知识往往只局限在新闻专业方面，很难做到'博古通今，学贯中西'。我们新闻史上的大家，梁启超、章太炎、王韬、瞿秋白、邹韬奋、乔冠华、邓拓、恽逸群，都是学识渊博、具有'通才'特点的人。"[①]

再次，作为"新型有机知识分子"的新闻人才要有深入实际的扎实作风，而不是满足于二手资料的"信息二传手"。在海量信息与智能传播的时代里，由于媒介技术的发展与信息获取手段的便捷，如何坚守新闻采写中的扎实作风，以事实来报道事实，以责任来引导舆论，面临更大的挑战，因而也应是重新思考新闻人才观的重要视角。

最后，作为"新型有机知识分子"的新闻人才必须要发自内心认可、热爱与投入所从事的新闻事业。2001年6月，范敬宜曾在清华大学第一届新闻

[①] 申宏磊、雷向晴：《谈外宣人才的综合素质——访清华大学新闻与传播学院院长范敬宜》，《对外大传播》2005年第5期，第6-8页。

专业本科生班"新闻9字班"的开班仪式上说:"我离不开新闻,新闻是一种最具有魅力的职业。如果有人问我:做新闻工作最基本的政治素质是什么?我的回答是:就是对党的新闻事业的深沉的热爱。"[①]只有怀揣着对党和人民新闻事业的赤子之心,才能自觉地走到正道上来,树立正确且牢固的新闻观念。

三、范敬宜:"新型有机知识分子"的代表者

新中国成立以来,一大批优秀的新闻人成为建设中国新闻事业的骨干力量,其中,范敬宜以其丰富、卓越的新闻实践与扎实、开拓的新闻教育,成为当代中国新闻人才的典范,成为"新型有机知识分子"的代表者。

范敬宜出生于1931年,1951年进入东北日报社工作,开启新闻职业生涯。后在辽宁日报社工作多年,直至副总编辑。1984年,范敬宜调往中央工作,先后担任国家外文局局长、经济日报社总编辑、人民日报社总编辑等职,至1998年离职。2002年,范敬宜正式出任刚刚创建的清华大学新闻与传播学院首任院长,直至2010年离世。可以说,范敬宜的近六十年职业生涯都是在新闻领域度过的,其中包括八年的新闻教育。正是这种极其深厚而多样的新闻实践与新闻教育积累,使得范敬宜成为当代中国新闻人中不可多得的领军人才。

(一)三才一身:通才、史家、政治家

当代中国新闻人才中,若要称得上"卓越",要同时具备通才、史家和政治家这三种要求,也就是说要具备融贯中西的视野,要以记录历史的心态去报道新闻,要像政治家一般具备坚定的政治立场和判断时局的能力。纵观

[①] 范敬宜:《范敬宜文集:新闻教育文选》,清华大学出版社,2011,第117页。

百年，能做到上述三者的新闻人少之又少，而当代新闻人范敬宜满足这三点要求，堪称当代中国卓越新闻人才的代表者。

范敬宜是中国报业史上一位难得的"通才"，学贯中西，博古通今，精通书法、诗词和国画。季羡林就曾赋予范敬宜"四绝"的美誉，即"诗书画"三绝之上，再加一个"学贯中西"之绝，"古人难以望其项背"。[①]这与王韬所提倡的"扎根传统、兼学西方"的"通才"人才观十分吻合。范敬宜在中华优秀传统文化中的深度浸润，令他有了济世爱民、求真求新的新闻理想，也有了大道至简、大巧不工的亲民文风。他的新闻作品不仅是贴近人民的扎实报道，更是娓娓道来的文学佳作，独成一派大家风格。

范敬宜对新闻人缺乏文化素养的问题非常看重，在2007年做客《解放日报》报业集团举行的"文化讲坛"中，作了题为"媒体的浮躁在于缺少文化"的主题演讲，其中提出新闻界的一个问题："现在我们处理新闻不大讲究艺术，通病是：只知道旗帜鲜明，不知道委婉曲折；只知道理直气壮，不懂得刚柔相济。"[②]针对这一问题，范敬宜早在2005年就在清华专门开设了"新闻中的文化"课程，希望通过该课程提醒广大新闻学子不要忽视文化知识的积累。

范敬宜更是一名"史家"，在半个多世纪的新闻实践中，他始终在忠实地记录着他所经历的时代。在辽宁日报社期间，范敬宜写出了《"回头路"辩》《"单干"辩》《说变》《月光如水照新村》《夜半钟声送"穷神"》等多篇富有深刻见解和一手采访的报道，组织了许多战役性报道，产生了较大的社会反响。这些报道以思想解放、文风尖锐而闻名全国，更重要的是，范敬宜强调独立、丰富的采访，不以形势的需要或主观的想象来进行报道，

---

① 羊慧明：《谋篇始于忧患 弄潮更需前瞻——对话范敬宜》，《企业研究》2010年第11期，第10-13页。
② 范敬宜：《范敬宜文集：新闻教育文选》，清华大学出版社，2011，第53页。

因而他的报道都有扎实的事实作为支撑。

在新闻实践中，范敬宜不仅是"通才"与"史家"，更是一名素质过硬的"政治家"，是一名坚定的共产党员。范敬宜的政治才能，恰恰是他能在诸多重要的历史关口取得重大成就的核心素质之一。换言之，忽视了范敬宜的政治才能，对他的理解就是不全面的。

作为新闻领域的高级领导者，范敬宜对"政治家办报"的理念理解得深刻透彻，坚持得既坚定又富有创造性，这种坚持不仅体现于其在新闻单位领导岗位的业务实践中，也体现于其在领导清华大学新闻与传播学院期间在全国高校率先推出马克思主义新闻观教育中。贺启光将范敬宜称为中国政治家办报的典范，这是对他职业生涯的凝练概括，也是对他作为卓越新闻人的高度肯定。[1]事实上，范敬宜所体现的"政治家办报"理念，远远超出了狭义的政治立场，而是纯熟地将新闻工作的政治要求与新闻专业能力以及个人文化积淀紧密地结合在一起，形成了极具个性与魅力的当代中国卓越新闻人才的综合特质。

范敬宜的政治才能体现在他对时局的精准判断和把握，正如毛泽东所要求的"看得准、抓得快、抓得紧、转得快"[2]。改革开放之初，各类社会思潮互相激荡和碰撞，产生了许多不一样的声音。1979年4月前后，当时的社会上一度流行着否定党的十一届三中全会精神的"冷风"，后来人们才逐渐意识到这是"凡是派"搞的"倒春寒"。1979年5月13日，范敬宜在《辽宁日报》刊发了《莫把开头当过头——关于农村形势的述评》一文，通过翔实的访谈和实地调查，回答了社会思潮中对于党的十一届三中全会路线的模糊认识，起到了澄清是非、引导舆论的作用。《人民日报》随后转载这篇文章，并为该文加了长长的编者按，刊发于头版头条，文章一出，社会反响强

---

[1] 贺启光：《政治家办报的典范——读范敬宜的〈总编辑手记〉片谈》，《新闻前哨》1999年第10期，第36-37页。

[2] 吴冷西：《忆毛主席——我亲身经历的若干重大历史事件片段》，新华出版社，1995，第141页。

烈。这件事充分体现了范敬宜作为卓越新闻人的素质,即对各种社会思潮有着自主的判断,用实践去检验真理,用事实去回应问题,用作品去引导舆论。这篇文章是范敬宜新闻职业生涯中的经典之作,体现了卓越新闻人的政治意识、大局意识、责任意识,而这种意识也贯穿于他的整个新闻实践中。

政治意识不是一味地唱赞歌、重复上级讲话和政策,而是要从大局出发,判断形势,做冷静的促进派和建设性的批评者。1993年11月召开了十四届三中全会和中央经济工作会议,会议精神是加快改革和发展,当时中央也要求报纸反映地方是如何贯彻落实会议精神的。范敬宜在人民日报社上夜班时发现许多省、市的报道中都有"大"字,比如大思路、大格局、大手笔、大文章、大动作、大突破、大转变等,他敏感地意识到,如果一味求"大",很容易刮风、跟风,等到回过头来再制止就晚了,《人民日报》也这样报道的话,可能会刮起一场风。于是,范敬宜就向中央反映了这一问题,而中央也非常重视,发了通知要求地方落实中央精神不要搞什么"新思路""大手笔"。《人民日报》在此期间专门刊发了文章《大思路还需硬措施》,说明仅有大思路不行还要有硬措施,否则只是助长浮夸风,文章反响很好。

范敬宜在给学生讲课时曾谈道:"我们倡导'政治家办报',那么政治家的特点是什么?是审时度势,权衡利弊,从而做出正确判断。"他提出如下观点。

> 我认为新闻工作者最重要的本领是"判断"。这是我从几十年新闻工作中总结出来的。如果压缩到一点来说,就是要能够判断,特别是在重大事情上,怎么判断是非,采取什么态度,如何进行报道……这才是对新闻工作最严峻的考验。[①]

[①] 范敬宜:《范敬宜文集:新闻教育文选》,清华大学出版社,2011,第7页。

改革开放以后,范敬宜早期的新闻才华集中体现在对农村的报道上,他在长期的新闻实践中认识到了基层与真理的关系,认识到了新闻人应该如何发现事实。到了晚年,范敬宜多次谈到自己的基本经验"离基层越近,离真理越近",并认为,这一原则的形成,得益于自己20年的知青岁月,甚至认为"没有那20年的磨难,就没有我的今天"。回想这段经历,范敬宜说:"就是在那些年,我才真正沉到了社会的最底层,了解了中国的国情、民情,特别是中国的农村。这时候再回过头来看我们过去做的新闻工作,就觉得太浅薄了。对人民了解得太少,对中国国情了解得太少。我这才真正意识到,离基层越近,也就离真理越近。"①

1986年3月,范敬宜任经济日报社总编辑兼社长。这是范敬宜首次作为中央媒体的一把手开展新闻工作,也是他个人的新闻思想在实践中不断深化并充分展示的一段时期。到任后不久,他就提出了经济报道要贴近实际、贴近生活、贴近群众的想法。在此期间,范敬宜抓住经济改革中的"难点"和"热点",针对人民群众在改革过程中存在的思想困惑和普遍关切,组织和策划了一系列富有影响力和充满鲜明时代特征的重要报道。围绕1989年经济形势推出的"五个意味着什么""五个变迁""五个变迁的背后"等一系列重磅报道的出现,既执行了中央的宣传要求,又紧密反映了人民生活,体现了高超的新闻党性原则与新闻策划能力。

范敬宜告诉年轻记者们,不要老盯着脚下那0.2平方公里的土地(指王府井附近),而要看到全中国的960万平方公里;不要只盯着"紫房子"(指北京最早的婚纱影楼),更要多看看"黄土地"。

在担任新闻单位负责人期间,范敬宜要求记者们要与人民群众保持最密切的联系,要用实践说话,不要总说些套话,什么"应该指出""众所周知"

---

① 罗海岩:《范敬宜的新闻人生》,《采写编》2009年第5期,第58-59页。

"毋庸讳言""必须强调",苍白无力却说得似乎理直气壮,从中可见范敬宜对新闻实践的重视程度。

范敬宜 2003 年给清华大学新闻与传播学院新生们上的第一课就是"媒体人员的社会责任"。他说:"不论你们将来是学新闻、学传播还是学媒体管理,社会责任的问题都应该是最重要的问题,应该作为新闻人生的第一课"①。"既然选择了新闻这一职业,那我们肩膀上担负的就是不同于寻常职业的既崇高又重大的责任。"②在谈到"新闻工作者的社会责任主要应该表现在哪里"时,他明确说:"我认为应该是不遗余力地维护国家的发展、社会的稳定。"③

在这次讲课中,范敬宜举了自己实际工作中的大量实例来说明如何认识新闻工作者的社会责任,如何从历史的维度、国际的维度来看到中国新闻人的责任意识。对于一些似是而非的认识也进行了如下澄清。

> 在新闻界流行一种说法,认为新闻工作者的社会责任主要就是"铁肩担道义,辣手著文章",我认为这句话应该作分析。"铁肩担道义"当然没有错,但"辣手著文章"就要看对什么人,对什么事,否则就会弄错对象、引起误导。④

范敬宜对于新闻工作要维护社会稳定的认识是发自内心的情感、源于个人的经历,并经过了独立的思考。他说:"我并不否定目前还存在许多亟待解决的社会问题,但当前毕竟是一百多年来最安定、最有希望的黄金时期。正因为这样,我们的新闻工作者更应该自觉地时时刻刻把维护社会稳定当作

---

① 范敬宜:《范敬宜文集:新闻教育文选》,清华大学出版社,2011,第 61 页。
② 范敬宜:《范敬宜文集:新闻教育文选》,清华大学出版社,2011,第 62 页。
③ 范敬宜:《范敬宜文集:新闻教育文选》,清华大学出版社,2011,第 68 页。
④ 范敬宜:《范敬宜文集:新闻教育文选》,清华大学出版社,2011,第 68 页。

自己的生命，战战兢兢，小心翼翼，如履薄冰。"①这段话讲得极动感情，也看得出来他对此问题的极度重视。

范敬宜在长期的新闻实践中，把媒体维护稳定的社会责任视为第一要务，绝不哗众取宠，也不人云亦云，不论自己写稿还是担任总编，牢牢把握媒体责任意识，把握正确舆论导向，通过自己的带动，也感染并培养了一大批优秀新闻人。梁衡曾经这样评价他：

> 总编之职，说难亦难，说易亦易。大学问家有之，甩手掌柜者有之。看大样签字点头亦可，殚精竭虑审稿、拟题、配言论亦可。办报是政治把关，文化兜底，把关易，兜底难，能言传身教，提升记者、编辑和版面的水平更难。范敬宜继承了中国报人的正宗一脉，警醒于政治，厚积于文化，薄发于新闻，满腹才学，发为文章，并带出一批高徒。②

（二）当代中国马克思主义新闻观教育的开拓者

马克思主义新闻观是我国新闻工作的灵魂，是指引新闻舆论工作者的"准星"。③2002年，范敬宜担任清华大学新闻与传播学院首任院长，从此开启了八年新闻教育的生涯，其间，最具开拓性的举措是大力倡导马克思主义新闻观教育。

2002年初，时任清华大学党委书记陈希一行三人拜访范敬宜征求如何办新闻与传播学院时，范敬宜就提出了"面向主流，培养高手"的想法，将清华大学新闻与传播学院的办学目标定位为"培养为主流媒体服务的高素质、

---

① 范敬宜：《谈谈新闻工作者的社会责任（上）》，《新闻实践》2004年第2期，第8-11页。
② 梁衡：《以后这样的人不多了——送别范敬宜同志》，《文史参考》2010年第23期，第64-65页。
③ 杨振武：《把握好政治家办报的时代要求——深入学习贯彻习近平同志在党的新闻舆论工作座谈会上的重要讲话精神》，《新闻战线》2016年第5期，第5-9页。

复合型、国际化的优秀新闻与传播人才"[1]。在正式受聘担任清华大学新闻与传播学院院长后，范敬宜进一步确立和完善了"素质为本，实践为用，面向主流，培养高手"的办学方针，并多次在多个公开场合加以阐发和论述。

所谓的"主流"，既包括主流媒体、主流领域，更包括主流的价值观；所谓的"高手"，不仅要自觉坚持正确的舆论导向，还要有着丰富的学识和好的文笔。这一理念不仅要求学生掌握专业知识，更要掌握马克思主义新闻观，让新闻教育办得"有导向"[2]。然而这一理念一经推出，就遭受到了一定的议论和质疑。有学生就这一点提问："是不是只有党报和国字号媒体才算主流？""在媒体越来越趋于多元化的形势下，这一理念是否显得过时？""新闻一般要求用事实说话，为什么还要强调导向？""强调导向是否会导致脱离事实、强加于人？"对此，范敬宜用生动的语言进行了如下回答。

> 导向并不神秘。人的一生，都离不开导向……西方何尝不讲导向？——leading opinion, guiding opinion, 都是引导舆论的意思。所不同的是，我们从来认为"隐瞒自己的观点是可耻的"，强调要旗帜鲜明，而西方则强调把观点隐藏在事实的叙述之中……为了国家、社会和人民的利益，新闻宣传不可能没有一定的纪律和规定，这在任何国家都不例外。[3]

这些疑惑和质疑也让范敬宜意识到，社会仍然存在不少对党领导下的新闻媒体的误解，这种误解一方面是来自各种复杂社会思潮的影响，另一方面是同学们对主流媒体缺乏感性的了解。[4]要解决这种误解，不能靠生硬的说

---

[1] 范敬宜：《范敬宜文集：新闻教育文选》，清华大学出版社，2011，第 111 页。
[2] 王健华、徐梦茵：《范敬宜的新闻和教育思想与实践》，《现代传播（中国传媒大学学报）》2017 年第 6 期，第 148-152 页。
[3] 范敬宜：《范敬宜文集：新闻教育文选》，清华大学出版社，2011，第 82 页。
[4] 范敬宜：《范敬宜文集：新闻教育文选》，清华大学出版社，2011，第 112 页。

教，而要紧紧依靠马克思主义理论与实践的结合，一方面让学生们走向田野、走近国情，另一方面让他们走进主流媒体、走向新闻报道的一线。这是马克思主义新闻观教育的重要性、合理性和科学性所在。

在清华大学新闻与传播学院建院之初，作为院长的范敬宜提出"面向主流，培养高手"的理念，强调开展马克思主义新闻观教育，无疑为清华大学新闻教育树起了旗帜，具有重要的战略意义与方向感。"主流"和"高手"，不仅是范敬宜自身作为卓越新闻人的两个重要的标签，更蕴含了他对当代中国新闻人才观的深刻理解，这一理念具有极大的稳定性与包容性，成为清华大学新闻与传播学院办学的灵魂。

2005年秋，为了落实党和国家"马克思主义理论研究和建设工程"，在范敬宜的首推和倡导下，清华大学新闻与传播学院在全国高校新闻院系首开"马克思主义新闻观"课程作为本科生和研究生的专业必修课，成为全国马克思主义新闻观教育的先行者。[1]

范敬宜对马克思主义新闻观在当代大学生意识形态领域中所遭遇到的阻力有着清晰的认识，提出的新闻教育中的"三化一脱节"问题，至今看来，依然深中肯綮。

> 从新闻教育的现实情况看，确实存在不少值得注意的倾向。一是新闻教材的老化；二是新闻理念的西化；三是研究方法的玄化。集中到一点，是理论与实践的脱节。这些问题只有在加强马克思主义新闻观教育的前提下才能获得解决。[2]

虽然确立了开展马克思主义新闻观教育的必要性，然而关于如何开展马

---

[1] 李彬：《范敬宜与清华马克思主义新闻观教育述略》，《中国记者》2011年第6期，第56-58页。
[2] 范敬宜：《范敬宜文集：新闻教育文选》，清华大学出版社，2011，第214页。

克思主义新闻观教育教学，却从未有前人的经验可以借鉴。听说要开"马克思主义新闻观"课程，有人劝范敬宜将课程改一个学术性强些的名称，但是，范敬宜坚定而扎实地推动这门新课的开设，从课程形式、教材选用、课堂互动，甚至作业布置等方方面面对该课程进行全面设计，在与学院其他老师讨论交流后，确立了"讲座为主、授课为辅"的课程模式。

2005年秋季学期，"马克思主义新闻观"以讲座课的形式正式开课，范敬宜亲自担任课程主持。每周五晚的主题讲座是该课的"主菜"，邀请了包括新华社原总编辑何平、中央人民广播电台原台长、国务院新闻办公室副主任杨正泉，新华社高级记者、范长江新闻奖获得者张严平等业内知名人士，以及童兵、郑保卫、俞可平、赵月枝等学界知名教授前来主讲，一时间成为学生们选课的一大热门课程。①

在每学期"马克思主义新闻观"课程的第一讲中，范敬宜都会开篇明义地讲解"为什么要学习马克思主义新闻观"，解决同学们对于这门课程最大的困惑。范敬宜认为，当代大学生学习马克思主义新闻观，是国家性质、时代发展和学院的教育方针三者共同决定的，其要点在于：第一，实践第一，联系广大人民群众，走好群众路线；第二，培养大局意识，审时度势，权衡利弊；第三，与时俱进，锻炼对时局变化的感知能力。②在讲述过程中，范敬宜习惯于将理论结合自己所经历的故事娓娓道来，强调在教学过程中"举实例、说实话、动真情"③，使得学生们倍感亲切，在听故事的过程中逐渐接受了马克思主义新闻观的相关理念。

在中央领导的密切关心下，范敬宜与学院的老师们于2007年1月成立了"清华大学马克思主义新闻学和新闻教育改革研究中心"，范敬宜担任了第一

---

① 范敬宜：《范敬宜文集：新闻教育文选》，清华大学出版社，2011，第39页。
② 范敬宜：《范敬宜文集：新闻教育文选》，清华大学出版社，2011，第19-30页。
③ 范敬宜：《范敬宜文集：新闻教育文选》，清华大学出版社，2011，第101页。

任中心主任。教育部领导在中心成立仪式上评价道,清华大学率先在全国高校中开展马克思主义新闻观教学实践、学术研究和新闻教育改革,走在了全国高校的前列[①],并高度肯定了范敬宜带领清华大学新闻与传播学院所做出的成绩。

有了一个好的开端,范敬宜更加清楚地认识到了压力所在:"开展马克思主义新闻观的教学实践并不是开设一门课程就可以了,一是应当将马克思主义新闻观贯彻、融合到各个学科当中去;二要巩固已有的成效;三要和新闻实践结合起来;四是一定要依靠社会力量,走开放型的路子。"[②]正是在对马克思主义新闻观教育教学前景的充分分析下,范敬宜积极调动政府、媒体、学界、社会等各方面资源,将学院的马克思主义新闻观教育教学与学术研究逐渐引入轨道,至今持续推进。

随着马克思主义新闻观教育教学的深入推进,清华大学新闻教育的办学成效和影响初步显现,得到了中宣部、教育部的充分肯定。2006年,中宣部、教育部联合调研组深入清华大学实地调研,完成了《培养深爱国家和人民的当代大学生——清华大学新闻与传播学院教学与实践相结合的调查》,并以1号文件转发了《关于印发中宣部、教育部联合调查组撰写的〈清华大学新闻与传播学院教学与实践相结合调研报告〉的通知》。2007年6月14日,教育部高等教育司发布了《清华大学新闻与传播学院马克思主义新闻观教育经验报告》,并下达了《关于转发〈清华大学新闻与传播学院马克思主义新闻观教育经验报告〉的通知》,总结了清华大学新闻与传播学院以马克思主义新闻观"统领教学,指导科研,带动学生实践和就业"三方面的成就,对此给予了高度的评价,并建议将经验推广到全国各高校。2008年,时任教育

---

① 范敬宜:《范敬宜文集:新闻教育文选》,清华大学出版社,2011,第216页。
② 范敬宜:《范敬宜文集:新闻教育文选》,清华大学出版社,2011,第216-217页。

部部长专程到学院调研，充分肯定学院推动马克思主义新闻观教育教学的努力，为全国高校树立了榜样。他希望清华大学新闻与传播学院能"以更加广阔的视野、更加开放的姿态、更加执著的努力，加快推进有中国特色、中国风格、中国气派的马克思主义新闻学科体系和教材体系的建设"①。

马克思主义新闻观教育教学的成效直接体现在学生们思想观念的变化上。经过相关课程的学习和实践的经历，越来越多的学生认识到了马克思主义新闻观并不是僵化和枯燥的，相反，马克思主义新闻观有着鲜活的时代内涵，在不断与时俱进，这令范敬宜倍感欣喜。例如，有的学生一开始想不明白为何不能大量报道揭露社会阴暗面的新闻，在深入理解马克思主义新闻观后对此有了全新的认识。

> 中国，这个拥有十几亿人口的泱泱大国，在解决了衣食温饱之后，最怕的是什么？乱。乱为中国难承之重，转型期的中国社会，一旦放开舆论控制，这样的风险我们是否能坦然面对？……稍有不慎，七上八下，所有天平上的老百姓都跟着狠狠地摔到地上，这样的后果实在吓人。②

正是范敬宜出色的政治素养和开拓意识，使得清华大学新闻与传播学院自成立之初就有着坚定的办学方向和坚强的组织领导，得以在全国新闻院校林立的环境下，发挥创新引领的作用。事实上，面向主流需求，服务发展大局，持续改革创新，已经成为清华大学新闻教育重要的特质，且一直延续至今。在2016年中央提出要"加快构建中国特色哲学社会科学"伊始，清华大学新闻与传播学院在柳斌杰院长的领导下，主动跟进和推动中国特色新闻学

---

① 李彬：《范敬宜与清华马克思主义新闻观教育述略》，《中国记者》2011年第6期，第56-58页。
② 范敬宜：《范敬宜文集：新闻教育文选》，清华大学出版社，2011，第23页。

的学科建设。同年5月，清华大学新闻与传播学院与复旦大学新闻学院联合组建"中国特色社会主义新闻学教学研究基地"。2017年5月，清华大学新闻与传播学院、复旦大学新闻学院、中国人民大学新闻学院等联合发起成立"中国新闻史学会中国特色新闻学研究委员会"，由清华大学新闻与传播学院担任首任会长单位。同年7月，清华大学新闻与传播学院举办"首届中国特色新闻学高级研讨班"，截至2022年已成功举办五届，吸引了学界一大批优秀青年骨干参加，广受好评。

坚持立足中国大地办一流新闻学院，坚持在服务国家主流需求中培养一流新闻人才。对于当代中国新闻教育来说，需要培养更多"新型有机知识分子"，他们要拥有深刻的判断力与扎实的专业能力，既能够对世界大局发言，又能够向世界讲述中国。

第四章
本源之问：何为真的新闻？

新闻存在的意义是传播世界的真相。没有真实性的新闻是不能称为新闻的，对真实性的追求是新闻职业伦理最核心的原则，对真实性的研究是新闻学术研究最经典的命题。不同的哲学观有不同的真实性内涵，不同的立场也有不同的真实性选择。对于当代中国新闻观念来说，真实是核心内容之一。然而怎么定义"真实"，怎么认识"新闻真实"，成了研究当代中国新闻观念中必须回答的"本源之问"。

第一节 事实与真实

一、新闻事实的内涵与生成

在我国新闻界，"事实第一性，报道第二性"是一个不争的观点，但基本观点不争，认识角度却各异；报道依据事实进行，但事实是客观的还是具有倾向性的仍是一个焦点话题。陆定一指出："唯物论与唯心论在新闻学理论中的一条明确的界线，就是是否主张尊重事实，而且是否在实践中真正尊重事实。"[1]这就提醒我们："主张尊重事实"与"在实践中真正尊重事实"并不是自然统一的，如果不清除对事实性质的一些模糊观点，依然会陷入理

---
[1] 新华社新闻研究所：《新闻工作文献选编》，新华出版社，1990，第229页。

论上尊重事实、实践中脱离事实的矛盾中。

（一）新闻事实的完整认识

"新闻事实"是以"事实"为属概念的。对新闻事实内涵的争论正是来源于事实概念本身的争论。

1. 事实的定义

对事实进行定义，是一件有过争论的事情。一种观点认为事实很难定义。英国哲学家罗素认为，"严格地说，事实是不能定义的"[①]。他说，"'事实'这个名词照我给它的意义来讲只能用实指的方式来下定义。世界上的每一件事物我都把它叫做一件'事实'。太阳是一件事实；凯撒渡过鲁比康河是一件事实；如果我牙痛，我的牙痛也是一件事实……如果这句话为真，那么另外有一件使它为真的事实，但是如果这句话为伪，那就没有那件事实"[②]。罗素对事实的具体实指方式来源于他的"共相世界"，他"承认感觉材料的存在，而怀疑物理客体的存在"，认为有一个"共相世界"，既不在时间中，也不在空间中，既非精神也非物质，而是某种中立性的东西。[③]

还有一种观点认为，事实中掺杂有主观的观念在其中，金岳霖认为："事实是一种混合物，它是意念与所与底混合物，我们既可以说它是套上意念的所与，也可以说是填入所与的意念。"[④]彭漪涟在《事实论》中说："事实乃是对呈现于感官之前的事物或现象的某种实际情况的一种断定或陈述。"[⑤]这些观点将物看作客观存在的，而反映物的存在的事实是一种依赖主观进行

[①] 秦志希：《论新闻事实的确立与意见的生成》，《新闻大学》1997年第3期，第15-20页。
[②] 〔英〕罗素：《人类的知识：其范围与限度》，张金言译，商务印书馆，1983，第176页。
[③] 刘延勃、张弓长、马乾乐等：《哲学辞典》，吉林人民出版社，1983，第410页。
[④] 金岳霖：《知识论》，商务印书馆，1983，第741页。
[⑤] 彭漪涟：《事实论》，上海社会科学院出版社，1996，第65页。

的判断，只是一种经验。

如果事实是纯经验的，那么作为对事实进行报道的新闻也就没有了客观依据，任何歪曲性的报道都不能受到任何批评，因为它也是依照报道者的经验进行的，而且由于所有报道都是依赖于报道者的经验进行的，就没有一个根本性的标准能够检验报道的优劣。

事实是"事情的真实情况"[①]，它反映的是客观事物的真实存在，因此，客观实在性是它的根本属性，如果因为事实通过主观感知而夸大经验的作用，否定客观性，就容易走入不可知论者的歧途。

2. 新闻事实的概念

"事实"一词在新闻学的使用中根据其语境的差异也有意义上的不同。当我们说"事实是第一性，新闻是第二性"时，所指的"事实"是客观事实，这一事实不以人的意志为转移，是客观实在的；当我们说"新闻是事实的报道"时，所指的"事实"是经验事实，这一事实是经过人的认识后得到的判断，是主客体关系的体现。

客观事实是先于认识的存在，它是可认知的，人们通过自己的观察、判断，形成对客观事实的看法，再将其报道出来，形成新闻。由于报道都要经过报道者主观的加工，这时报道中的事实就是经验事实，因此，简单地将新闻事实理解为纯客观的信息，是不全面的。笼统地看，新闻事实中既有对客观事实的纯粹记述，比如像天气情况的报告，也有对客观事实的主观评议，比如政治事件报道的角度选择。但要严格说起来，除了少数客观测量的精确记述外，客观事实的记述也有表达方式的差别，比如对天气冷（热）的描述就有很冷（热）、较冷（热）、稍微冷（热）、不太冷（热）的差别，而这些表达方式都是主观的，因此新闻报道的是经验事实。但是，有一点是要明

---

① 中国社会科学院语言研究所词典编辑室：《现代汉语词典 修订本》，商务印书馆，1996，第1153页。

确的：经验事实来自客观事实，尽管对冷（热）程度的认识不同，但天气的冷（热）情况是客观存在的，换言之，天气冷（热）的质不会变，如果漫天大雪，温度到了零度以下，而某记者说天真热，那么这种经验是从根本上违背客观事实的，这种新闻事实也是站不住脚的。这就告诉我们，物质世界的客观实在性始终是衡量新闻事实最根本的依据。

作为经验事实的新闻事实包含有主观性的认知与表达，因而可以被复制，可以被传递。完整认识新闻事实，应该看到，其形式是经验事实的文字、影像记载，但本质是对客观事实的描述。

当受众接触到这种经验事实的记载后，他们就会调动自己的经验来进一步分析、判断报道中的事实，当受众的经验与报道者的经验吻合时，他们对报道者的传递目的就能很好地接受，反之，则会出现"传而不通"或"传而半通"的结果。

正因为新闻事实的意义是通过受众的理解来实现的，所以对报道者来说，要提高报道质量，有两个基本的努力方向：尽量反映报道对象的客观实在性与充分了解受众的主观多样性。

（二）一般事实向新闻事实的转化

在一般事实向新闻事实转化的过程中，原初无限而无序的事实发生了规则化、目的性的重组，使受众能够提纲挈领地了解世界。

1. 无限向有限转化

这一变化是必然的。客观事实是无限的，新闻报道是有限的。在新闻报道的流程中，最基本的行为就是选择。之所以要选择，排除主观的意识形态、经济利益的原因，从客观上看，媒介容量的有限与客观事实的无限就使得报道者必须选择其中有新闻价值的进行报道。

无限向有限的转化分为两个步骤：第一，宏观报道重点的确定；第二，微观报道重点的确定。前者是对新闻媒介一段时间里重点报道对象的确定；后者是对某一报道对象报道角度的确定。

媒介力量的有限以及对报道效果最大化的追求，使得新闻媒介在一段时间里会选择一定的重点内容，集中力量予以反映。这一重点的确定一般由两种因素决定：一种是新闻媒介之外的某种力量的要求；另一种是社会某种需求的出现。

在中国，新闻工作的党性原则要求新闻工作要围绕党和国家的中心工作进行报道。毛泽东在1958年9月对时任《人民日报》总编辑的吴冷西说："报纸一个时期要有一定的方向，把大家的注意力集中过来。"[①]正因为党性的要求，新闻媒介在报道之前都会有一个报道重点。每年初要确定这一年的报道重点，每月初要确定这一月的报道重点，每周初要确定这一周的报道重点。有了重点，人力、物力、版面、时间等安排才能进一步确定。这种重点的确定，就已经先决地排斥了一些不属于重点报道内容但却实实在在发生的客观事实。

当然，对于突发性的社会热点，作为新闻媒介也不会因为其没有进入起初的重点，没有外在的命令要求，就置若罔闻，因为新闻媒介在受众中的影响力，与其能否最及时、准确地反映社会热点问题是紧密联系在一起的。

一般来说，媒介对这两种重点的确定方式各有侧重，前者重在对涉及国家政治、经济发展的大的事件的报道，这些事件的社会意义重大，需要安排重点力量，舆论导向重要，需要事前进行统一协调。后者主要是一些社会热点，其政治意义相对前者要弱得多，比如说"文凭热""考公务员人数上升"等。这些问题公众也很关心，而谈论的结果不会触及国家大政方针、经济发

---

① 新华社新闻研究所：《新闻工作文献选编》，新华出版社，1990，第89页。

展，因此，不用事先的重点确定，只要媒介自身的社会敏感性足够就行了。

当然，在确定了一段时间里新闻媒介宏观的重点报道对象后，还有一个微观的报道角度的选择问题。因为凡事从不同的角度看，就有不同的结果。对微观报道角度的选择是宏观报道重点选择的延续，两者是统一的。

2. 无序向有序转化

报道后的事实显然有了一定的顺序，不但事实关系得到凸显，而且，事实表述上也有了轻重缓急的顺序。一般事实变为新闻事实后，一个形式的变化就是从无序的存在到有序的符号。尽管一般事实也有自身运作的规律、程序，但它的集中性、展示性不强，不利于受众对事实的直接了解。

新闻媒介在将客观事实的矛盾集中突出、理出事实头绪方面有着很强的技巧性。这表现在两方面：第一，对事实缘由、现状与发展的揭示；第二，写作顺序、编辑结构、画面构图上的调整与组织。事实上，帮助受众正确认识世界是新闻媒介根本的使命，而要能从纷乱的现象后面找到客观世界的规律，就需要顺序上的调整。

专业性的新闻报道在写作、制作上很讲究顺序。一个是导语的选择，另一个是结构的安排。一般说来，导语中一定要体现最重要、最精彩的内容。不管写什么新闻，都要努力找出最有新闻价值的内容放在导语之中，这是新闻写作的一个要领。[1]要求一开头便把新闻中最新鲜的事实提取和揭示出来，一下子摆在读者面前。[2] "倒金字塔"结构成为新闻写作中经常采用的写作范式。

3. 自在向为我转化

一般事实是在一种自发状态下发生的，而当其成为报道中的新闻事实时，

---

[1] 张选国：《应该怎样写作》，新华出版社，1998，第105页。
[2] 薄浣培、赵景云：《新闻导语探胜》，新华出版社，1993，第35页。

就改变为围绕报道者意愿组接的一组事实，目的性更加明显。一般事实的组接可以产生意想不到的效果，而这个效果是报道者在报道之前就已设计好的。同一个客观事实，不同的报道目的与角度，会带来不同的新闻事实呈现。

一个典型的例子是，1949年1月31日，守卫北平的国民党将领傅作义将军响应解放军的号召，宣布起义，北平和平解放。新华社发出的消息如下。

> （新华社陕北一月三十一日电）世界驰名的文化古都，拥有二百万人口的北平，本日宣告解放……北平的国民党主力现已开至城外指定地点，人民解放军定于本日开始入城接防。北平的人民很久已像亲人一样地渴望着人民解放军。在知道了人民解放军即将开入北平城之后，北平的工人、学生、市民连忙热闹非凡地筹备着盛大的欢迎仪式。并且因国民党部队全部出城之一再延期而感觉不耐烦。人民解放军即将和平地开入北平的消息，使这个古城突然恢复了青春的活力。从一月廿三日起，物价顿然下降。街道上重新拥挤着欢天喜地的行人……①

同样的事件，美联社于1949年2月3日发出的电讯却是充满了对中国共产党的偏见和轻蔑，淡化处理了北平和平解放的重要影响。

很显然，新华社的报道充满喜悦、赞美之情，凡读了这篇报道的人，都会感觉到现场的热烈与人民的激动；而对一个美国人来说，如果仅仅是读了美联社的报道，显然会感觉到不屑、蔑视，不以为然。分析新闻内容就会发现，美联社的报道中除了评价的用语外，所涉及的事实都是客观存在的，但

---

① 《以和平方式结束战争　北平宣告完全解放　国民党军已全部开出城外听候改编》，《人民日报》1949年2月1日。

其组接就表现出一种围绕其贬低北平和平解放意义的特殊目的的特殊内涵，体现了"自在的事实"向"为我的报道"的转化。

二、新闻事实向新闻真实的转化

判断新闻舆论质量，首要的、根本的标准是信息的真实性。新闻的数量增加并不必然代表真相的自然呈现。在网络空间特别是社交媒体成为传播新闻的主要渠道后，一个普遍现象逐渐形成：信息越来越多，真相越来越难以获得。新闻事实能否转化为新闻真实，或者说，新闻能否体现真实性的要求，成为当代新闻观念最重要的要求。

（一）以全面报道追求新闻真实

一般事实经历了从无限向有限、从无序向有序、从自在向为我的三层转化，才变成了新闻事实，从不带有主观色彩的一般性客观存在，变成了带有主观意识形态的特殊性主观表达。

新闻真实讨论的核心其实是新闻报道这个行为本身与新闻事实的关系问题，追求的是新闻报道与"事实真相"而非"事实现象"的符合，并且这种符合是可以验证的。[①]

可以说，实现新闻真实就是关于新闻报道主体如何认识、反映、再现事实真相的一种实践活动。新闻真实本身就是具有认识论意义的概念，新闻真实的使命是实现存在论意义上的事实真相。[②]因此，开展全面报道显得格外重要。

在实践经历中我们经常发现，即便真相只有一个，媒体也依然会有各种角度的解读，民众相应地会有更多层面的理解。俗话说，造谣一张嘴，辟谣

[①] 杨保军：《如何理解新闻真实论中所讲的"符合"》，《国际新闻界》2008年第5期，第43-48页。
[②] 杨保军：《如何理解新闻真实论中所讲的"符合"》，《国际新闻界》2008年第5期，第43-48页。

跑断腿。谣言传播的速度远远快于辟谣行为的速度。正因人们身处信息爆炸的时代，面对纷繁复杂，层出不穷的所谓"真实"，秉承"实事求是"的原则态度才弥足珍贵。在报道完整事件时，每篇报道由于侧重不同，独立来看是有偏差的，但只要报刊在有机的运动当中，事件的真相就会显露出来。

（二）新闻真实的要求

在新闻理论与实践中，真实是新闻的生命，这一原则依然是核心规律。没有真实性的网络空间，虚假信息泛滥，误导公众认识与行为，一方面会对现实社会造成危害，让社会心理变得焦虑与浮躁；另一方面也会对网络空间造成危害，让网络信息的吸引力、公信力越来越弱，使得网络空间无法承载信息平台的功能。

传播真实信息，实现新闻真实，要处理好两对关系。一是观点与事实的关系。前者是主观的认识、情绪，后者是客观的存在。在传播中要将两者进行区分，特别是不能将想象作为事实来传播，避免出现"情绪比真相跑得更快"的问题。在社交媒体的新闻传播中，常常会出现将观点与事实混淆的现象，这就需要专业性的媒体和媒体从业者能够予以引导。二是局部真实与整体真实的关系。前者是微观真实、现象真实，后者是整体真实、本质真实，在传播中既不能以偏概全、以点带面，也不能以本质真实的名义进行"客里空"式的报道。在国际传播工作中，一些西方媒体基于立场先行地对中国等第三世界国家进行负面报道，所惯用的方法就是以局部真实替代整体真实，营造第三世界国家"落后""野蛮""不文明"等刻板印象，此类案例在过去几十年乃至百余年间俯拾皆是，不胜枚举。因此，如何把握整体真实，在描述局部真实的同时反映整体真实，不至于管中窥豹、盲人摸象，是考验媒体专业素养的重要依据。

进入全媒体时代，网络空间的新闻真实性受到严重挑战。中央新闻媒体等传统党媒、主流媒体积极推动媒体融合发展，坚持移动优先策略，发展各种聚合式、互动式、体验式新闻信息服务，如人民日报上线的"人民号"平台已吸引数千个党政机关、高校、优质自媒体等入驻，极大提升了网络新闻真实性水平，也引领了全民新闻真实观的形成。

（三）新闻真实的深度

首先，在报道场面时，表述细节不同，其真实性的深度不同。对新闻场面的报道往往由于描述不同细节，从不同侧面看同一事实，呈现的是不同的场景。有的场景对事实有代表性，是有个性的侧面；而有的场景对事实不具有代表性，不是该事件所独有的，就不能逼真地表现新闻的场面。如果选择了有个性的侧面来表述场面，那么新闻就会对具体场景反映得更真切；反之，就会和其他事件场面雷同，给人的印象模糊，其真实性的深度就会减少。

其次，对新闻中基本事实表述详略不同，其真实性的深度不同。任何事实都是由一系列片段连缀而成的，新闻通过对这些片断的报道，为受众再现基本事实的真实影像。由于事实片段的数量很多，而新闻报道片段的数量有限，记者必须挑选重点的片段才能准确地表现事件。但基本事实的重点的不同确定以及对重点的表述详略不同，新闻的真实性的深度也就不同。新闻对基本事实表述的详略程度，直接影响新闻复现事实图景的清晰度。越详细，则复现的图景越清晰；越简略，则复现的图景越模糊。当然，一味地"详"也不能无限地提高清晰度，重要的还是抓住典型细节，详略得当，把事件的整体脉络真实地再现出来。

最后，列举评价性的事实准确是否，其真实性的程度不同。在报道中，记者往往引证评价性的事实来证实自己的观点。评价性事实是指对事件现状和趋势进行估价的事实，它与记者的观点交织在一起。记者的观点来自报道内容，既可能涉及对象本身包含的，也可能是记者通过对报道对象的观察总结出来的。将评价性事实加入记者的观点对一篇报道起着提纲挈领的作用。

对评价性事实及观点的介绍，也存在着如何表述才能更真实的问题。这里主要是指对事实例证的表述。任何观点都需要用事实来说话，没有事实的观点是不能令人信服的。报道中得出的任何观点都应辅之以一定的事实。如果事实能够准确地证明观点，那么这样的例证不仅是真实的，而且能增加新闻真实性的深度。

新闻报道不同于学术论文，要用最简洁的语言告诉受众一两个观点，并用最直接的事实予以证明。有了事实支持，其真实性的深度会增加，没有这种支持或是支持不力，观点虽然也反映了实际，但其真实性的深度就会大为削减。

第二节　客观与真实

新闻学是研究新闻活动的学科，新闻活动是人类认识世界、传播信息的行为，新闻学研究的意义在于揭示这一行为的内在规律性。从马克思主义认识论来看，新闻活动的客观性在于对客观事实的尊重，即报道对象应该是客观存在的而不能是主观想象的，其主观性在于对事实的选择，即面对众多事实从中选择出部分内容进行报道。然而客观性严格意义上无法完全实现，且在客观和真实之间有很大的操作弹性，客观报道多大程度上能反映真实也是存疑的。因此，厘清客观与真实的关系，是理解新闻真实性所必须经历的一个环节。

一、客观报道的起源与特征

客观报道作为一种报道手法，起源于 19 世纪的美国。当时的美国处于政党报刊纷争之际，共和党、联邦党为了各自党派的利益，在各自的报纸上大力诋毁对方党派的政策与政治人物,观点多于事实,甚至以观点代替事实,导致煽情主义的作风泛滥。这种局面引起一些人的忧虑,于是有人提出了"客观报道"的概念,希望报道者能摒弃先入为主的意见,尊重事实,突出事实。美国科学社会学家多罗西·纳尔金(Dorothy Nelkin)认为:"新闻写作的客观性标准在整个19世纪得到加强。客观性作为一种手段,可以避免派系主义,鼓励多元论的价值观,并在平等的大众都能接近'事实'的基础上,促进民主的进程。"①

客观报道手法的基本特点是:第一,要求新闻实录具体事件中的事实;第二,不得造成直接或间接指挥受众的印象;第三,若有倾向,倾向的流露则隐蔽、自然。②客观性作为一种新闻采写原则,成为新闻业内的共识。但同时我们又必须看到,客观手法并不必然带来完全真实。换言之,在新闻中赞扬什么、批评什么,其主导思想并未变,只是表现的手法更加有技巧,倾向的流露更隐蔽、自然。

新闻报道的客观性并不等于真实性,这是被新闻实践反复检验的一个事实,也是学术界、理论界普遍认同的一条真理。1972年《美国社会学杂志》(*American Journal of Sociology*)刊登了美国学者盖伊·塔奇曼(Gaye Tuchman)的文章《作为战略仪式的客观性:对新闻工作者客观性观念的考察》(Objectivity as Strategic Ritual: An Examination of Newsmen's Notions of Objectivity)。文中指出,新闻工作者维护客观性的努力不过是一个"战略上的形式",主观感觉不可避免地进入他们的写作里;客观性则是避风港,记者因此逃避对自己的文章负责任。③正因为客观性不等于真实性,因此客

---

① 〔美〕多罗西·纳尔金:《科技新闻的报道艺术》,曾晓明、孙耀楣译,中国科学技术出版社,1991,第107页。
② 刘建明:《宣传舆论学大辞典》,经济日报出版社,1993,第165页。
③ 〔美〕多罗西·纳尔金:《科技新闻的报道艺术》,曾晓明、孙耀楣译,中国科学技术出版社,1991,第107-109页。

观性常常成为一些并不遵守真实性原则的报道者的"有效的护身符"。

客观报道作为一种形式的技巧，并不能解决真实性的问题。换言之，即便是完完全全遵行客观报道的原则，用事实说话，隐含报道者观点，不真实的依然是不真实的。因为新闻真实性的内涵是现象真实（局部真实）与本质真实（整体真实）的统一。要实现真实性，仅仅抓住个别现象的真实是不够的。重要的是从思想上入手，用科学的理论来武装，摆脱片面性，力争全面性，不断提高认识水平。

从新闻报道的普遍要求上来说，对于所有的报道形式，真实性都是其所依附的"皮"，具有根本性的意义，因此可以将所有的报道原则与新闻真实性的关系比作"皮与毛的关系"。没有了真实性的"皮"，也就没有了其他"毛"存在的可能。

二、客观性与反常性

新闻活动对客观事实的选择及其叙述方式反映了新闻传播者的立场，其深层次是传播主体的价值观。正是这种价值观，决定了新闻学的国别特色。在中国的新闻活动中，新闻媒体是国家治理与社会进步的有机组成，不是旁观者而是参与者，不是批评者而是建设者；在西方的新闻活动中，基于"国家—社会"二元论，新闻媒体与国家保持距离，秉持批判性的态度。在中国的新闻活动中，社会效益永远是第一位的追求；在西方的新闻活动中，由于媒体商业性的属性，经济效益是重要驱动，由此，西方的新闻报道中更加注重以"刺激的故事"（exciting stories）和"戏剧化的叙事"（dramatic narratives）来吸引人，更加关注反常（unusual）而不是寻常（common）。[1]这些内在的价值观差异使得中西方在新闻事实的选择、新闻评论的角度方面都迥然不同。

---

[1] Rosling H, Rosling O, *Rosling Ronnlund: Factfulness*, Sceptre Books, 2018, p.253.

具体来看，中国新闻报道中的"正面宣传为主"体现了鲜明的积极性原则与媒介有机主义，西方新闻报道的"人咬狗才是新闻""坏消息是好新闻"体现了鲜明的冲突性原则与媒介中心主义。

值得关注的是，新闻的真实性与客观性原则在当代国际传播中受到严重挑战。随着一些国家近年来兴起的保护主义、单边主义、霸权主义行为，新自由主义的新闻范式已经无法解释西方国家的新闻报道工作。在不少"立场先行"的报道中，新闻的真实性、客观性被漠视，新闻的指向性、选择性被提上了台面。可以说，"倾向性"成为部分西方新闻媒体近年来涉华报道越来越鲜明的特色。一方面，报道在事实呈现上的选择性突出与选择性忽视更加明显；另一方面，报道在叙述评论上的积极性态度与消极性态度更加明显。这些不公正的报道反映了部分西方媒体在国际报道中对有价值的牺牲者（worthy victims）和无价值的牺牲者（unworthy victims）的选择。[①]可以说，在一些西方媒体的国际传播中，客观性逐渐沦为一种报道策略，真实性也被政治性取代。为此，在当代中国的新闻观念中，更要把真实性作为一种核心理念高高举起，始终不渝地坚持。

三、客观性与倾向性

西方媒体在当代国际传播中占据绝对的优势地位，不论在报道数量上还是在报道影响上，都是形成国际舆论的主导力量。遗憾的是，这种主导力量的发挥并不完全是基于所谓"客观性"的新闻报道原则，而是与西方媒体持有的政治立场、新闻选择标准等直接相关，成为西方国家价值观的重要体现。例如，本书围绕BBC、CNN和《纽约时报》对2019年发生在英国的偷渡者集体死亡事件"埃塞克斯惨案"的报道，通过纵向比较2000年发生的类似事

[①] Herman E S, Chomsky N, *Manufacturing Consent*, Pantheon Books, 1988, p.37.

件"多佛惨案"报道,横向比较遇难者国别身份被怀疑为中国人和确定为越南人的报道,分析一些西方媒体在国际报道中的双重框架,从而认识它们在国际报道中以客观性原则掩盖的主观性立场与倾向性态度。

"埃塞克斯惨案"是指2019年10月23日在英国埃塞克斯郡一辆货车内发现39具偷渡者尸体的惨案。起初,英国警方认为遇难者为中国国籍,但经过多国联合调查,英国警方于当年11月1日发表声明确认遇难者均为越南公民,11月7日越南警方确认了这一消息。与此次惨案类似的事件是"多佛惨案",即2000年6月18日在英国多佛一辆货车内发现58具尸体和2人受伤的事件。后经调查,此车内遇难者均为中国公民。

本书对BBC、CNN、《纽约时报》网站上2019年10月23日至11月4日的报道中,以Essex(埃塞克斯)+lorry(货车)和Essex(埃塞克斯)+"39"为文本关键词的报道进行搜索,并通过人工筛选找到与研究主题相关的报道共57篇,其中BBC相关报道30篇、CNN相关报道18篇、《纽约时报》相关报道9篇。

关于"多佛惨案"的报道,本书在BBC、《纽约时报》网站上2000年6月19日至6月30日的报道中,以Dover(多佛)+lorry(货车)和Dover(多佛)+"58"为文本关键词,搜索相关报道,并通过人工筛选得出与研究主题相关的报道30篇,其中BBC相关报道24篇、《纽约时报》相关报道6篇。

研究发现,BBC和《纽约时报》对两次偷渡事件的主要报道议题为"安全事件"和"悲剧事件",并细分为"背景""侦查""苦难""来源国"4个框架(表4.1)。其中"背景"主要指对英国/欧洲偷渡问题背景的报道,"侦查"主要指对事件具体调查情况的报道,"苦难"主要指对遇难者偷渡过程的报道,"来源国"主要指对偷渡人员来源国政策和发展状况的报道。

表4.1　BBC和《纽约时报》于2019年和2000年分别对"埃塞克斯惨案"与"多佛惨案"的报道框架

报道框架		BBC				《纽约时报》			
		"埃塞克斯惨案"		"多佛惨案"		"埃塞克斯惨案"		"多佛惨案"	
		数量/篇	占比/%	数量/篇	占比/%	数量/篇	占比/%	数量/篇	占比/%
安全事件	背景	3	10.0%	11	45.8%	0	0%	2	33.3%
	侦查	17	56.6%	8	33.3%	7	77.8%	3	50.0%
悲剧事件	苦难	5	16.7%	4	16.7%	0	0%	0	0%
	来源国	5	16.7%	1	4.2%	2	22.2%	1	16.7%

如表4.1所示，通过对比2019年和2000年两起偷渡案的报道可以发现，BBC与《纽约时报》对事件苦难情况的报道保持了基本稳定，对事件侦查情况的报道比重都有所上升。

值得注意的是，两家媒体都不约而同地大幅度降低了对事件背景的报道，《纽约时报》更是在2019年的报道中根本不涉及对英国/欧洲偷渡问题的反思，显示了西方媒体将偷渡问题外部化的倾向。对偷渡人员来源国的报道比重都有所增加，BBC更是明显，也都清晰地体现了这种倾向。

在责任归咎部分，本书根据两家媒体的报道内容，将责任归咎叙述分为"欧洲移民政策""非法组织""偷渡者个人问题""来源国政策与发展状况"等4个类目。其中，BBC在2019年和2000年分别有10篇和15篇涉及责任归咎的内容；《纽约时报》2019年和2000年各有4篇涉及责任归咎的内容（表4.2）。

表4.2　BBC和《纽约时报》于2019年和2000年分别对"埃塞克斯惨案"与"多佛惨案"的责任归咎

责任归咎	BBC				《纽约时报》			
	"埃塞克斯惨案"		"多佛惨案"		"埃塞克斯惨案"		"多佛惨案"	
	数量/篇	占比/%	数量/篇	占比/%	数量/篇	占比/%	数量/篇	占比/%
欧洲移民政策	1	10.0%	2	13.3%	1	25.0%	0	0%
非法组织	5	50.0%	13	86.7%	0	0%	2	50.0%
偷渡者个人问题	2	20.0%	0	0%	0	0%	2	50.0%
来源国政策与发展状况	2	20.0%	0	0%	3	75.0%	0	0%

从对偷渡悲剧发生的责任归咎来看，更能清晰地看到近二十年来西方媒体报道倾向发生的显著变化。如表 4.2 所示，对比 2019 年"埃塞克斯惨案"与 2000 年"多佛惨案"的报道，BBC 和《纽约时报》均减少了对"非法组织"的责任归咎，《纽约时报》更是在 2019 年偷渡惨案报道中根本未谴责非法偷渡组织的错误行为，与此同时，两家媒体都大幅度增加了对"来源国政策与发展状况"的归咎，而这一责任归咎对象在 2000 年偷渡惨案的报道中是根本没有的选项，《纽约时报》变化更明显，对"来源国政策与发展情况"的谴责占总数的 75%。

从具体报道表述中看，在 2000 年"多佛惨案"的报道中，BBC 多次借英国高级官员和警方强调了对非法偷渡组织的谴责，并希望加强国际合作共同打击这类事件。

> Police forces from across Europe have called for greater co-operation to combat what they say is the organized crime behind the human trafficking industry. （欧洲各地的警察部队呼吁加强合作，以打击他们所说的人口贩运行业背后的有组织犯罪。）（BBC2000 年 6 月 27 日报道）

在"埃塞克斯惨案"报道初期，基于死亡偷渡者为中国籍的推测，BBC 和《纽约时报》多次涉及了对所谓"中国偷渡者"和中国政策与发展状况的责任归咎，但对中国政策的指责中存在明显不实的信息。

通过对比 2000 年的"多佛惨案"和 2019 年的"埃塞克斯惨案"的报道发现，两家西方媒体对 2000 年的偷渡案报道更倾向于认为是"非法组织"导致的国际犯罪案件，并且需要依靠更多的国际合作以共同打击这类犯罪案件；而在 2019 年,两家西方媒体对类似偷渡案的报道则更倾向于在偷渡者来源国政策与发展状况中探讨偷渡发生的原因，由此在一定程度上也暗示了偷渡目的地国家的免责与经济社会优越性。

在"埃塞克斯惨案"的报道中,从早期判断偷渡者为中国人到最终查明为越南人,BBC、CNN 和《纽约时报》的报道出现了鲜明的甚至戏剧化的叙述手法差异,对中国政府、越南政府回应情况的报道差异,对中国形象与越南形象的建构,体现了西方媒体对中国与越南的差异化认知立场与刻板印象。

"埃塞克斯惨案"被媒体曝光后,中国外交部和越南政府先后在发布会上表明态度。其中,中国外交部发言人明确表达了对此次事件的悲痛。

> 英国警方仍在抓紧核实当中,目前尚无法确认遇害者是哪国公民。但不管遇害者是哪国公民,这都是一起极大的悲剧,也引起国际社会对于非法移民问题的重视。国际社会应该在这方面进一步加大合作力度,加强信息情报沟通交流,及早从源头上介入,防止此类悲剧重演。(中国外交部 2019 年 10 月 25 日例行记者会)

《纽约时报》和 CNN 的新闻报道都把目光聚焦在了中国外交部对尚未确定的所谓"中国偷渡者"国籍的驳斥上,而中国外交部发言人对偷渡惨案"悲剧性质"的判断与同情态度,以及期望"加强国际合作进行治理"的意见则未在报道中予以重视。

从文本分析可以看出,一些西方媒体开展新闻报道的倾向性与选择性在整个事件发生的一周内展露无遗,对待不同国家的报道框架完全不同,极富戏剧性与反差性。这也充分表明了这些西方媒体在国际报道中基于价值观立场而存在的双重标准问题。

四、反思国际报道中的客观性原则

根据新闻客观性的要求,新闻媒体应该最大限度地还原新闻事件的本来面目。然而，在国际报道中，这种所谓新闻客观性的原则长期以来不断受到来自新闻实践领域的挑战乃至公然破坏。事实上，在新闻专业主义话语中，客观性是存在的，但超越国家利益、超越意识形态的客观性是没有的。[①]换言之，在国际报道中，新闻客观性在一定程度上是存在的，而在涉及与本国利益与意识形态发生冲突时，这种新闻客观性是很难实现的。

一些媒体在引导国际舆论中并非秉持"新闻客观性"原则进行公正、平衡的报道，而是进行具有倾向性的新闻报道。这种舆论引导突出体现在以下两方面。一方面，在报道中选择性突出与选择性忽视。事实的选择与评价的视角直接影响读者对新闻事件的认知。另一方面，在报道中强化积极性态度或消极性态度。

近些年来，随着中国的迅猛发展与中国特色社会主义制度体现的优越性，一些对华不友好的国外媒体通过不断地将中国发展的丰富现实、蓬勃景象简化为抽象的、负面的符号，对中国的国家形象进行污名化。这种直接粗糙、简单粗暴的报道方式，反映了这些媒体所秉持的所谓的"政治正确性"与"自我审查"，在国际传播中则形成了固执而偏颇的认知导向，无法准确反映中国的客观现实与良好形象。

对中国国际媒体的发展来说，一是在选题上要更加关注富有争议和冲突的国际问题。采取客观、平衡、全面的报道策略，还原当代世界的现实景象。以半岛电视台为例，其既全文发表布什、沙龙、布莱尔、美国中央情报局官员的讲话，也发表本·拉登的讲话。[②]这种报道手段极大地促进了世界对阿拉伯国家的关注和了解。二是在信源上要更加关注对国际新闻一手资料的发

[①] 赵月枝：《为什么今天我们对西方新闻客观性失望？——谨以此文纪念"改革开放"30周年》，《新闻大学》2008年第2期，第9-16页。

[②] 李希光、周敏：《非西方国家如何营造自己的媒体品牌——半岛电视台案例分析》，《传媒》2003年第Z1期，第64-66页。

掘。真相是树立媒体公信力的关键所在，长期以来，在部分国外媒体的涉华报道中，许多信源的选取存在明显的倾向性，但缺乏相应的平衡信息。面对部分国外媒体的主观性、片面性报道，对事件真相及时、客观、全面的报道才是最有力的回应。近些年，俄罗斯媒体"今日俄罗斯"（Russia Today，RT）树立起了一个较好的后发媒体的追赶态势，以"质疑更多"（question more）为核心理念，在当代国际传播体系中形成一种具有相当影响力与平衡性的新声音。三是要更加关注从国际传播视角思考中国的对外话语。以全球视野来挖掘中国传统，围绕中国叙事的核心理念与国际舆论的普遍规律进行"顶层设计"，通过将中国真实实践与世界共同观念建立"桥梁"，帮助世界更好地了解中国国情，理解中国目标，从而实现"中国价值"与"世界意义"的双向互动。

第三节 新闻真实性的困境

大变局下的中国舆论场形成有两个突出特点：一是国际舆论场和国内舆论场高度融合，任何可以搅动国内舆论场的国内事件也都可以迅速在国际舆论场引发反应，再进一步影响国内舆论场，同样，国际事件也可以成为国内舆论场的热点，国际国内舆论场的融合性与互动性愈发明显；二是政治性话题在中国舆论场话题中居于焦点位置，不论是国内社会治理，还是国际关系中的国家冲突，都会迅速引发舆论场热议，且舆论场中的立场性、情绪性愈发明显，立场划线往往重于真相探究，事实传播往往让位于情绪传播。由此可以看出，当代中国舆论场是全球舆论场的有机组成，西方的新闻叙事和新闻观念对中国舆论场具有极强的影响力。因此，分析当代西方新闻观念发展的新趋势，可以为认识中国舆论场的变化和治理提供有针对性的视角。

一、分析当代西方新闻观念的理论视角

当代西方新闻观念呈现的这些新趋势不是突然间形成的，而是长期累积的，是第二次世界大战以来国际政治秩序特征在全媒体传播时代的体现，一些基本的新闻传播学理论视角可以用来分析当前的这些趋势。通过这些理论来观察，可以更深刻地把握当前国际政治传播行为的深层次规律。

首先是传播政治经济学考察传播行为背后的权力关系和政治经济构架。报刊、广播、电视等大众传播媒体普及以来，任何社会的传播行为都不简单取决于技术与媒介，而是取决于使用技术与媒介的观念、制度与利益主体。从国际传播秩序来看，第二次世界大战以来，西方国家由于长期占据经济优势和科技优势，进而形成了语言优势、文化优势与传播优势，传播成为掌控国际政治格局的"非军事"力量。

传播政治经济学的开创者、加拿大传播学者达拉斯·W. 斯迈思（Dallas W. Smythe）在《依附之路：传播、资本主义、意识和加拿大》一书中提出，大众传播出现以后，帝国的控制可能并正以一种更简单、更平和的方式出现，它主要借助由核心国家的军事力量支持的意识工业完成其文化统治。[1]这一论断揭示了当时的国际政治传播特征，也解释了当代的国际政治传播格局，即传播作为少数国家实现全球意识形态统治的工具，在越来越发达的媒体技术支持下，在全球意识形态博弈中发挥着越来越突出的作用。

斯迈思指出，资本主义政治经济体系本质上就是依赖电子传播的体系。广义上说，传播的净流量主要从核心地带流向边缘国家。其他自然资源（劳动力和原材料）的产物的流向却是从边缘国家流向核心地带。[2]这些分析说

---

[1]〔加〕达拉斯·W. 斯迈思：《依附之路：传播、资本主义、意识和加拿大》，吴畅畅、张颖译，北京大学出版社，2022，第3页。

[2]〔加〕达拉斯·W. 斯迈思：《依附之路：传播、资本主义、意识和加拿大》，吴畅畅、张颖译，北京大学出版社，2022，第332-333页。

明，从世界范围看，边缘国家与核心地带国家间存在信息流的单向"逆差"，从核心地带国家内部看，也是明显的一国独大，这就准确解释了当代国际政治传播高度集中性的导向。

随着互联网技术、数字技术的发展，传播技术的影响力越来越大，核心地带国家对传播技术的控制越来越重视，全球互联网根服务器、大型社交媒体平台、卫星通信技术等掌握在少数国家手中，基于这些技术优势带来的传播优势在各种当代国际政治冲突中扮演着愈发突出的角色。从传播政治经济学的角度可以清晰地看出，传播技术国际分布的失衡，决定了国际传播秩序的失衡。

其次是媒介化政治与幻象政治现象。随着媒介技术的进步与信息化社会的出现，传播媒介在当代政治中的作用愈发显著，不论政治选举还是政治革命乃至军事战争，都以发动媒介造成舆论作为依托。在国际政治中，传播媒介的作用更是无以替代，动员国内民众支持本国政府政策，形成国际舆论支持本国主张，进而影响联合国等国际组织通过支持本国主张的各种决定。媒介化政治已经成为当代政治特别是国际政治的突出特征，因而新闻舆论引导成为治国理政的关键性能力，成为国际政治的战略性手段。

在政治传播领域，针对不同的报道对象，有一个"受害者价值"理论，即同样是面临暴力冲突、灾害、疾病等痛苦境遇，有价值的受害者指的是那些与报道者价值观或利益一致的受害者，无价值的受害者指的是那些与报道者价值观或利益不一致的受害者，前者就会成为报道对象，在新闻传播中得到最大限度的展现，后者的受关注度就很有限乃至会被忽略。这种现象在当代国际政治冲突的传播中，已经毫无掩饰地表现出来，同样是军事冲突，欧洲地区的受害者就远比中东地区、非洲地区的受害者更受到关注。如果说在国际政治中盛行的是"丛林法则"，强者会基于自身利益欺凌弱者，那么在国际政治传播中，则常常是"探照灯法则"盛行，少数国家强势媒体的"灯光"只会照到有价值的受害者身上,而对无价值的受害者则不屑一顾。随着全球化与全媒体时代的到来,少数国家强势媒体成为全球社交媒体的主要信息源,垄断型社交媒体平台又关闭了不同角度的个体性"光源",这些都最大限度增加了单一"探照灯"的亮度,导致强者可以凭借传播优势更加为所欲为地制造幻象政治与扭曲世界图景。

二、后真相时代的新闻核查

当代新闻传播活动的一个突出特点是技术作为驱动力发挥的作用越来越大,其优势是新闻传播愈发快捷方便、新闻内容呈现愈发丰富生动,但也带来许多严峻的挑战,对公众来说,最大的挑战是新闻真实性的缺失,进入所谓"后真相时代",新闻越来越多,事实越来越少,没有专业流程的个人化新闻生产,基于数字技术的新闻造假,加之各种情绪、言论的传播,让当代信息过载与信息失序并存。

后真相时代的高质量新闻缺失是一个行业内越来越值得重视的现象。"后真相"是《牛津词典》出炉的 2016 年年度热词,一方面体现了 2016 年全球各地"黑天鹅"事件频出与新闻业的重要联系,另一方面其实也是为学术界提出了重大的理论命题。真实是新闻业的生命,"发现真相"是传统新闻观念中的应有之义,然而,在真相(truth)、后真相(post truth)、另类真相(alternative truth)等各种"真相"纷纷提出的当下,新闻观念研究的时代机遇正在到来。

这一问题尽管引发了全球学界、业界、政界的重视,但显然没有得到有效治理。根据《2022 年爱德曼全球信任度调查报告》,民众对虚假新闻的担忧上升到历史新高,针对全球 27 个国家的调查表明,在回答是否同意"我担心虚假信息或假新闻被当作武器使用"的说法时,76%的受访者表示认同,其中比例最高的认同来自西班牙,达到 84%,最低的来自荷兰,也达到 63%,

中国的受访者中80%认同此说法。①

分析后真相时代的出现,从微观上看,有两个重要原因:一方面是媒介技术原因,社交媒体的全球流行和主导地位凸显了个人化传播,算法技术的迎合与诱导进一步强化了基于个人喜好的信息偏向;另一方面是传播行为原因,民众更愿意接受来自小圈层的信息而不是权威媒体的信息,更愿意自主性地传播信息而不愿受到监管,在社交媒体传播中,为了自我保护,"沉默的螺旋""寒蝉效应"进一步加剧,"过滤气泡"进一步凸显。民众在追逐个人信息权利的自由过程中正在丧失个人信息权利的实质,即拥有高质量信息的可能性。

从宏观上看,有学者认为,"在现代主义引领的大众传播时代,客观新闻学奉总体化、同一性、体系化、权威性为圭臬。而在以社交媒体为中心的时代,以后现代主义为其哲学基础的'对话新闻学'则占据了主导地位,多元化、多样性、差异性、碎片化、不确定性等成了媒介传播的主要特征"。"从更为宏观的层面来看,'后真相'的兴起也标志着'后西方、后秩序'时代的到来。"②当然,要看到的是,"后西方、后秩序"的到来还在进程中,目前依然是由"西方社交媒体""西方秩序"在主导国际舆论生态。缺乏真实性与建设性的高质量新闻的稀缺,成为当代国际传播特别是国际政治传播中的根本问题。

当代中国新闻观念强调算法技术、数据技术、人工智能技术、数字技术等新闻技术的使用要体现基本的新闻伦理,包括对新闻事实的依据、对国家安全的把握、对社会道德的遵循、对个人隐私的尊重等,同时,从提升社会理性与社会团结的角度看,也要避免基于商业利益诉求的"信息茧房"问题,

---

① 《2022年爱德曼全球信任度调查报告》,2022年3月发布。
② 史安斌、杨云康:《后真相时代政治传播的理论重建和路径重构》,《国际新闻界》2017年第9期,第54-70页。

避免以技术来精准"包裹"受众，造成信息固化、观点极化、情绪恶化、社会分化。

科技的持续创新是无边界的，但科技的作用发挥是有边界的。技术的先进性越强，人类对技术的依赖性越强，缺乏人文精神，人在技术的创造中就会被异化。当代中国新闻观念肯定新技术在当代新闻活动中的进步作用，同时强调以主流价值来引领主流算法，以主流算法来推动主流传播，让人工智能新闻更有人文关怀和社会伦理，让数字传播生态风清气朗，而不是乌烟瘴气。抓住新闻技术的伦理原则，体现新闻活动的核心价值，就抓住了当代技术性、物质性传播活动的关键，也就能够切实让传播技术服务于多数人而不是少数人，服务于人而不是资本。

第五章
价值之问：何为好的新闻？

新闻价值是新闻活动的灵魂，决定了新闻选择的原则，体现了新闻传播者的立场。不同国家的新闻活动有不同的新闻价值，不同时代的新闻活动有不同的新闻价值。比较中国与西方的不同新闻价值观念的流变，剖析媒介技术引发的新闻价值改变，可以对"何为好的新闻"这一关键问题有更具历史性、实践性的深入认识。

第一节　新闻公共性观念的反思

但凡遇到"新闻应当是怎样的""什么样的新闻是好新闻"之类涉及新闻价值和取向的问题，势必会有一类讨论是关于新闻公共性，也就是新闻应当"为公"还是"为私"的论争。从百余年前现代意义上的新闻业在中国发轫，直至今日，对于新闻公共性的想象和讨论就从未停息。公共性作为新闻观念和新闻价值中重要的一环，非常具有辨析和研究的价值。

一、新闻公共性的"赋魅"与"祛魅"

在今日之媒介语境中，公共性是新闻媒体毋庸置疑的特征。首先，媒体面向公众群体，讨论公共议题，具有公共分享的特质；同时媒体还是调和国家社会关系、构建民主权力关系、实现不同利益群体沟通的重要方式，具有社会互动的特质。①大众媒体的发展历史并不算太久,但已经在公众心目中留下"媒体理所应当具备公共性"的印象。殊不知,"公共性"具有漫长的历史"赋魅"(enchantment)过程,而如今也面临着"祛魅"(disenchantment)的窘境。这种"赋魅"和"祛魅"的过程十分隐蔽,以至于何谓媒体"公共性"、媒体"公共性"何以形成的历史性问题经常被公众选择性忽视。

"祛魅"概念最初指的是人类自然观和历史观的去神秘化过程,来自韦伯对于现代化进程中科学理性取代宗教神性的过程的论述。而后,这一概念被应用于艺术领域,艺术史学家将关注点集中在人类创造物被赋予和祛除特定审美的历史发展过程之上,认为审美的"神话"是被所谓的"艺术界"创造出来的②,同样通过不同"艺术界"群体的博弈而被消解,即艺术领域存在"赋魅"和"祛魅"过程。

这种将"神话"视为本体的外在附着物,对其进行建构和解构的分析,为新闻传播领域提供了启发:媒体的公共性是否也存在"赋魅"和"祛魅"的过程?通过对这个命题的分析,我们将更好地理解媒体的公共性特征。

横向来看,赋魅公共性是不同社会制度下的媒体扩大受众基础、增强代表性和正当性的共同手段。学者对媒体公共性的内涵、赋魅方式、效果以及媒体背后的政治制度和经济制度进行了大量研究,将媒体的"可见性""参与性"等方面作为公共性的表现形式和构建方式,评估其效果,并在此基础上讨论媒体"商业化""全球化""去商业化"等过程对于媒体公共性表征产生的影响。

纵向来看,以美国为例,公共性的赋魅过程随政治经济格局的历史变化

---

① 吴治文:《我国新闻媒体公共性之新解》,《青年记者》2009年第2期,第28-29页。
② "艺术界"指的是环绕在艺术作品之外的"艺术氛围",主要是由艺术理论、艺术史、艺术批评等对艺术作品的解释构成的,由艺术理论家阿瑟·丹托(Arthur Danto)提出,对于"艺术界"的分析起到了对艺术的祛魅效果,艺术品显形为寻常之物,而艺术家也显形为普通人,围绕在艺术之上的"神话"不复存在。

而不断发展。启蒙思想为公共性提供了哲学基础;在资本主义经济和政治实践的发展中,包括新自由主义在内的各种意识形态流变,为媒体公共性创造新的制度基础的同时,也在深刻改变媒体公共性的内涵和表现方式,新闻专业主义最终演变成美国媒体的圭臬。在新自由主义和新闻专业主义的作用下,美国新闻媒体赋魅公共性声势浩大,具有媒体公共性研究的典型性。不过,美国的媒体公共性在如今的政治经济格局的深刻变动中,也仍在继续变化,面临着祛魅的危机。

在比较媒介制度中,上述讨论或许可以为具有中国特色社会主义的现代媒体实践提供一个"他者"的视角。然而,由于媒体内嵌的社会制度的复杂性,媒介公共性赋魅的过程和目的本身仍待辨明;在中国本土语境下,公共性的构建方式又有何特殊之处,这一议题也成为当下马克思主义新闻观研究中亟须突破的难点。

本节即试图还原19世纪开始兴盛的美国出版业和21世纪美国新闻业中媒体公共性的赋魅和祛魅过程。以比较制度的视角观察和研究美国媒体的公共性迷思。

二、新闻公共性的历史流变

(一)公共性概念的缘起与流变

"公共性"(publicness)这一概念的哲学渊源由来已久。既有理论一方面展现了公共性在西方不同历史时代实践中的具体表现,另一方面辨析了实现公共性所必需的基本规范和理想形态。也就是说,公共性的讨论既属于历史的、描述的范畴,也属于规范的、理想的范畴。[①]沿着这两种脉络,不同时代的理论家赋予了公共性不同的内涵。

---

① 郭湛、王维国:《公共性的样态与内涵》,《哲学研究》2009年第8期,第3-7、128页。

首先，公共性和政治中的公民参与直接相关。早期资产阶级革命时期的思想家将注意力置于国家的政权组织方式和公众关系上，体现了民主精神，为公共性绘就了理想范畴的蓝图。这一时期的讨论集中体现了国家治理的秩序性、社会参与的直接性和言论的理性公开性，代表人物有孟德斯鸠（Montesquieu）、让-雅克·卢梭（Jean-Jacques Rousseau）和伊曼努尔·康德（Immanuel Kant）等。亚历西斯·托克维尔（Alexis Tocqueville）则提出将"公共性"作为个人主义和民主制度弊端的救济措施，以避免政治冷漠。

其次，公共性必须是具有多元代表性的。马克思和恩格斯的分析指出，在资本主义民主制度的讨论框架下，所谓的公共讨论、自由和独立其实只是代表了资产阶级的立场，忽视了其他利益群体的话语，因此不具有真正的公共性。他们从阶级斗争的角度出发，批判资产阶级革命早期"公共性"的伪善——它是资本运行结构变化的表征，构建这样的资产阶级的社会关系、道德和思想有利于巩固资产阶级对无产阶级的剥削。马克思主义建立了一套超越单一阶级立场的、更加普遍的社会关系和思想体系。

批判学派在马克思主义的启发下，对社会关系进行了更深入的分析，明确了"可见性"是公共性内涵中不可或缺的组成部分，只有呈现在公共空间而非私人领域的讨论，才是具备公共性的。如汉娜·阿伦特（Hannah Arendt）指明行动和言语在公共政治生活中的基础性作用，哈贝马斯对"资产阶级公共空间"的论述使"公共性"问题在理论层面上得到了更进一步的发展。[①]这些批判学者将公共性的规范范畴和描述范畴相结合，论述了极权主义和自由资本主义下的公共性发展问题，从学理上明确划分了私人领域和公共领域，阐明了公共讨论"可见"的基础性作用。

---

① Volkmer I, "Between 'publicness' and 'publicity': Conceptualizing discourse 'assemblages' of public legitimacy in transnational spaces", *Review of Communication*, Vol.10, No.1, 2010, pp. 53-60.

第五章　价值之问：何为好的新闻？　149

但是，学者汪晖提出，西方资本主义语境下公共空间的"可见"不仅要在理论上实现，更要在实践中得到验证和补充，否则"就可能掩盖了社会权力实践的实际上的不平等"[①]。哈贝马斯对于资产阶级"再封建化"的论述也表明了"公共领域"发展过程中的非理想状态。特别在新自由主义的影响之下，资本主义世界对应结构和功能发生转变，"再封建化"后的公共领域中，参与主体由政治公众转变为消费大众，他们所讨论的公共议题已经失去了公共价值，实际上是在为资本主义经济发展服务。

综合以上公共性讨论中所涵盖的参与、代表和可见问题，当代的理论家结合政治经济的发展现实提出了进一步的理论阐述。新自由主义的代表人物如约翰·罗尔斯（John Rawls）通过对公正的思考展现了其"公共性"建构的理想模式。不过，他仍难跳出"再封建化"的窠臼，对于不同文化语境和阶级差异下的不同社会群体之间的公平性和公共性问题，尚未能提出具有可行性的解决方案。后现代主义则以解构的视角看待政治和社会生活。如欧文·戈夫曼（Erving Goffman）提出的"世界剧场"理论，公共性被视为这一场域中的"自我表演"，既不具备真正的参与性，也不具备真正的代表性，有的只是表演本身。让·鲍德里亚（Jean Baudrillard）在对于"仿真"和"内爆"的论述中对公共参与赋予悲观主义色彩，否认了公共性对政治和社会关系具有实质性的干预和改变作用。

总的来说，上述讨论分析了资产阶级革命以来，不同历史时期有关公共性的政治、经济、社会等角度的历史实践和理论构想，勾勒出资本主义政治与经济关系中的社会关系变化轮廓。"公共性"这一概念被赋予了三个不同层面的内涵：代表性、参与性和可见性，这为媒体公共性赋魅的分析

---

① 汪晖、许燕：《"去政治化的政治"与大众传媒的公共性——汪晖教授访谈》，《甘肃社会科学》2006年第4期，第235-248页。

提供了经验性框架。

沿着这三个层面对资本主义公共性进行考察，我们需要回答如下三个与资本主义公共性相关的问题：作为利益的反映机制，媒体代表的是特定群体的利益，还是最广大人民群众的根本利益？作为民意的反馈渠道，媒体的政治参与是仅限于纸面争辩，还是具有直接的政治影响力？作为民众的发声方式，媒体是仅在特定范围内传播，还是能够引起广泛关注？

(二)媒体公共性的"赋魅"路径

在新闻传播领域，19世纪公共理性的狂热自信，对媒体公共性进行了"赋魅"。彼时，无神论者的理性自负是一切合法性的来源，人类相信可以通过理性建立一切公共制度，聚集一切公共资源，克服一切共有困难，实现一切公共目标，因此产生了一种"公共性"的神话，被附着在了新闻活动的实践当中。媒体的公共性即是通过代表性赋魅、参与性赋魅和可见性赋魅这三种方式获得实现的。

首先是代表性赋魅。新闻媒体通过增强政党代表性、地域代表性和阶层代表性来实现这一赋魅方式。代表性的突显，反映了社会政治和经济发展过程中的社会现实，折射了不同利益群体内部的诉求和相互之间的博弈关系。

政党代表性赋魅，反映资产阶级内部，特别是国家权力掌握者对民主制度建设和国家治理模式的不同路径追求；地域代表性反映在早期国家的扩张过程中，资本主义经济在地化的扎根与兴起；阶层代表性则反映了资本主义进一步发展后，经济和社会地位弱势群体对主流权力的反抗。

随着资本主义制度的纵深发展，不同利益相关方的代表在媒体中发声和讨论，进行言论混战，营造了一种言论自由的公共性氛围，公共讨论呈现一派繁荣景象。

其次是参与性赋魅。随着布尔乔亚式的资产阶级革命兴起,一方面,国家和市民社会的二分关系被构建出来,民众——特别是知识分子,不再是封建制度中从上而下被国家治理的服从者,他们要求和国家进行平等对话的权力,获得对国家机器的平视视角。另一方面,国家制度的设计者呼应了这种诉求,为连接两种二分关系,进行了一系列配套的制度设计,形成资本主义政治制度的建设框架。通过民主选举制度形成一套资本主义下的公共性政治参与,便是呼应这一诉求的制度框架的表现。

在这样的政治环境中,出版业也顺应了这一逻辑,成为民主政治参与的重要方式。19世纪的美国出版业树立起以公共性讨论为核心的理想形象,特别是对于言论出版自由权利的争取,极大程度上强化了媒体的公共性形象。

最后是可见性赋魅。在资产阶级革命早期,新闻媒体只是少部分人获取信息的方式。由于交通的限制、消息的闭塞以及印制报刊的材料成本高昂,报刊难以走进普通民众的生活。尽管报刊代表不同利益群体讨论公共议题,但讨论范围受到了极大限制。因此,要实现公共性,必须要加强新闻媒体在大众当中的可见程度。

随着资本主义商业经济的发展,报刊的商业发行模式得到了更新;同时,工业革命所带来的技术革新,使新闻媒体突破了发行成本的限制,得以走进千家万户。越来越多的民众加入了对公共议题的探讨,媒体的公共性形象进一步被人为构建起来。

不过,无论是基于政党、地域、阶层的代表性,还是基于革命、制度的参与性,抑或是基于商业、技术的可见性,这些都能够归纳到民主政治制度的构建和资本主义经济的发展脉络当中,这两者是媒体公共性形态的重要影响变量。

（三）媒体公共性的"祛魅"路径

随着资本主义的纵深发展，人类对公共理性的狂热开始退潮。人们发现，商品经济和民主制度不是解决一切公共问题的"万能药水"，其本身就存在诸多复杂关系与矛盾纠葛。人们开始思考公共性是否具有真正的代表性、参与性和可见性；同时，浪漫主义、存在主义思潮开始对公共性的意义与价值进行刨根问底式的反思，媒体公共性面临祛魅的困境。

一方面，民主政治的理念设计和现实实践并非天衣无缝地契合，反而存在巨大的错位。尽管在资产阶级革命早期，民主制度的设计者们试图通过制度设计实现最广泛的参与，但随着资本主义的"再封建化"过程，出现了"去政治化"的现象，各种制度演变成为适配于跨国资本主义集团进行经济利益获取的通道。不仅在资产阶级革命早期的制度设计过程中留有日后大资产阶级和跨国资本主义集团可以进行操纵的制度漏洞，随着政治实践的发展，制度设计已经与初期的设想背道而驰；而且真正通过制度与政府进行对话的群体也越发收缩聚拢于资产阶级，工人和农民在自由市场的发展逻辑下难以使用媒体进行发声。此时，公共媒体的广泛代表性其实已经不复存在，不再具有"公共性"的基础。

另一方面，传统媒体在参与性方面也遭到了挑战，公民新闻的发展过程能够说明这一问题。在公民新闻最初诞生时，这种形态强化了传统媒体的公众参与性，公民在搜集、报道、散布新闻和信息的过程中发挥了重要作用。[①]但随后，公民新闻的主要阵地从传统媒体转移到互联网，传统媒体的影响力早已大不如前，其公共性大打折扣。互联网和新媒体对传统媒体形成强有力的冲击之势。

伴随社交媒体时代的到来，一句"人人都有麦克风"的口号，展现了新媒体在公众参与方面的巨大魅力。新媒体前所未有的公众参与规模，使得社

[①] 范东升：《公民新闻的兴起和启示》，《国际新闻界》2006年第1期，第60-63页。

会绝大多数利益群体都拥有了发声的渠道，新媒体的代表性得以扩大，可见性不断增强。

不过，新媒体或许也并非解决公共性危机的良方。以互联网平台为载体的数字新闻更加注重受众互动而非公众参与，商业利益的深入也会影响主导数字新闻的信息可供性，降低公众的媒介参与意愿。"信息茧房"效应、选择性接触等理论，以及对于传播算法的进一步研究，对新媒体环境中的信息可见性、社会代表性、公众参与性质疑，认为在如今的媒体环境中，看似呈现扩大态势的媒体公共性实际上是一种幻象。可以说，公共性危机是传统媒体和新兴社交媒体面临的共同挑战。

三、19世纪的美国出版业：公共性的话语幻象

（一）代表性赋魅：多元群体的理想交锋

政党代表性是美国资产阶级最早赋魅媒体公共性的方式。值得说明的是，在18世纪末19世纪初的美国，新闻采写和报刊印制都缺乏技术条件的支撑，创办和发行报刊需要雄厚的资金和政治权力支持，个人无法维持报刊的运营。因此政党报刊是当时社会最为主流的媒体形式，也具有充分的正当性。

早在殖民地时期，媒体的政党代表性就已经出现，在当时，托利党、辉格党和激进派分别代表殖民地制度拥护者、资产阶级财产权保护者和建国革命者，通过创办报刊进行理念阐述，争取支持。美国建国初期，尽管政党攻讦呈现出混乱局面，被一些历史学家称为"新闻事业的黑暗时代"，但报刊对于民主政治制度建设的讨论和追问，不可否认地推动了公共事业的发展。联邦党和反联邦党人进行斗争，一边代表已经掌握权力的资产阶级，主张保持与扩大自身的经济优势，代表性的人物为亚历山大·汉密尔顿（Alexander Hamilton）；另一边代表小农阶层与城市工人，主张政治更加多元化、民主

化，代表性人物为本杰明·富兰克林（Benjamin Franklin）。他们在媒体上的争论，即是代表不同利益集团的政党主张的表达。通过不同政党间的理念阐述所赋魅的报刊代表性一直是 18 世纪末期新闻媒体的主流。

另外，在资本主义经济的扩张过程中，发生了地域的蔓延和新的阶层的壮大现象，新闻媒体产生了地域代表性和阶层代表性。随着 19 世纪初美国的疆域向西部扩展，边疆报纸从而以星星之火般的态势发展起来。最早的西部报纸是 1786 年所创办的《匹兹堡公报》（Pittsburgh Post-Gazette），到 1800 年，阿巴拉契亚山脉以西便出现了 21 家报纸。在尚未开发完成的西部，村落和城镇中的地方性报纸，对于报道本地新闻，形成公众舆论发挥了很大的作用，西部地区逐渐成为美国政治格局中不可忽视的一方。

阶层代表性也反映了特定群体对自身利益的关注，如劳工群体和黑奴群体，通过新闻媒体来讨论与自身息息相关的公共性事务。随着劳工阶级的发展，在 19 世纪 20 年代，工会和工人报刊出现，如 1828 年创刊的《机工自由新闻报》（The Mechanic's Free Press），代表劳工阶级反击对工人的偏见，进行发声。19 世纪 50 年代，最具代表性的则是北方的废奴主义者所创办的报刊，如《解放者报》（The Emancipator），其创办者威廉·加里森（William Garrison）为黑奴的生存状态奔走呼号。

（二）参与性赋魅：民主政治的理想渠道

新闻媒体赋魅自身公共性的第二种方式是通过建立民主的形象，来使得大众获得参与感。在早期美国资本主义民主政治的顶层设计中，美国的建国先驱通过立法和司法的方式，建立新闻媒体的公共性形象。最早在司法层面的抗争可追溯到 1735 年殖民地时期的曾格案审判。在此之前，媒体人陈述事实，对政府造成中伤，将被以"煽动罪"起诉。在此案中，律师安德鲁·汉密尔顿（Andrew Hamilton）对政府对媒体人施加的"煽动性"罪名进行了抗辩，提出了对政府行为的事实性描述不构成诽谤和煽动，只有谎言才能构成中伤和诽谤，才应该担负法律责任。新闻事实得以成为约束政府行为的有力工具，媒体公共性在司法层面获得了承认。

美国建国后，新闻媒体的民主形象进一步确立。以1791年通过的美国宪法第一修正案为标志性节点，其中规定"国会不得制定下列法律：确立国教或禁止宗教自由；剥夺言论自由或出版自由；剥夺人民和平集会及向政府请愿申冤之权"[①]。从立法层面，美国宪法第一修正案极大提升了新闻自由的地位。

在社会地位瞩目的作家和政治家的奔走下，新闻自由也成了公众关注的焦点。如托马斯·潘恩（Thomas Paine）的《常识》（Common Sense）小册子和《美国危机》（The American Crisis）政论文集，在独立战争中强调对自由的追求，极大激发了民众对于自由的认可和向往。再如美国第三任总统托马斯·杰斐逊（Thomas Jefferson），尽管他本人在党派报纸难堪的攻击中遭到了极大的侮辱和误解，但仍然称"一个没有报纸的政府，还是没有政府的报纸，我会毫不犹豫地选择后者"[②]。这些思想性的理念阐述，客观上为新闻媒体建立了公共性。另外，18世纪末出台的《外侨法》（Alien Act）和《煽动叛乱法》（Sedition Act）试图对新闻自由和言论自由进行限制，将新闻媒体置于一种专横的政治权力的对立面，而后很快被国会废除。这一方面体现了新闻媒体对公权力的监督和制约作用，另一方面则进一步显示了新闻媒体作为民主力量的势不可当。

（三）可见性赋魅：技术条件下的公众关注

新闻媒体赋魅公共性的第三种方式是增强自身的可见性。一方面，可见

---

① First Amendment. https://www.law.cornell.edu/wex/first_amendment.
② 安德鲁·佩蒂格里：《报纸在18世纪的成功在于它们所代表的事物而非所包含的内容》，https://m.thepaper.cn/baijiahao_16501622.

性有着客观的技术条件基础。印刷、采写中的技术进步，都会进一步拓展新闻媒体的可见性。工业革命时期，原本昂贵的纸张价格降低，印刷技术也在不断进步，印刷机迅速更新换代使报纸能够以低廉的价格快速、大量发行。1810~1830年，印刷文字迅速扩展，报纸、书籍和杂志的数量飞快增长，公众对文字的需求也不断扩大。新闻采写方面，早期的报纸囿于交通条件难以保证时效性，事件见诸报端时已过月余的现象十分常见。19世纪30年代，美国新闻业仍以快马、信鸽传送新闻，到蒸汽轮船、火车、电报取而代之不过短短十年。新闻的采写和报刊的发行迅速突破了时空的局限，可见性得以极大提升。

另一方面，可见性的实现依赖于新闻媒体在大众视野下的普及度和关注度，这有赖于报刊发行和出版方式的革新。首先是销售方式的改变，19世纪30年代前，报刊主要通过订阅的方式发行，订阅价格超过大多数熟练工人一周的收入，因此发行量较为有限。随着便士报如《纽约太阳报》(*The New York Sun*)、《纽约先驱报》(*The New York Herald*)、《纽约论坛报》(*The New York Tribune*)等的出现，改订阅为零售形式，价格十分低廉，报刊得以走进社会的中下层阶级，极大地拓展了受众基础。同时，新闻业与商业开始进行深度合作，广告商在报刊上投放广告给予资金支持，报刊能够扩大报道范围，覆盖更大范围的社会群体。

通过以上方式，19世纪的美国新闻媒体促进了大众民主、市场观念、多元群体的迅速发展，自身也成了社会公共性的代言人。

四、21世纪美国的新闻专业主义：公共性的祛魅

进入21世纪，资本主义经济从产业资本阶段向金融资本阶段过渡，全球化纵深发展，形成了以跨国资本主义集团为主导和垄断力量的世界经济格局，对国际政治关系产生了深刻影响。跨国资本主义经济直接作用于民族国

家的政治制度，改变了其原有的形态。

由于民主政治制度的构建和资本主义经济的发展是媒体代表性的两个重要影响变量，因此 21 世纪，信奉新闻专业主义的传统媒体格局也发生了极为深刻的变化。一直以来被新闻媒体奉为圭臬的公共性，开始土崩瓦解。

（一）代表性的祛魅：新闻专业主义的"再封建化"

自从资本主义大众报刊诞生以来，媒体的产业性质就得到了确立，广播、电视、电影等现代媒介的出现和发展更加强化了媒体的产业性质。[1]在不断的兼并和重组过程中，美国的传媒产业被跨国传媒集团垄断，成功地向全球扩张。

媒体作为公共领域，实际上在资本垄断中发生了"再封建化"。新闻业在革命时期，代表不同的群体，共同反抗封建主义，具有较为广泛的代表性；然而在资产阶级掌握权力并展开社会治理后，非资产阶级的代表性逐渐丧失。在这样的发展态势之下，跨国传媒集团成了资产阶级理念的代言人，其活动符合跨国资产阶级的利益，代表资产阶级精英，无法建立在真正的民意基础之上。

此外，从民主政治的视角来看，被跨国传媒集团所垄断的传统媒体也丧失了其代表性。新闻媒体原本作为民意的传递渠道，是公民民主政治参与的重要补充，然而，在资本主义制度的发展和演变中，政治体制本身也发生了变革，民主政治参与逐渐演化成狭隘的民主选举，且在这一过程中受到了两党的操纵。竞选的两方试图通过媒体动员不同的社会群体来获得选票，但在客观上摆布了民意，加剧了社会各阶层之间的分化和断裂。

此外，若非民主政治竞选需要争取选票支持，完全源自社会弱势阶层自

---

[1] 段京肃：《定位·重组：媒体应对 WTO》，《国际新闻界》2001 年第 5 期，第 68-74 页。

己的声音实则难以发出和被倾听到,赵月枝指出,在资本主义语境中,劳工群体和农民群体的声音是缺失的。现代媒体中,代表劳工和农民的媒体难以在市场中抗衡具有雄厚资本支持的跨国传媒集团。[①]

(二)参与性的祛魅:政治公众向商业受众转变

马克思曾指出,资本主义经济具有将一切事物商品化的倾向。首先,随着媒体产业逐渐明确以营利为导向,新闻与信息变成了可供出卖的产品,发行量和播放量成为媒体产业所追求的目标,媒体逐渐做出迎合受众的取向,不惜以低俗、暴力、充满噱头的内容来抢占市场。这造成了两方面的后果,一是劣币驱逐良币,优质内容的丧失使得有民主参与兴趣的公众失去了对新闻的热情;二是劣质内容的浸淫,使得受众也变得品位低下,娱乐至死,缺乏政治参与和社会参与的严肃性。由此,长期不健康的媒体产品使得政治公众变成了商业受众,他们政治冷漠,丧失了对媒体讨论的参与热情。

其次,伴随民众媒介素养的提升,民主政治中的选举操纵不断被公众识破。这着重体现在后现代主义思潮对于主流话语权力的消解中,民众对主流媒体的话术产生了"自觉"状态下的认知和质疑。因此,在对主流媒体"谎言"的一次次失望中,公众丧失了对媒体的信任,失去了参与意愿。

最后,新媒体的兴起使得"公民新闻"的参与阵地转移。在新媒体当中,人人都可做记者,对于公共议题可以有来自不同视角的参与和讨论,参与者可以获得更多角度的信息。新媒体造成的多元化极大消解了传统媒体作为民主参与渠道的效果。

---

① 赵月枝:《"窃听门"与自由主义新闻体制的危机》,《文化纵横》2011年第5期,第118-122页。

（三）可见性的祛魅：公民新闻对传统媒体的冲击

在新媒体的冲击之下，传统媒体式微。美国皮尤研究中心（The Pew Research Centre）2021年的调查显示，超过半数的人已经习惯通过手机、电脑等互联网终端获取新闻。[①]随着报刊发行量的下降，传统媒体的可见性进一步降低，以纸媒为代表的传统媒体逐渐丧失其代表性。

然而，社交媒体等新媒体的传播效果也并非如想象中人人可见。信息时代，基于个性化服务的算法推荐使社交媒体用户陷入"信息茧房"效应，他们只能接收到与自己的偏好相契合的推荐信息，而被动过滤掉其他异质信息，这一理论否认了新媒体信息的可见性。另外，受众自身也可能会根据自身的价值和兴趣，主动选择自己偏好的信息，从而形成"选择性接触"。无论是主动还是被动，只接触某种类型的媒介信息，而排除其他，都会使得网络媒体的公共性大打折扣。另外，来自皮尤研究中心2020年6月的报告显示，美国民众从社交媒体上所接收的信息质量也并不理想。这些媒介信息大多信息含量低、接近性低，更多为未经证实的传闻。

五、美国新闻公共信息的历史性与阶级性

美国媒体公共性的赋魅和祛魅过程受到两个重要因素的影响，这两个因素是资本主义经济形态发展和资本主义民主政治发展。在历史的不断演变中，这两者发生了深刻的变化，因此显著影响了媒体公共性的表现。

首先，媒体公共性具有历史阶段性的特征，媒体公共性本质上是资产阶级革命成果在新闻领域的映射，或者说是资产阶级巩固革命成果的重要措

[①]《皮尤调查发现约半数美国人通过社交媒体获取新闻 但比例有所下降》，https://new.qq.com/rain/a/20210921A03N8600.

施，在资产阶级革命的早期，资本主义经济也同样处于发展的早期阶段，新闻报刊需要通过商业化销售的方式来不断扩大受众规模，同时也需要在民主政治的建设过程中代表不同利益群体表达诉求，增强民主参与。但随着金融资本主义的发展，跨国资本主义成为垄断性力量，同时深刻影响了政治格局时，媒体产业发展成为资产阶级的营利工具，媒体内容表达成为政党选举的宣传工具，公众逐渐因政治冷漠而失去参与兴趣后，媒体的公共性发生了祛魅。

其次，媒体公共性具有阶级性，在美国的革命时期，新闻报刊公共性的赋魅主力是资产阶级，他们需要拉拢其他社会力量来联合反抗殖民地宗主国的保守势力，因此会兼顾到不同利益群体的诉求。然而，随着资本主义制度的建立和完善，资产阶级将视野转向了巩固和扩大自身利益，而忽略或利用其他的社会利益群体，导致了媒体"伪公共性"的发生。

总的来说，美国媒体所谓的"公共性神话"并非牢不可破。从历史的发展角度来看，美国媒体的公共性是被逐渐赋魅的，而伴随媒介技术的进步和新闻实践的发展，公共性也遭遇了广泛而深刻的质疑，当下正在经历逐渐被祛魅的过程。因此媒体公共性的可塑性极强，更需要我们结合本土语境和基本国情，采用辩证和批判的角度来看待。

在中国特色社会主义制度下，新闻媒体应做到如下几点：首先，要根据我国的现实国情，坚持道路自信、理论自信、制度自信与文化自信，构建契合我国政治和经济发展条件下的媒体公共性；其次，要坚持党性与人民性相统一，坚持新闻媒体代表最广大人民的根本利益，增强我国媒体的代表性；再次，要坚持群众路线，从群众中来，到群众中去，扩大人民群众对新闻媒体的参与性；最后，要坚守新闻底线，提升新闻质量，获得人民群众对我国新闻事业的认同与肯定，增强新闻媒体在人民群众中的可见性。由此，我们才能够认清媒体公共性的真相和历史，获

第五章 价值之问：何为好的新闻？ 161

得规范和实践的统一。

第二节 自由主义媒介规范的反思

1982年4月，施拉姆将传播学引入了中国，对中国新闻传播学的发展产生了深刻的影响。[1]自此，受众研究、效果研究成为中国学者眼前充满新奇和诱惑力的一片蓝海。有学者评价施拉姆不仅留下了丰硕的理论著作，还留下了孜孜不倦宣传和推广学术思想的精神，他对中国新闻传播学研究的贡献无疑将载入中国传播学史册。[2]

1982年11月举行的第一次全国传播学研讨会确定了加速开展中国传播学教育与研究的方针和共识，此后，中国掀起了第一次传播学研究的高潮。[3]但正如早期学者对施拉姆将"从群众中来，到群众中去"误读为"反馈"不以为意一样[4]，当时的学者浸入开拓中国传播学研究的欣喜，并没有对施拉姆及其理论中带有的意识形态框架进行鉴定和区别。

时至今日，国内许多新闻传播学院的教科书，依然将施拉姆奉为"传播学的集大成者"，将施拉姆界定的"传播学四大奠基人"视作权威。由施拉姆引进的《报刊的四种理论》《传播学概论》《大众传播媒介与社会发展》等书仍是新闻传播专业学生们的必读书目。其中《报刊的四种理论》开了比较新闻学之先河，最能体现美英等西方国家的价值观[5]，不但成为西方主要

---

[1] 姜飞：《中国传播研究的三次浪潮：纪念施拉姆访华30周年暨后施拉姆时代中国的传播研究》，《新闻与传播研究》2012年第4期，第19-32页。
[2] 陈崇山：《施拉姆的理论对我的指引》，《新闻与传播研究》2012年第4期，第14-18页。
[3] 徐耀魁：《施拉姆对中国传播学研究的影响：纪念施拉姆来新闻研究所座谈30周年》，《新闻与传播研究》2012年第4期，第9-14页。
[4] 余也鲁、施清彬、崔煜芳等：《中国传播学研究破冰之旅的回顾：余也鲁教授访问记》，《新闻与传播研究》2012年第4期，第4-9页。
[5] 展江、王晓笕：《从"四种理论"到"去西方化理论"——比较媒介研究的演进》，《上海大学学报（社会科学版）》2008年第4期，第58-73页。

国家新闻和传播学院的教科书,更是成为"最畅销的非虚构类书籍"[①]。

本节主要从"报刊的四种理论"(以下简称"四种理论")入手,对西方自由主义媒介规范理论进行综述和分析,试图找到其自身存在的逻辑漏洞,分析其进入中国之后所产生的影响,为建构中国特色媒介规范理论提供些许建议和借鉴。

一、什么是"自由主义"?

首先需要澄清的一点,就是"自由主义"这一概念的含义十分丰富,其发展经历了一个较大的时间跨度。

"自由主义"最早指的是古典的自由主义(classical liberalism),起源于17世纪的英国,强调对政府干预的排斥与反对[②],在资产阶级革命时期的新闻业中的体现就是将新闻自由视为"天赋人权",反对政府对出版物的审查和操控。

到了19世纪后期,"自由主义"便发展为"现代自由主义"或"新自由主义"(new liberalism),其与早期的自由主义理论截然不同,提出政府应该干预经济以保障充分的自由,凯恩斯主义、罗斯福新政等都是这类观念的体现。

进入20世纪,主张极度强调个人自由,坚决反对政府干预的"自由至上主义"(libertarianism)兴起,也就是"四种理论"中所提到的一种理论,从中衍生出了主张媒介行为应当加以限制的"新保守主义"和强调社会道德伦理的"新自由至上主义"(new libertarianism)。[③]

"新自由主义"(neo-liberalism)产生后,它随着里根主义和撒切尔主义

[①] 郭镇之:《对"四种理论"的反思与批判》,《国际新闻界》1997年第1期,第38-43页。
[②] 李强:《自由主义》,中国社会科学出版社,1998。
[③] 展江、王晓笺:《从"四种理论"到"去西方化理论"——比较媒介研究的演进》,《上海大学学报(社会科学版)》2008年第4期,第58-73页。

而"发扬光大",主张解除政府对市场的管制,在媒介层面体现为西欧国家对广播电视媒体的去规制化(de-regulation)和私有化,直接导致了诸多跨国媒体大亨的崛起。

二、媒介规范理论的理论溯源

西方自由主义媒介规范理论的理论源泉最早可以追溯到 17 世纪英国的约翰·弥尔顿(John Milton)。弥尔顿在《论出版自由》中提到:人的理性高于一切,而理性是上帝赋予人类的灵性;言论和出版自由是天赋人权的首要部分;真理是在与各种观点、意见和思想的辩论中获得的,不是权力赐予的;通过自由而公开的讨论,真理必然战胜谬误。弥尔顿最早提出了所谓"观点的自由市场"一说。[1]

法国的孟德斯鸠在《论法的精神》中提出,人民应该通过代议机关表达舆论;为了达到此目的,必须保障公民的权利,特别是言论和思想的权利;思想、言论、文字本身不构成罪体,不能成为惩罚的对象;两种暴政:一种是暴力统治人民,另一种是言论思想的暴政,即将统治者的思想意志强加于人民;法律应为"观点的自由市场"保驾护航。[2]

18 世纪 70 年代,美国总统杰斐逊与亚历山大·汉密尔顿在他们那场著名的关于新闻出版自由的辩论中提出:政府的职责是保障人民的生命、自由、追求幸福等天赋权利;为了防止政府的蜕化,政府就必须由人民来监督;新闻出版自由是保障人民了解公共事务的重要机制;正派的政府不会被言论出版自由所打倒,不能限制出版自由,除非对公民的诽谤。[3]

紧接着,1789 年,法国颁布了《人权宣言》,其中第 11 条表示:无拘束地交流思想和意见是人类最宝贵的权利之一,每个公民都有言论、著述和出

---

[1] 〔英〕弥尔顿:《论出版自由》,吴之椿译,商务印书馆,1958。
[2] 〔法〕孟德斯鸠:《论法的精神》,申林译,北京出版社,2007。
[3] 王瑶:《杰斐逊与汉密尔顿关于新闻出版自由思想的论争》,《今传媒》2011 年第 11 期,第 18-20 页。

版自由，只要他对滥用法律规定情况下的这种自由负责。①1791年美国通过的宪法第一修正案指出："国会不得制定下列法律：确立国教或禁止宗教自由；剥夺言论自由或出版自由；剥夺人民和平集会及向政府请愿申冤之权。"②这两大事件标志着自由主义媒介规范理论在西方的重要国家中实现了制度化。

1859年，英国的约翰·密尔（John Mill）在《论自由》一书中提出：言论思想自由是人类自由领域中最首要的东西，只要行为不妨碍他人，就不应受到他人的妨碍；少数人的意见和思想可能具有真理性或真理成分，不能强制使其沉默。③

1956年，弗雷德里克·S.西伯特（Frederick S. Siebert）、西奥多·彼得森（Theodore Peterson）和施拉姆三人出版了《报刊的四种理论》，反响热烈，获得了美国主流意识形态的高度认可，标志着媒介规范理论研究的诞生。④美英等西方国家对"四种理论"推崇备至，将其编为新闻专业教科书，这也成为众多美英高校学子学习新闻的一门必修课。

三、"报刊的四种理论"的提出

《报刊的四种理论》出版至今已逾60年，影响力有增无减。所谓的"四种理论"是指威权主义理论（authoritarian theory）、自由至上主义理论（libertarian theory）、社会责任理论（social responsibility theory）、苏联共产主义理论（Soviet-totalitarian theory）。⑤

---

① 〔法〕吕西安·若姆：《1789年人权宣言的理论困境与法律适用》，马贺译，《华东政法大学学报》2012年第1期，第133-140页。
② First Amendment. https://www.law.cornell.edu/wex/first_amendment.
③ 〔英〕密尔：《论自由》，许宝骙译，商务印书馆，2015。
④ 〔芬〕卡拉·诺顿斯登：《媒介规范理论的反思和超越》，陈世华译，《东南学术》2017年第4期，第175-185页。
⑤ 〔美〕弗雷德里克·S.西伯特、〔美〕西奥多·彼得森、〔美〕威尔伯·施拉姆：《传媒的四种理论》，戴鑫译，中国人民大学出版社，2008。

按"四种理论"的论述，威权主义理论主要源自 16 世纪的英国，君主拥有绝对的权力，认为报刊是精英控制和领导大众的工具，应当为国家服务。政府可以对媒体实施新闻和出版审查，媒体对政府和政党的批判都是受到限制的。

自由至上主义理论诞生于 17～18 世纪，是资产阶级革命带来的成果，与威权主义理论针锋相对，认为报业不应当受政府的控制和干涉，而是应当服务于人们，帮助人们更好地了解事实，对政府起监督作用；保护新闻自由是政府的职责，政府不能以任何形式进行事前审查。西伯特等人提出，报刊的自由至上主义理论主要包括两个，其一为观点的公开市场，认为观点应当被完全地开放给公众，公众是具有理性的，他们会选择最优的观点；其二为媒介的自我修正过程，并提出以下四个前提：①人们希望了解真理并愿意服从真理；②接近真理的唯一方法，是保证不同意见在观点的自由市场上竞争；③人们的意见不可能都相同，应保障每个人自由表达意见的权利；④通过不同意见的讨论碰撞，最终能产生一般人能同意的合理意见。[1]

社会责任理论产生于 20 世纪，标志为 1947 年由哈钦斯委员会（即美国新闻自由委员会，The Commission on Freedom of the Press）发表的总报告《一个自由而负责的新闻界》，报告揭露了当时美国主要媒体高度集中的垄断现象，认为大多数人实际上已经失去了表达自己的权利。报告表达了对自由的尊重，但否定了绝对自由的存在，明确指出新闻界是可以问责的。在此基础上发展而来的社会责任理论主动将政府的管制和干预纳入新闻规范，根本上反映了当时人们对人类理性的怀疑。

苏联共产主义理论是冷战的产物，施拉姆认为，对于苏联而言，媒体是

---

[1] Chandler D, Munday R, *A Dictionary of Media and Communication*, Oxford University Press, 2011.

国有的，没有商业性质，主要为巩固苏维埃政权服务，可以批评政党和政府的具体策略，但不能对政党的性质、宗旨和基本路线进行否定。[①]

"四种理论"带来了十分深远的影响。由于这本书广泛的影响力，在该书的预设和暗示之下，读者很容易先入为主地以为美国的新闻制度是自由的、负责的、先进的、自我修正的；苏联是专制的、封闭的、难以为继的。在美国主流精英阶级的助推下，这种观点影响了全球范围内的好几代人。"四种理论"提供了一种观察新闻媒介和社会关系的具有历史纵深感的维度，也让人们对传统古典自由主义思想有了更深入的了解，但它带来的"危害"也是需要我们加以批判的。

四、对"四种理论"的批判

对《报刊的四种理论》的批判从来不绝于耳，大致可以分为两派，一派我们可以称之为"改良派"，旨在对"四种理论"进行补充和修正，弥补一些显而易见的论述错误，使其更具备理论描述力和解释力；另一派则为"革命派"，其对"四种理论"的立论原点进行了彻底的批判，要从根源上将"四种理论"连根拔起，以至于全盘推翻。

"改良派"的观点主要集中在对理论含义的完善和对理论范畴的深化上。1971年，美国学者约翰·梅里尔（John Merrill）和拉尔夫·洛文斯坦（Ralph Lowenstein）在《媒介、讯息与人》（*Media, Messages and Men*）一书中对"四种理论"作了修正，提出了他们的"五种理论"，用"社会-自由至上主义"和"社会-集权主义"取代了"社会责任理论"。[②]这开启了学界对社会责任理论的批判。

也有"改良派"学者对"四种理论"提出了视角的改进。1981年，美国

[①] 邵培仁：《传播学》，3版，高等教育出版社，2015。

[②] Merrill J C, *The Dialectic in Journalism*, Louisiana State University Press, 1989.

学者威廉·哈希顿（William Hachten）在《世界新闻多棱镜：变革的媒介与冲突的意识形态》(*The World News Prism: Changing Media, Clashing Ideologies*)一书中也提出了"五种理论"，增加了关于第三世界的媒介理论。[1]

"革命派"的批判往往直指"四种理论"的本质："冷战"和"意识形态问题"。美国传播批判学者 J. 赫伯特·阿特休尔（J.Herbert Altschull）批"四种理论"为过时的理论，他认为无论在什么类型的媒介规范下，新闻媒体都是政治和经济权力的代言人，永远为报纸的资助者说话。他还悲观地指出，新闻实践和新闻理论总是不一致的，"媒介还在制造不朽的假象，仿佛新闻是为广大消费者服务的"，幻想媒体抨击大财阀就是"乌托邦式幻想"[2]。取而代之，他提出了"三种理论模式"：马克思主义计划经济模式（也称为共产主义模式）、资本主义市场经济模式（也称为市场模式）和第三世界国家模式（也称为进展模式）。他的三种理论模式将政治和经济从媒介中剥离了出来，直击媒介规范的本质，被誉为对"四种理论"第一次构成了重大的挑战。[3]

约翰·C. 尼罗（John C. Nerone）、威廉·E. 贝里（William E. Berry）等人出版的著名的《最后的权利：重议〈报刊的四种理论〉》，对《报刊的四种理论》进行了深刻的批判，揭示了"四种理论"的冷战思维，以及"意识形态僵化"，指出后者只是一种世界观，并不能称为理论。[4]

在国内，早期学者虽然对"四种理论"倍感新鲜，却也不是照单全收。有学者早在20世纪80年代中期就对《报刊的四种理论》提出过批判性意见，

---

[1] Hachten W, *The World News Prism: Changing Media, Clashing Ideologies*, America State University Press, 1987.
[2] Altschull J, *Agents of Power: The Role of the News Media in Human Affairs*, Longman, 1984.
[3] Rogers E M, *A History of Communication Study: A Biographical Approach*, The Free Press, 1997.
[4] 〔美〕约翰·C. 尼罗、〔美〕威廉·E. 贝里、〔美〕桑德拉·布拉曼等：《最后的权利：重议〈报刊的四种理论〉》，周翔译，汕头大学出版社，2008。

他与多位美国传播学者交换过观点，援引他们的话指出"四种理论"对经验的总结过于简单化和标签化，甚至已经招致了学生们的不满，但不得不承认"四种理论"对美国学界的影响是"根深蒂固"的。[1]

然而目前学界对于"四种理论"的批判不够彻底，一方面由于没有新的媒介规范理论能替代"四种理论"，我们在介绍媒介规范理论时，始终绕不开"四种理论"；另一方面就算批判得再多，那些著名的批判性研究和论述也进不了教科书，学生们只知施拉姆和"四种理论"，不闻《最后的权利》。

除去前文中所提到的梅里尔和洛文斯坦的"五种理论"、哈希顿的"第三世界视角"、阿特休尔的"三种理论模式"，还有著名的丹尼斯·麦奎尔（Denis McQuail）的《大众传播理论》（Mass Communication Theory）对媒介体制进行了如下划分：①自由-多元或市场模式；②社会责任或公共利益模式；③专业主义模式；④其他媒介模式，即非主流化的媒介。[2]

产生重要影响力的还当数丹尼尔·C. 哈林（Daniel C. Hallin）和保罗·曼奇尼（Paolo Mancini）所著的《比较媒介体制》（Comparing Media Systems）。他们在这一书中提出了四种主要维度来有效比较西欧和北美的媒介体制：①媒介市场的发展，尤其侧重大规模发行报刊的强与弱发展；②政治平行性，也就是媒介和政党联系的性质和程度，更广泛地看，就是媒介体制反映社会中主要政治分歧的程度；③新闻专业主义的发展；④国家干预媒介体制的性质和程度。[3]依照这四个维度，他们将媒介体制划分为自由模式（liberal model）、民主法团模式（democratic corporatist model）和极端多

---

[1] 张黎：《传播学研究小议——从美国学者中对传播理论的不同看法想起的》，《新闻战线》1985年第12期，第45-48页。
[2] McQuail D, *Mass Communication Theory*, Sage Publications, 2010.
[3]〔美〕丹尼尔·C. 哈林、〔意〕保罗·曼奇尼：《比较媒介体制：媒介与政治的三种模式》，陈娟、展江等译，中国人民大学出版社，2012。

元主义模式（polarized pluralist model），但本质上未对原有的媒介体制形成理论性突破。①

芬兰左翼学者卡拉·诺顿斯登（Kaarle Nordenstreng）在此基础上进一步申发，以专制与参与、一致与多元为横纵坐标，建立了一套坐标系，如图5.1所示，为人们提供了有益的维度借鉴。②

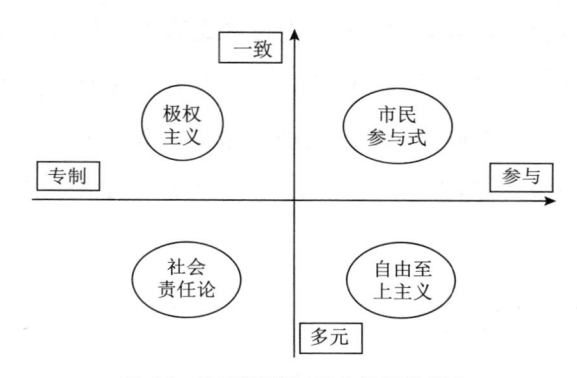

图 5.1 诺顿斯登对媒介体制的划分

诺顿斯登吸收了英国文化研究的成果，提出了新的"五种范式"：①自由主义-多元主义范式；②社会责任范式；③批判范式；④行政管理范式；⑤文化谈判范式。③他将后"四种理论"时代主要的分析维度总结为哲学传统、政治体制和媒介体制三类，三者并没有一一对应的关系。④

尔后詹姆斯·柯兰（James Curran）主编的《去西方化媒介研究》（De-Westernizing Media Studies）提出了全新的"五种理论"，主要划分维度

---

① Ostini J, Fung A Y H, "Beyond the four theories of the press: A new model of national media systems", Mass Communication & Society, Vol.5, No.1, 2002, pp. 41-56.
② Nordenstreng K, Four Theories of the Press Reconsidered, Tartu University Press, 2006.
③ 展江、王晓笃：《从"四种理论"到"去西方化理论"——比较媒介研究的演进》，《上海大学学报（社会科学版）》2008年第4期，第58-73页。
④〔芬〕卡拉·诺顿斯登：《媒介规范理论的反思和超越》，陈世华译，《东南学术》2017年第4期，第175-185页。

为政治制度和经济制度，将政治制度分为民主型、威权主义型和转型型，经济制度分为管制型、新自由主义型和混合型三类，以此归纳出五种不同的媒介体制类型。①

综上，学者常用的划分维度主要还是集中在哲学传统（主要体现在一类规范传统中，如自由主义、社会责任论、社团主义等）、政治（主要体现为意识形态，以及政府与媒体、民众互动的方式等）、经济（主要体现为媒介的市场行为）和社会文化（如一致还是多元等）等方面。然而正如他们所被批评的"用发达国家文化当中的民主理念来要求发展中国家的媒介"②，上述划分维度带有强烈的西方中心主义视角，对于中国本土新闻实践的参考价值还需打折扣。

五、中国的媒介理论建构立场

首先，中国要选择正确的理论建构立场，以我为主，为我所用，回到具体的历史场景，回到本民族文化根基。

2009 年，由克利福德·克里斯蒂安（Clifford Christians）、西奥多·格拉斯（Theodore Glasser）、麦奎尔、诺顿斯登和罗伯特·怀特（Robert White）五位西方媒介理论大家合写的《传媒规范理论：民主社会中的新闻业》（*Normative Theories of the Media: Journalism in Democratic Societies*）获得了2009 年度莫特奖（Frank Luther Mott-KTA Research Award）最佳学术著作称号，被誉为"媒介规范思考新的奠基之作"。③该书认为，媒介规范理论的重心应该放在"公共言说应该如何进行合理的解释，以期为某社会或国族找

---

① Curran J, Myung-Jin P, *De-Westernizing Media Studies*, Routledge, 2000.
② 贺程：《〈报刊的四种理论〉后媒介规范理论的发展研究》，《国际新闻界》2012 年第 5 期，第 32-37 页。
③ 刘兢：《西方媒介规范理论的新动向》，《当代传播》2013 年第 1 期，第 30-31、35 页。

出解决自身问题之道";关于媒介规范理论的讨论必须要回到具体的历史场景;媒介规范的演变也绝非一个线性的过程,而是一个循环往复的"争议"。①可以见得,这本书一定程度上跳出了传统西方中心主义的思维框架,将不同社会和民族纳入考察范围,不得不说是一个长足的进步,能为中国特色的媒介规范理论建构提供学术参照。

正如该书所述,"媒介规范理论的讨论必须要回到具体的历史场景",中国有属于自己的媒介体制和新闻实践,中国的媒介规范理论也是扎根于中国特色的实践的。同时,要尊重各民族文化的平等传播,面对西方国家使用他们的媒介规范来规制我国的情况,我们要批判地认清背后的逻辑错误,不能被"牵着鼻子走"。②

其次,中国要选择正确的理论参考对象,不排西,也不唯西,对于西方理论,一定要在辩证思维的基础上批判性运用。

"传播学"进入中国早于施拉姆访华,20世纪二三十年代约翰·杜威（John Dewey）、罗伯特·帕克（Robert Park）的访华就已经让中国学者知道芝加哥学派在传播方面从事的研究。③清华大学新闻与传播学院特聘教授赵月枝2017年在清华大学开设的短期课程中提到,传播学批判学派学者早在20世纪70年代就曾造访中国,但可惜并未在当时引起政府和学界的注意。其实在施拉姆造访中国前后,传播学批判学派的代表人物赫伯特·席勒（Herbert Schiller）也计划来访中国,只不过未能成行。

在一些学者看来,20世纪八九十年代施拉姆之所以掌握了中国传播学科的话语霸权,制造诸如传播学四大奠基人的神话,是因为希望建立一个能迅

---

① Christians C G, *Normative Theories of the Media*, University of Illinois Press, 2009.
② 单波、李楠:《大众传播与文化——丹尼斯·麦奎尔的"传播—文化"观评析》,《新闻大学》1998年第3期,第30-35页。
③ 刘海龙:《中国传播研究的史前史》,《新闻与传播研究》2014年第1期,第21-36、126页。

速专业化，且由自己来制订规则的传播学科。[①]如果一味将美国的传播学理论奉为公理，没有对话语霸权的反思，对传播学理论发展不是一件好事。[②]

最后，中国要选择正确的研究范式和方法论，重视经验性研究和中观理论建构。国内目前对媒介规范理论缺乏兼具经验性和批判性的研究，大多囿于宏大论述而缺乏实证支撑，或是纠缠于个别实证的分析而缺乏对宏观理论的观照和批判。宏观理论一定要有中观理论作为支撑，微观理论也需要中观理论的结构性连接才能与宏观理论对话。如何在中观理论层面建立起具有中国特色的，同时又能合理地、有效地研究世界观、价值观、方法论体系，是一个迫切需要解决的问题。

第三节　数字媒介发展的反思

信息社会的突出特征之一是全社会的媒介化存在。依托于发达的数字媒介技术，当代人类的政治行为、经济行为、文化行为、社会行为等都深度地依赖于媒介的使用，理解媒介行为也因此成为理解人类行为的关键视角。在数字媒介的使用中，存在着深刻的"自由与桎梏"的矛盾，即"形式赋权"与"隐秘去权"的矛盾，分析这些矛盾现象，需要回到马克思，运用马克思主义媒介观进行分析，进而寻求数字媒介未来发展的根本方向和改变世界的方法，弥合现实中的媒介矛盾，推进人的全面解放。

一、观照现实：反思数字媒介的赋权神话

"当一物的光线射入我们的视神经时，我们不认它是视神经的主观的刺

[①] 胡翼青：《传播学科的兴起：一段重新阐释的历史》，《中国地质大学学报（社会科学版）》2009年第1期，第111-115页。

[②] 胡翼青：《传播学四大奠基人神话的背后》，《国际新闻界》2007年第4期，第5-9页。

激,却认它是眼睛外界某物的对象形态"①,马克思借视觉活动谈论了劳动生产物作为商品的社会关系实质上是人与人之间的社会关系,但在以私有制为基础的商品经济中,这种社会关系却经常被视作是物与物的关系。这种以物质关系掩盖社会关系的商品拜物教逻辑对我们理性思考媒介的本质而言具有深刻的启发意义。面对新兴数字媒介的扑面而来,技术乐观主义者或媒介中心主义者往往更关注直观的媒介表现,技术变革被简单视为智慧的结晶、文明的进步、光明的未来。正如沃尔特·李普曼(Walter Lippmann)在谈论拟态环境时所说:"在我们观察世界之前,已经有人告诉我们世界是什么样的了。对于大多数事物,我们是先想象它们,然后再经历它们的。"②受到抽象自由观念的影响,个体从数字媒介那里获得的全新体验被视为个体自由的扩大,一种想象中的积极意义得到了彰显,所以新兴媒介在接受实践检验之前,就被预设了灿烂的前景。

(一)形式赋权:被彰显的表层意义

基于 Web2.0 发展起来的社交媒体是人类交往史上的大事件,而 Web2.0 时代的显著特点就是多元化、共享、开放。2009 年,新浪微博开始内测,之后《南方周末》的一篇文章《关注就是力量 围观改变中国》③仿佛预示着舆论与社会发展良性互动新生态的出现。之后,腾讯公司 2011 年推出了微信,这一即时通信应用发展至今早已超越了纯粹的社交功能,而是融入了工作、消费、出行、教育、健康、信息获取等日常生活的方方面面,成为个体生活的基本组成部分。社交媒体的兴起使传统大众媒体在信息发布时效和体量上的缺陷得到弥补,个体的信息获取和观点表达都呈现前所未有的开放性与直

---

① 〔德〕卡尔·马克思:《资本论》(上),郭大力、王亚南译,译林出版社,2014,第 41 页。
② Lippmann W, *Public Opinion*, Macmillan, 1922, p. 29.
③ 笑蜀:《关注就是力量 围观改变中国》,《南方周末》2010 年 1 月 14 日。

接性,随之而来的"互联网赋权说"成为研究热点。2021年,元宇宙热度骤升,多元、立体、先进的技术手段让数字化生存从科幻走向现实,媒介技术愈发为人的生活呈现了多种可能性。值得重视的是,这种可能性不只是阳光,更有许多阴影乃至阴暗。

基特勒在《留声机、电影、打字机》一书的绪论中的第一句话就是:"光纤网络遍天下,人们将会沉溺于各种媒介服务的信息渠道,这种痴迷在人类历史上是空前的,或许也是绝后的。"[1]在形式赋权的表层叙事中,"宣传互联网的大话和社会过程的浅描结合起来",产生了一种被美化的网络幻觉。[2]不论是社交媒体还是多元形态的媒介变革,它们都彰显不同层次的实践意义。第一,个体表达渠道实现了从线下到线上的延伸,不仅拓宽了个人交往空间,也为跨文化传播提供了极大便利。第二,个体身份实现了从受众到用户的转换。大众传播时代作为被动的信息接收者的个体成为主动的信息生产者,个体的注意力成为商业竞争的关键因素。第三,个体在场实现了从具身到虚拟的跨越。尤其在新冠疫情期间,虚拟在场成为个体交往实践的重要形式,个体得以超越时空区隔和肉身限制参与社会交往。第四,数字媒介实现了社会消费方式的多样性。外卖、网购、直播带货等成为线上消费的新模式,而且愈发挤占线下消费的市场空间。第五,数字媒介在社会健康管理和秩序维护中发挥了重要作用。在新冠疫情期间,健康码与场所二维码成为社会治理中常见的技术手段,数字媒介已深度嵌入社会运行当中。

这类显性的意义叙事将媒介视为外在的对象形态,数字媒介成为人们借以改善生活的技术手段,具有鲜明的工具属性。但是"历史过程中的决定性

---

[1] 〔德〕弗里德里希·基特勒:《留声机、电影、打字机》,邢春丽译,复旦大学出版社,2017,第1页。
[2] 〔英〕尼克·库尔德利:《媒介、社会与世界:社会理论与数字媒介实践》,何道宽译,复旦大学出版社,2014,第122页。

因素归根到底是现实生活的生产和再生产"[①],回归现实生活再思考就会发现,尼古拉斯·尼葛洛庞帝(Nicholas Negroponte)关于"互联网并没有使人的生活变得更美好"[②]的叹息更具现实的警醒意义,事实上,数字媒介对人的交往进行了形式赋权,却未必对交往本身进行实质赋权与积极赋权。首先,大众自我传播在互联网上难以获得足够的能见度,很难超越短暂的自我满足。[③]其次,眼花缭乱的信息造成了当代人"离媒介越来越近、离真相越来越远"的现实矛盾,"后真相"成为全球性挑战。再次,网络围观既存在线上围观者与非围观者之间的分裂,也存在线上围观和线下无视的分裂,大多是部分围观、短暂关注且鲜有实效。最后,数字交往模糊了交往中的公私界限,数字媒介在超越时空限制的同时也使个体难以维护个人生活的私密性与安全性。

(二)隐秘去权:被遮蔽的深层控制

议程设置理论让人们意识到,新闻在决定报道什么的同时也决定了不报道什么,而且新闻不仅能决定人们看到什么,还能决定人们想到什么。议程设置理论诞生于大众媒介主导的大众传播时代,而进入数字媒介主导的社交媒体时代,随技术驱动的传播行为日益凸显,"围观改变中国"的热情逐渐冷却,人们发现"围观行为"在经过算法的黑箱后变得更为复杂。事实上,算法在决定网民能围观什么的同时,也遮蔽了那些未被围观的东西。

每一次媒介变革都意味着人的交往关系的变化,进而带来社会关系的变化,正是在每个人的交往活动中产生了不同时期的国家和社会结构。正如马

---

① 中共中央马克思恩格斯列宁斯大林著作编译局:《恩格斯论历史唯物主义书信选编》,人民出版社,2021,第11页。
② 胡泳:《尼葛洛庞帝之叹——打造"互联网公地"的探索》,《新闻记者》2017年第1期,第56-59页。
③ 齐爱军:《尼克·库尔德利"媒介正义"观评析》,《新闻与传播研究》2021年第3期,第39-56、126页。

克思所言，以一定的方式进行生产活动的一定的个人，发生一定的社会关系和政治关系；社会结构和国家总是在一定的个人的生活过程中产生的。[①] 新媒介的赋权使个人拥有了更为多样的表达渠道，而"个体"的觉醒则形成了人类传播活动中"自媒体""社交媒体""智能媒体"等基于互联网和人工智能等新技术的传播集群。[②] 这里所说的个人不是想象中的个人，而是现实中进行社会交往实践的鲜活个人，这些个人是"在一定的物质的、不受他们任意支配的界限、前提和条件下活动着的"[③]。人人都能借由网络表达个体声音，但对大多数普通人来说，网络发声只是一种"无声的表达"与"受控的自由"。数字媒介对个体的"赋权"，一方面表达了媒介对个体化传播行为的加持，另一方面也是一种遮蔽性修辞，掩盖了新媒介技术背后隐藏的新的控制力量，而且这种力量的操控性更加强大。

个体借助新兴媒介进行更为便捷、多样的交往活动，同时也受到不同媒介逻辑对交往活动和社会关系的塑造。基特勒在谈论打字机的媒介意义时提到，"书写变成了按键、空格和自动分离的大型字体，绕过了整个教育体系"，女性扭转了教育劣势成为有话语权的白领雇员，"机械的、自动化的写作驳斥了传统写字笔的男性中心主义"；女性由此得以承担书写和文秘工作，这一方面是一种解放，另一方面也意味着女性承担了无意义的工作；面对打字机，人类的立场"从书写的行为者变成了刻录平面"[④]。同样，数字媒介制造了一种实现无限信息获取的盛况，但也因信息泛滥造成了注意力的失焦；

---

① 〔德〕马克思、〔德〕恩格斯：《德意志意识形态》，见中共中央马克思恩格斯列宁斯大林著作编译局：《马克思恩格斯选集》第一卷，人民出版社，1995，第71-72页。

② 李圆、荆学民：《论以个体为主体的微观政治传播中的情感》，《南京社会科学》2022年第7期，第111-120页。

③ 〔德〕马克思、〔德〕恩格斯：《德意志意识形态》，见中共中央马克思恩格斯列宁斯大林著作编译局：《马克思恩格斯选集》第一卷，人民出版社，1995，第71-72页。

④ 〔德〕弗里德里希·基特勒：《留声机、电影、打字机》，邢春丽译，复旦大学出版社，2017，第228-243页。

社交媒体的出现让人们为了"人人都有麦克风"的形式自由而欢呼，但大量个体的声音也被淹没在嘈杂世界中无人倾听；元宇宙以沉浸式体验、人机交互、人工智能等新技术手段呈现了人类超越肉身限制所能达到的自由世界，但具身交往的意义、人的主体性乃至人的存在等深层问题在元宇宙中却愈发边缘化。在社交媒体环境中，仿佛只有通过数字媒介才能表达个人声音，而那些无法使用社交媒体的老人或数字基础设施尚未普及的地区的人群，在还没有得到新媒介技术使用资格的同时也被剥夺了表达的权利。值得重视的是，在中国，有大量人依然不能熟练使用数字媒介，这些人的社交空间往往会因此受到一定程度的挤压。形式上的赋权与现实中的去权形成对比，此起彼伏的"尼葛洛庞帝之叹"引起人们对热技术的冷思考。

马克思和恩格斯的辩证法思维告诉我们，沙粒在显微镜下就显得高，宝塔比起山岳来就显得低了。[1]个体化的数字媒介使用的扩大看上去像是积极的个体赋权，但这种个体赋权在资本操控下就表现出局限性乃至显得微不足道。诸多现实的背后，鲜明地体现了资本力量对社交媒体的控制力。社交媒体毫不掩饰地站到了舆论战的前台，价值围攻与信息过滤日益突出，政治与资本利用媒体优势、平台优势使"禁言"成为当代国际传播中越来越普遍的现象。[2]

二、重回经典：反思数字媒介的实践性

马克思在解释资产阶级的生存及其阶级统治和工人的奴役地位所依为基础的经济关系时说："我们力求说得尽量简单和通俗，我们就当读者连最起码的政治经济学概念也没有。我们希望工人能明白我们的解说。"[3]对于普

---

[1]〔德〕马克思：《雇佣劳动与资本》，见中共中央马克思恩格斯列宁斯大林著作编译局：《马克思恩格斯选集》第一卷，人民出版社，1995，第339页。
[2] 胡钰：《当代国际政治传播的新趋势》，《人民论坛》2022年第13期，第16-20页。
[3]〔德〕马克思：《雇佣劳动与资本》，见中共中央马克思恩格斯列宁斯大林著作编译局：《马克思恩格斯选集》第一卷，人民出版社，1995，第332页。

通大众来说，数字媒介的赋权神话并非显而易见地容易理解，在数字媒介的庞大体系中，大众对数字媒介的应用处于表层，而数字媒介背后的资本与权力关系是不可见的。然而，"媒介"并非高深的哲学概念，而是嵌入每个人日常生活的现实存在，我们不能假设每个普通人都具备分析和理解政治经济的能力，而是要从现实实践出发，引导大众正确认识媒介、积极把握媒介，进而增进日常生活中的媒介自主性。对此，马克思的实践观提供了现实的方法论指导。

在马克思和恩格斯合写的第一部著作《神圣家族》中就已经体现了他们辩证唯物主义和历史唯物主义的实践观：（新）思想在任何情况下都只能超出旧世界秩序的思想范围，思想本身不能实现什么，为了实现思想，就要有使用实践力量的人。[①]1845年，《关于费尔巴哈的提纲》直接确立了实践在马克思主义哲学中的重要地位。在分析当代数字媒介发展的理论工具中，马克思主义认识论的实践观是核心视角。

（一）从交往实践出发把握媒介的本质

交往实践是21世纪备受关注的重要哲学话题，有学者认为，这是因为以新技术革命、知识经济和后工业文明为基础的新全球化时代的世界是一个高度交往的社会多元共生主体，成员彼此间的对话与冲突成为世纪主题，交往实践也因此成为全球主题的共同指向。[②]随着媒介技术的发展，数字媒介成为嵌入新全球化体系的重要触角。赵月枝和张志华在席勒所著《数字化衰退：信息技术与经济危机》一书的中文版序言中提出，20世纪80年代以来，全球资本主义的信息化和数字化转型，使信息和传播成了世界地缘政治和社会

---

① 中共中央马克思恩格斯列宁斯大林著作编译局：《马克思恩格斯全集》第二卷，人民出版社，1961，第152页。

② 任平：《交往实践观研究：对话历程与未来走向》，《求是学刊》2000年第3期，第13-17页。

第五章　价值之问：何为好的新闻？　179

文化政治斗争的核心场域，信息与传播领域的权力关系重构正在国家、市场和社会各个层面全面展开。[1]数字媒介成为影响世界信息秩序的关键因素，在对外传播层面，构建独立自主的媒介话语体系在数字媒介时代愈发紧迫。有历史学家指出，要了解美国在20世纪的兴起，需要追溯这个国家如何从世界通信体系的边缘到达了中心位置。[2]可见，数字媒介的发展对于一个国家的发展具有战略意义。

马克思和恩格斯认为，市民社会的成员并非相互独立自我满足的原子，正是自然的必然性、人的特性（不论是怎样的异化形式）、利益把市民社会的成员彼此连接起来，他们之间现实的联系不是政治生活而是市民生活；只有政治上的迷信才会以为国家应当巩固市民生活，事实上是市民生活巩固国家。[3]因此，全球的数字化竞争并不仅仅是不同国家、不同意识形态之间的碰撞，更是关乎每个人日常生活的矛盾冲突。2013年的"棱镜门"事件曝光了美国监控国际通信体系的"棱镜计划"，美国国家安全局和联邦调查局可以直接进入美国网际网络公司的中心服务器挖掘数据、收集情报，涉及微软、雅虎、谷歌、苹果等多家国际网络巨头公司。这一计划的"点滴式"深层曝光引发的公众愤怒的"反制"已经汇聚成一场国内与国际大讨论，民众对美国政府监控行为的反对成为一种政治不稳定因素，不同国家和地区也采取了各种应对措施。[4]在有些西方国家，数字媒介在资本和权力的操控下成为政

---

[1]〔美〕丹·席勒：《数字化衰退：信息技术与经济危机》，吴畅畅译，中国传媒大学出版社，2017，第1页。

[2] Winkler J R, *Nexus: Strategic Communications and American Security in World War 1*, Harvard University Press, 2008, p.278. 转引自〔美〕丹·席勒：《数字化衰退：信息技术与经济危机》，吴畅畅译，中国传媒大学出版社，2017，第49页。

[3] 中共中央马克思恩格斯列宁斯大林著作编译局：《马克思恩格斯全集》第二卷，人民出版社，1957，第154页。

[4]〔美〕丹·席勒：《数字化衰退：信息技术与经济危机》，吴畅畅译，中国传媒大学出版社，2017，第210页。

治竞争的工具，但数字媒介对日常生活的嵌入使普通人成为被操控的对象。数字媒介所关涉的交往实践不仅具有全球交往的特征，更关乎人的日常交往实践。

媒介是存在于现实生活中的，对媒介的认识是一种思维活动，若离开实践来讨论媒介认识的规律性，就容易走向思维的彼岸，忽视媒介的现实存在与实践关系。媒介原本是服务于人的全面发展，但若脱离了马克思主义的视野，媒介则不但不能成就人的本质，反而会带来对人的本质的异化，带来对人的自身的否定。随着媒介研究的拓展和不同学科之间的融合，传播学对媒介的界定早已超出了传统意义上大众传播媒介的范畴，"万物皆媒"的媒介观将"作为工具的媒介"转化为"作为世界的媒介"，即人生活在媒介中。那么，当媒介成为一切，人又将如何自处？世界是普遍联系的，如果说将任意两个或以上事物联系起来的都是媒介，那当我们谈论媒介的时候我们究竟在谈论什么？唯物主义历史观始终站在现实历史的基础上，不是从观念出发来解释实践，而是从物质实践出发来解释观念的形成。[1]所以，对媒介的认识必须从人的实践出发，将媒介本身视为人类实践的有机组成。

马克思提出，辩证唯物主义之前的一切唯物主义（包括费尔巴哈的唯物主义）的主要缺点是：对事物、现实、感性，只是从客体的或者直观的形式去理解，而不是把它们当作感性的人的活动，当作实践去理解，不是从主体方面去理解。[2]在媒介研究中，媒介本身的变化往往会格外受人关注。有学者提出，不论是教科书上对媒介的定义，还是"媒介是人的延伸""媒介即

---

[1]〔德〕马克思、〔德〕恩格斯：《德意志意识形态》，见中共中央马克思恩格斯列宁斯大林著作编译局：《马克思恩格斯选集》第一卷，人民出版社，1995，第92页。

[2]〔德〕马克思：《关于费尔巴哈的提纲》，见中共中央马克思恩格斯列宁斯大林著作编译局：《马克思恩格斯选集》第一卷，人民出版社，1995，第54页。

第五章　价值之问：何为好的新闻？　181

讯息"等陈述性命题，都只构成本体论命题，并不构成本体论；媒介本体论不应该是把工具、机器、技术、符号和语言等归为媒介的归类学，不应是关于媒介是什么的一厢情愿的承诺，而应该是对媒介在世界中的角色的逻辑论证，论证的结果呈现为媒介定义。[1]正如布兰·拉金（Brian Larkin）所说："媒介为何物是需要拷问的，而不是预设的。"[2]这个拷问的对象就是人的交往。

人的本质不是单个人所固有的抽象物，在其现实性上，它是一切社会关系的总和。[3]人的所有社会关系，正是在交往过程中产生的。费尔巴哈"没有把人的活动本身理解为对象性的活动"，因此他"仅仅把理论的活动看作是真正人的活动"[4]。马克思强调人的活动的对象性其实就表示人的活动是一种关系性的存在。对媒介的研究，在本质上是对人的交往关系的研究，交往的需要是媒介得以成为媒介的基础，交往实践中的媒介也为了适应交往需求而不断变化。媒介研究的实践路径不是把媒介当作物件、文本、感知工具或生产过程，而是在行为的语境里参照人正在用媒介做什么。[5]在这个意义上，媒介活动是活的交往实践，依据人的交往关系而不断变化，静态的、孤立的媒介库是无意义的，媒介研究的真正焦点不是媒介本身，而是媒介所参与的交往实践如何通过媒介来实现。

---

[1] 叶茂、王婧雅、叶桐：《媒介观念史：文化、技术与本体》，西南财经大学出版社，2021，第69页。
[2] Larkin B, *Signal and Noise: Media, Infrastructure and Urban Culture in Nigeria*, Duke University Press, 2008, p.3.
[3] 〔德〕马克思：《关于费尔巴哈的提纲》，见中共中央马克思恩格斯列宁斯大林著作编译局：《马克思恩格斯选集》第一卷，人民出版社，1995，第56页。
[4] 〔德〕马克思：《关于费尔巴哈的提纲》，见中共中央马克思恩格斯列宁斯大林著作编译局：《马克思恩格斯选集》第一卷，人民出版社，1995，第54页。
[5] 〔英〕尼克·库尔德利：《媒介、社会与世界：社会理论与数字媒介实践》，何道宽译，复旦大学出版社，2014，第39页。

（二）从交往实践出发检验数字媒介的发展

对媒介的把握要从实践出发，对媒介的检验也要回到实践。在人的日常生活方面，数字媒介作为最新的媒介发展形态，深深嵌入人的日常交往中，特别是在数字支付与疫情防控及治理中发挥着不可替代的作用。新技术的变革往往与进步、创新、解放等观念相伴而行，但媒介与交往并非简单的互相成就，任何媒介变革也都不是简单的以新代旧、以进步淘汰落后的线性逻辑。正如短板决定了木桶的盛水量，新媒介技术的广泛应用所引发的诸多现实问题，也反映了新媒介在技术进步层面存在的局限性。旧唯物主义追求固定化的客观存在，唯心主义则抽象地发展了人的能动性，"唯心主义是不知道现实的、感性的活动本身的"[①]。辩证唯物主义强调，人要将主观能动性与客观世界相结合才能正确认识世界。对现实问题的把握需要发挥人的主观能动性，深入探寻媒介在交往关系变化中所扮演的角色，在理性思考中对新媒介技术掩盖下的交往陷阱保持警惕，并基于这种警惕进行改善。

马克思和恩格斯在谈论资本与雇佣劳动的关系时指出，随着资本的扩大，工人工资提高，工人的物质生活改善了，但这是以工人社会地位的降低为代价换来的，工人和资本家之间的社会鸿沟扩大了。[②]同样，随着媒介技术的变革，人的媒介实践更为丰富，但网民并不拥有数字媒介的自主控制权；数字媒介改变了日常生活中的时间概念，真正意义上的闲暇时间越来越成为一种奢求。在数字媒介时代，在线受众的参与不仅容易追踪，而且成了不可或

---

① 〔德〕马克思：《关于费尔巴哈的提纲》，见中共中央马克思恩格斯列宁斯大林著作编译局：《马克思恩格斯选集》第一卷，人民出版社，1995，第 54 页。

② 〔德〕马克思：《雇佣劳动与资本》，见中共中央马克思恩格斯列宁斯大林著作编译局：《马克思恩格斯选集》第一卷，人民出版社，1995，第 355 页。

缺的产业资源。[1]资本的逐利性、控制性决定了个体与媒介所有者的利益是不同的，拥有的媒介权力更是不同的。

从媒介发展史的视角看，数字媒介只包含媒介最新阶段对现代性的贡献，但这个阶段是最复杂的阶段，互联网的复杂性就是数字媒介复杂性最好的说明，互联网将各种类型的传播联系起来，组成更广泛的传播"空间"。[2]数字媒介追求对具身限制的超越，但正如约翰·杜翰姆·彼得斯（John Durham Peters）所强调的触觉与时间的不可化约性，对肉身的蔑视将我们引入一个"有联合而没有政治，有理解而没有语言，有灵魂而没有肉体的世界，使得政治、语言和肉体只能以障碍而不是福祉的方式重现"[3]。媒介研究学者基特勒也表示担忧：一切都与数字息息相关，传统意义上的媒介概念被抹杀，抽象的知识不会将人类和技术连接到一起，而只会陷入一个永无尽头的怪圈。[4]数字媒介的发展和应用固然为社会生活提供了诸多便利，但是在数字媒介中，每个鲜活的个体被化约为无差别的数字身份。数字主体是生命实体的数据化，是平台根据网络需要通过算法建构的身份虚体[5]，实体化的社会"客我"和数据化的技术"客我"之间存在巨大差距，甚至有难以弥合的鸿沟。发现这种鸿沟所掩盖的数字交往陷阱，研究者需要用理性引导批判，用理论观照现实。

---

[1]〔英〕尼克·库尔德利：《媒介、社会与世界：社会理论与数字媒介实践》，何道宽译，复旦大学出版社，2014，第116页。
[2]〔英〕尼克·库尔德利：《媒介、社会与世界：社会理论与数字媒介实践》，何道宽译，复旦大学出版社，2014，第2页。
[3]〔美〕约翰·杜翰姆·彼得斯：《对空言说：传播的观念史》，邓建国译，上海译文出版社，2017，第21页。
[4]〔德〕弗里德里希·基特勒：《留声机、电影、打字机》，邢春丽译，复旦大学出版社，2017，第2页。
[5] 徐强、单明娟：《我的"他者"与他者的"我"：数字主体的建构和确认》，南京社会科学，2022年第7期，第32-40页。

三、面向未来：以数字媒介作为人的解放的工具

（一）在实践中检验新兴媒介的意义

马克思曾以非常简洁深刻的话语表达了人的解放的路径，即人的完全丧失只有通过人的完全回复才能回复自己本身。①看待当代数字媒介的发展，也要看到媒介是作为人的解放的工具而存在，人是媒介的主人，人役媒介而不是役于媒介。

数字媒介表面赋予每个人自由使用的权利，全面的、充分的、自由的社会交往似乎正在成为现实，但是，我们应该谨慎对待技术的"制造神话"，尤其是新传播技术制造了无数的神话，比如民主化、政治和谐、世界和平等，最新的神话是信息尤其数字信息是自由的；我们不能简单地把互联网"空间"当成自由的、人人可用的空间，数字世界里很大一部分信息处理的能力是掌握在个人手里的，他们凭借的手段是团队的局域网和专有系统。②在现代传播体系中，不同群体、不同信息处于不同地位，必须承认中心群体与边缘群体、中心信息与边缘信息的存在。正如彼得斯所说，交流既是人类实现相互理解的可能路径，也是人类为了相互接近而必须克服的难题，交流注定充满沟壑。③

数字媒介在技术上使无限制的全球连接成为现实，世界似乎在形式上真正成为一个地球村。但吊诡的现实是，数字媒介技术让地球越来越小，但其内容让人类的分割程度越来越深，数字媒介也成为种族主义、民族主义、恐

---

① 〔德〕马克思：《黑格尔法哲学批判》导言，见中共中央马克思恩格斯列宁斯大林著作编译局：《马克思恩格斯选集》第一卷，人民出版社，1995，第15页。
② 〔英〕尼克·库尔德利：《媒介、社会与世界：社会理论与数字媒介实践》，何道宽译，复旦大学出版社，2014，第9-10页。
③ 〔美〕约翰·杜翰姆·彼得斯：《对空言说：传播的观念史》，邓建国译，上海译文出版社，2017，第21页。

怖主义、极端主义的表演场，国家和地区之间并没有因为数字媒介的连接而走向更加和平的交往关系，政治博弈和经济冲突甚至借助数字媒介而愈发激烈。在当下国际传播格局中，数字化驱动下的舆论引导成为国际政治传播的新趋势，"传播行为的政治化"和"国际政治的传播化"导致国际政治传播愈发背离传播的伦理性、专业性，社交媒体的个人化、平台化与多元化又加剧了这种变化。[①]当代各种国际政治冲突事件的舆论冲突都离不开互联网的加持。

与此同时，必须重视的是，不同地区不同群体之间的数字鸿沟问题依然严峻，世界走向万物互联的同时也产生新的"断连"。不同国家和地区的居民在全球互联网上占有的地位悬殊，正如库尔德利提出的，单一的数字媒介的世界是不存在的，这个世界存在于幻觉中，其基础是不平等产生的全球逻辑，这一幻觉掩盖了不平等的实质。[②]

从实践视角来看，数字媒介的运用伴随着社会资源的流动，形式赋权和隐秘去权的问题使数字媒介的拥有并不能简单被理解为一种革命的实践，只有坚持人的解放的根本目标，才能实现数字技术革命对人的交往实践的革命性意义。所以，能否使用新媒介与在实践中如何使用新媒介是不同维度的事情，必须要回到实践加以检验。

（二）人是人的最高本质

马克思主义始终关注的都是具体的、现实的人的世界。马克思指出，"人不是抽象的蛰居于世界之外的存在物。人就是人的世界，就是国家，社会"[③]。人们的存在就是他们的现实生活，而不是抽象观念；全部社会生活在本质上

[①] 胡钰：《当代国际政治传播的新趋势》，《人民论坛》2022年第13期，第16-20页。
[②] 〔英〕尼克·库尔德利：《媒介、社会与世界：社会理论与数字媒介实践》，何道宽译，复旦大学出版社，2014，第10页。
[③] 〔德〕马克思：《黑格尔法哲学批判》导言，见中共中央马克思恩格斯列宁斯大林著作编译局：《马克思恩格斯选集》第一卷，人民出版社，1995，第1页。

是实践的，现实生活是在此岸的生活，而神秘主义会将生活引向彼岸。

对媒介的批判不是对媒介的否定，批判是为了辩证认识媒介实践，厘清实践中人的解放所面临的阻碍。批判本身常常面临纸上谈兵、于事无补的批评，但"文明常常是以某些不易察觉的方式改变着人们的集体思维，直到我们回头对其加以审视"①。正如马克思所言，"批判的武器当然不能代替武器的批判，物质力量只能用物质力量来摧毁；但是理论一经掌握群众，也会变成物质力量。理论只要说服人，就能掌握群众；而理论只要彻底，就能说服人。所谓彻底，就是抓住事物的根本。但是人的根本就是人本身"②。对媒介的批评分析也要抓住这一根本观念，即人是人的最高本质。

媒介的变革程度只能取决于人的需要，任何看似光鲜的新型媒介形态若脱离了现实的实践需求，都不会给人类社会带来真正意义上的进步。要破除对数字媒介的盲目推崇，揭示其使用中的有限自由，探求通过新兴媒介实现人的全面解放的路径。在"立足实践把握媒介，回到实践检验媒介"的过程中推动真正的媒介革命，实现个体媒介自主权与媒介所有者利益的一致性。

立足实践把握媒介，关键是要理解媒介生成的关系性。一方面，这种关系是人与人的关系。"凡是有某种关系存在的地方，这种关系都是为我而存在的；动物不对什么东西发生'关系'，而且根本没有'关系'；对于动物来说，它对他物的关系不是作为关系存在的。"③另一方面，这种关系是在一定场景下生成的关系。"黑人就是黑人，只有在一定的关系下，他才成为奴隶。纺纱机是纺棉花的机器，只有在一定关系下，它才成为资本。脱离了

---

① 〔加〕罗伯特·弗尔福德：《叙事的胜利：在大众文化时代讲故事》，李磊译，南京大学出版社，2020，第135页。
② 〔德〕马克思：《黑格尔法哲学批判》导言，见中共中央马克思恩格斯列宁斯大林著作编译局：《马克思恩格斯选集》第一卷，人民出版社，1995，第9-10页。
③ 〔德〕马克思、〔德〕恩格斯：《德意志意识形态》，见中共中央马克思恩格斯列宁斯大林著作编译局：《马克思恩格斯选集》第一卷，人民出版社，1995，第81页。

这种关系，它也就不是资本了，就像黄金本身并不是货币，砂糖并不是砂糖的价格一样。"①为此，媒介只有在人的交往关系中才能成为媒介，离开了交往实践的媒介就只剩下其自身天然的物质属性。从关系视角来看，媒介并不天生就是应当被批判的，数字媒介为人类生活做出的贡献是不可替代的，但媒介阻碍了人的全面解放的不平等媒介权利才是需要批判的。

回到实践检验媒介，要求切实营造理性、多样、公平的媒介生态。戴维·阿什德（David Altheide）认为："人们通过日常接触大众媒介来持有和培养出政治语言及其象征意义，而大众媒介是围绕着一些基本的传播范式组织起来的。"②保罗·拉扎斯菲尔德（Paul Lazarsfeld）和默顿进一步看到，大众媒介是一种既可以为善服务，又可以为恶服务的强大工具；总的来说，如果不加以适当的控制，它为恶的可能性则更大。③数字媒介也是如此，在媒介使用过程中，人的行为、思想都会受到数字媒介的影响，但关键不是数字媒介本身，而是数字媒介的应用。媒介具有维护人们彼此承认的直接条件和潜在条件，为了维护人们彼此的承认，媒介必须为人们的参与和批评开放，必须以诚信和谨慎的实践使人信赖，否则就不可能提供媒介与人互相承认的基础。④因此，在以"后真相"为突出特征和以西方化为主导力量的全球媒介体系失衡、失序的状况下，当代中国应当以更积极的姿态、更开放的胸怀，加强现代媒介体系特别是数字媒介体系治理的探索，实现有为政府、有效市场、有序社会的统一，营造理性的、多样的、公平的媒介生态，为人

---

① 〔德〕马克思：《雇佣劳动与资本》，见中共中央马克思恩格斯列宁斯大林著作编译局：《马克思恩格斯选集》第一卷，人民出版社，1995，第344页。
② 〔美〕戴维·阿什德：《传播生态学：控制的文化范式》，邵志择译，华夏出版社，2003，第55页。
③ 〔美〕保罗·拉扎斯菲尔德、〔美〕罗伯特·默顿：《大众传播、大众鉴赏力和有组织的社会行动》，黄林译，美国宗教与社会研究所，1948，第158页。
④ 〔英〕尼克·库尔德利：《媒介、社会与世界：社会理论与数字媒介实践》，何道宽译，复旦大学出版社，2014，第210页。

类文明新形态提供中国样本。

当代媒介发展的技术特征非常鲜明。然而，技术革命受到资本逻辑或政治偏向的裹挟，使生活世界变得"越来越快、越来越碎、越来越自我"；当一切事物的多变性和不确定性增加，价值就成为模糊不定的东西，从而引发审美和伦理的混乱。[①]为此，一切媒介理论的发展，最终都要以"人是人的最高本质"为立足点。媒介可以是人的延伸，但绝不可以是资本或少数特权集团利益的延伸。面对现代媒介体系中出现的虚假信息、极端情绪、信息使用鸿沟、国际传播失衡、资本控制霸权等现实问题，始终都要以马克思主义新闻观为指导，坚持以人民为中心的工作导向，在实践中探索清朗、有序的媒介体系。在这一进程中，中国已经作出了巨大的努力，必将担负着更加重要的职责。

第四节 作为新闻观念的"积极"

习近平总书记强调："团结稳定鼓劲、正面宣传为主，是党的新闻舆论工作必须遵循的基本方针。"[②]积极、正面的新闻报道观念是新时代中国特色新闻观念体系中一抹亮丽的色彩，是当代中国新闻观念有别于西方传统新闻观念的特点所在。以"积极"作为新闻观念，以"积极"作为中国新闻舆论工作的主要范式，构建积极新闻学，是当代中国新闻观念体系建设的重要实践。

一、积极的新闻范式

新闻观念作为新闻实践的指导，为新闻实务创造了特定的范式。新闻范

[①] 陈卫星：《传播与媒介域：另一种历史阐释》，《全球传媒学刊》2015年第1期，第1-21页。
[②] 《习近平在党的新闻舆论工作座谈会上强调 坚持正确方向 创新方法手段 提高新闻舆论传播力引导力 刘云山出席》，《人民日报》2016年2月20日。

式植根于本土的历史、文化和实践,既折射占据主导地位的新闻观念,又反映社会历史发展的特点,也会对社会历史的叙述产生深远影响。分析中国共产党百年来的新闻实践,积极的新闻范式塑造了党和国家的新闻事业,成为当代中国新闻观念最鲜明的特质。

（一）体现马克思主义新闻观的积极导向

中国的革命、建设与改革都是在马克思主义指导下进行的,中国特色社会主义进入新时代也是在马克思主义指导下进行的。没有马克思主义就没有当代中国的发展。换言之,在当代中国讨论建构新闻观念,如何认识马克思主义的指导成为首要任务。在当代中国的新闻观念中坚持马克思主义,是马克思主义的合目的性与合规律性的统一,积极的新闻范式体现了中国新闻事业在马克思主义新闻观的指导下,对党性、正向性、人民性的坚持,以及对西方资本主义新闻业所标榜的独立性、客观性和群体利益性的扬弃。

对马克思主义新闻观的坚持,表现为在积极的新闻范式下正确认识党性和独立性的关系。自由主义话语下的新闻专业主义指责社会主义事业中的新闻事业是非独立的。这种指责无法成立,基于两个事实。一个事实是西方新闻业的独立性已经被证伪:传媒由垄断性媒体集团控制,在资本市场的逻辑下运营,关注和追逐利润并着力吸引受众的注意力,在政治和资本的共谋之中偏离了自我标榜的"独立性"。另一个事实是我国的积极新闻范式早已超脱了小打小闹、自说自话的"独立性"话语把戏,党性原则要求中国的主流媒体拥有更为宏观的视角,不被任何一个非人民的利益集团影响。"胸怀大局,把握大势,着眼大事",从政治全局出发把握舆论工作。[1]

---

[1] 陈力丹:《坚持党性原则,尊重新闻规律——学习习近平总书记重要讲话的体会》,《中国记者》2016年第3期,第49-51页。

对马克思主义新闻观的坚持，表现为在积极的新闻范式下正确认识正向性和客观性的关系。积极的新闻范式强调把握客观性和正向性的统一。马克思主义辩证唯物论指出，一切事物都是客观存在的，其运动具有规律性，不以人的意志为转移。因此在传播主体之外，新闻本源具有客观性和规律性，这是任何新闻事业都应坚持的认识论基础。在客观性之上，积极的新闻范式还强调正向性的新闻效果，原因在于"在多元传播的格局下，社会舆论是良莠杂陈、反差极大。由于人们从不同的角度看问题，每一个新闻信息或新闻评论都会引起不同的反响和后果，给社会造成严重的分歧甚至是误判误导"，"问题是怎么在多元之中立主导，形成主流舆论，引导公众正确判断和认识形势，形成向善向好向前的舆论总基调，帮助社会凝聚共识"[1]。因此，中国的新闻事业坚持以正面报道为主，强调积极的社会效果。

对马克思主义新闻观的坚持，表现为在积极的新闻范式下正确认识人民性和群体利益性的关系。中国的新闻事业，在实践中坚持"人民性"，展现了最广泛的社会代表性，新闻媒体及时把人民群众创造的经验和面临的实际情况反映出来，丰富人民的精神世界，增强人民精神力量。[2]

（二）体现新闻事业在我国社会历史发展进程中的积极作用

积极的新闻范式植根于我国的文化和历史。塑造积极舆论，追求良好社会效果，文化上可溯源至儒家"和谐社会""天下大同"的理念。强调正向价值和社会进步立场的报道在中国新闻业的理念和实践中从未缺席。

新中国成立前，强调积极效果的新闻事业，是中国共产党团结革命力量、凝聚社会共识的有力武器。延安整风运动时期，中国共产党领导下的机关报明确了马克思主义指导下鲜明的办报风格，强调主流媒体要遵循正面宣传的

---

[1] 柳斌杰：《中国特色新闻学的学术追求》，《经济导刊》2017年第8期，第6-12页。
[2] 胡钰：《科学把握党性和人民性的统一》，《红旗文稿》2016年第13期，第38页。

重要报道方针。毛泽东在《对晋绥日报编辑人员的谈话》中指出："马克思列宁主义的基本原则，就是要使群众认识自己的利益，并且团结起来，为自己的利益而奋斗。报纸的作用和力量，就在它能使党的纲领路线，方针政策，工作任务和工作方法，最迅速最广泛地同群众见面。"同时指出："我们共产党人从来认为隐瞒自己的观点是可耻的。我们党所办的报纸，我们党所进行的一切宣传工作，都应当是生动的，鲜明的，尖锐的，毫不吞吞吐吐。这是我们革命无产阶级应有的战斗风格。"[1]这些都体现了追求积极效果、坚持正面报道为主的新闻工作思路。

新中国成立之后，强调积极效果的新闻事业成为社会主义事业建设的核心工具，具有强大的政治动员功能，是中国政治体制的核心治理手段。虽然社会主义市场经济体制的建立带来了新的社会关系和更为复杂的社会互动，但中国媒体坚持以新闻媒体的正面报道为主，推动和谐社会的建设。市场化媒体中的民生新闻、服务新闻、问政新闻、节目调查新闻和暖新闻等，都具备积极的建设性特征。[2]

总之，我国的新闻舆论工作注重正面为主的社会效果。积极的新闻范式则在注重社会效果的基础上，强调新闻工作的全面性和客观性。全面性是要统筹局部和整体的真实、现象和本质的真实、个别事实和事物全貌的真实；客观性则强调客观地进行对国家和社会发展有益的舆论监督和正面宣传。[3]所有这些要求都是围绕着有利于中国特色社会主义建设这个总要求提出的，强调形成社会建设的合力。[4]正如唐绪军所言，"与这种非对抗性的政治格局相适应

---

[1] 毛泽东：《毛泽东选集》，东北书店，1948，第 969-995 页。
[2] 张艳秋：《中国对非传播的建构性新闻学术话语建构：内涵与价值》，《新闻与传播研究》2019 年第 S1 期，第 87-90 页。
[3] 胡钰：《新时代的积极新闻学》，《新闻与写作》2017 年第 12 期，第 74 页。
[4] 芮必峰、余跃洪：《他山之石：从"建设性新闻"看我国新闻传播理论和实践的创新发展》，《新闻大学》2020 年第 6 期，第 1-11、121 页。

的社会主义新闻媒体,既是党的'耳目喉舌',也是人民的'耳目喉舌',更注重新闻媒体广泛凝聚共识、增进发展合力的社会建设功能,力求最大限度地促进各种公共资源的优化配置,有效地保持政治稳定与社会和谐"[①]。

(三)体现中国新闻舆论工作的积极特质

在积极的新闻范式指导下,我国的新闻事业目前呈现主流媒体加强舆论引导、内参监督各方面工作改进的特点。

一方面,坚持主流媒体的正面报道取向,进行舆论引导和社会整合,对社会主义建设而言至关重要。2016年2月19日,习近平总书记在党的新闻舆论工作座谈会上发表重要讲话并指出,"党的新闻舆论工作是党的一项重要工作,是治国理政、定国安邦的大事",从全局层面肯定了新闻舆论工作对国家治理能力和治理水平提升的关键性作用。习近平总书记强调,"做好正面宣传,要增强吸引力和感染力。真实性是新闻的生命。要根据事实来描述事实,既准确报道个别事实,又从宏观上把握和反映事件或事物的全貌。舆论监督和正面宣传是统一的。新闻媒体要直面工作中存在的问题,直面社会丑恶现象,激浊扬清、针砭时弊,同时发表批评性报道要事实准确、分析客观"[②]。

另一方面,也要特别关注中国新闻事业极其特殊而有效的新闻机制——内参制度。内参制度是指新闻媒体等单位,通过设计一套畅通有效的内部渠道,以不公开的报道形式,将有关问题反映到相关部门、相关层次,既不产生消极的、次生的社会效果,又能高效推动问题的解决。这一制度反映了中国共产党在进行新闻事业顶层设计时,为达到积极的社会效果,所进行的深入而巧妙的制度探索。从实际工作中看,内参机制是中国特色新闻事业的重

[①] 唐绪军:《建设性新闻与新闻的建设性》,《新闻与传播研究》2019年第S1期,第9-14页。
[②]《习近平在党的新闻舆论工作座谈会上强调 坚持正确方向 创新方法手段 提高新闻舆论传播力引导力 刘云山出席》,《人民日报》2016年2月20日。

要组成部分，也是实现新闻工作参与国家治理的重要手段。尹韵公指出，内参工作及其机制是我党的一个伟大的创造，它是马克思主义中国化在新闻传播领域的一个丰硕成果。它既是整个新闻传播体制的组成部分，又是我国领导层治党治国治军的重要利器、平台和渠道。[①]

社交媒体的出现为我国新闻事业带来了新的机遇与挑战。社交媒体同时使新闻媒体和受众的行动模式都发生了变化，从新闻的接收端和生产端两方面改变了传统媒体时代的信息传播模式。对原本作为接收端的公众来说，公共表达从以媒体为中心的传者本位转向了"人人都有麦克风"的受众本位；出现了诸如选择性接触、信息茧房效应等现象。对生产端的新闻媒体来说，社交媒体时代，算法在某种程度上取代了媒体引导舆论的功能，成了一种新的议程设置。正如接收端和生产端在当下呈现二元一体、相互融合的态势，算法和用户行为之间同样存在互构关系，受众通过偏好点击触发算法推荐，算法也可能根据用户画像构建受众接触的信息茧房。

对于传统媒体来说，新的传播方式和媒体格局既是挑战，更是机会。立足于公共协商和社会整合的宏观社会历史语境之中，坚持积极效果的新闻理念有可能在现实中拓展自身的应用空间。[②]传统媒体在社交媒体环境中创新求变，加强与新媒体的结合，实现"媒介融合"，是在新时代对积极的新闻范式的继承和发展。具体策略包括加强传统媒体的全媒体融合战略，采取新媒体的媒介形态，发展和营销新媒体衍生产品。将公众参与纳入专业化的内容生产，加强与社会化媒体的融合，提高对多种媒体整合联动式报道的策划水平。

由此可见，在社交媒体时代，若想要坚持新闻的效果和价值，特别是使

[①] 尹韵公：《论中国独创特色的内部参考信息传播工作及其机制》，《新闻与传播研究》，2012年第1期，第4-14、108页。

[②] 胡百精：《概念与语境：建设性新闻与公共协商的可能性》，《新闻与传播研究》2019年第S1期，第46-52页。

积极的新闻范式发挥相应的作用，就必须将构建传统媒体和新媒体的良性互动关系、构建健康的算法推荐机制综合纳入考量。学界也将记者、编辑的"新闻文化"和算法的"技术文化"交融看作智能时代新闻行业理念的发展方向。[①]通过与新技术协商的方式，将积极的新闻理念融入人工智能和算法技术中，通过数据整合使受众在沉浸式体验中产生积极共鸣，具备时代可行性。

二、建构积极新闻学

自1919年徐宝璜出版第一本中国新闻学著作开始，中国新闻学已经走过了一个多世纪。在这百余年的新闻学发展历程中，中国新闻学独特的"积极"特色非常鲜明。尽管近代新闻业是从西方引入中国的，但由于中国近现代发展的特殊国情、历史文化的特殊精神、新闻事业的特殊定位，中国新闻学的定位、功能、价值观等与西方新闻业迥异，"积极"成为中国特色新闻学发展中的突出特征。

在十九届中共中央政治局常委同中外记者见面时的讲话中，习近平讲道："我们欢迎各位记者朋友在中国多走走、多看看，继续关注中共十九大之后中国的发展变化，更加全面地了解和报道中国。我们不需要更多的溢美之词，我们一贯欢迎客观的介绍和有益的建议，正所谓'不要人夸颜色好，只留清气满乾坤'。"[②]这番话是对在场的全球记者说的，体现了中国共产党的执政理念，从新闻学角度看，也体现了当代中国新闻实践的新观念。这种观念是对新闻舆论活动的总体认识，也可称为积极新闻学的观念。

---

① 师文、陈昌凤：《新闻专业性、算法与权力、信息价值观：2018全球智能媒体研究综述》，《全球传媒学刊》2019年第1期，第82-95页。
②《习近平在十九届中共中央政治局常委同中外记者见面时强调 新时代要有新气象更要有新作为中国人民生活一定会一年更比一年好》，《人民日报》2017年10月26日。

（一）积极的姿态

新闻舆论工作要积极参与社会沟通与国家形象传播。在当代中国发展中，新闻舆论工作居于"治国理政、定国安邦的大事"的重要地位，发挥着不可替代的作用。在媒介化时代，社会沟通的主要手段是新闻传播，党和政府与新闻媒体保持积极的沟通姿态，能够对其工作效果与社会形象产生持续的、正面的作用。中国积极通过新闻媒体与世界沟通，体现了新闻舆论工作在新时代中国共产党全局工作中的战略地位。

新闻的力量主要体现在舆论力量上，即新闻报道形成新闻舆论，新闻舆论成为社会舆论，社会舆论引发社会行为。中国特色新闻学强调新闻活动通过代表舆论、创造舆论、引导舆论的功能，营造服务于广大人民的舆论环境。

营造清朗积极的新闻舆论生态。要"清气"，而不要"浊气"，这是对新闻舆论生态的重要评价尺度，体现的正是一种"积极新闻学"的观念。与西方的"黄色新闻""扒粪新闻"观念不同，积极新闻学认为，新闻舆论活动应该成为社会进步的参与者、推动者、建设者，而不是旁观者、嘲讽者、反对者。

（二）积极的内容

积极新闻学的实践在中国很丰富。这一理论与西方新闻学界曾经提出的"解困新闻学"（Solutions Journalism）、"建设性新闻学"（Constructive Journalism）有相似之处，但又立足中国实践有自己的特色。把握并系统化积极新闻学的理论体系，中国的新闻实践与新闻学话语体系就能更加有效地传递中国的国家形象，提高国家文化软实力，在全社会乃至全世界凝聚推动中国发展的力量。

全面报道是积极的新闻真实观。在十九届中共中央政治局常委同中外记者见面时的讲话中，习近平希望各国记者们"更加全面地了解和报道中国"。

"全面"这个关键词，体现的是马克思主义新闻观的真实性观念：既要有局部真实，又要有整体真实；既要有现象真实，又要有本质真实；既要准确报道个别事实，又要从宏观上把握和反映事件或事物的全貌。这个时代是复杂的，中国是发展中的大国，报道这个时代的中国，"有闻必录"只是消极的新闻真实观，基于辩证唯物主义与历史唯物主义的"全面报道"才是积极的新闻真实观。有了这种新闻观念作指导，新闻报道就会更加真实、更加经得起大时间尺度的检验。

（三）积极的效果

从新闻效果看，中国特色新闻学强调新闻报道、新闻传播要在全社会发挥正向效果，既要有大流量又要有正能量，不能仅仅带来报道机构、传播者的影响力和关注度，更不能引发社会冲突对立、极端情绪蔓延等负向效果。

与西方传播学的效果研究更重视媒体传播力不同，中国特色新闻学的效果研究更重视新闻传播带来的社会影响，前者是媒介视角的，后者是社会视角的，前者是工具维度的，后者是价值维度的。对中国特色新闻学来说，要更注重研究如何让新闻传播在带来正向社会影响的前提下增强传播力。

需要注意的是，理解新闻效果的正向性与新闻内容的正面性是不同的，前者认为表扬性内容、批评性内容都可以带来正向效果，后者认为新闻报道只能选择正面性、表扬性内容，或者说只能报道好人好事，这是对追求正向性新闻效果的认识误区，也是对"正面宣传为主"的窄化理解。事实上，在当代社交媒体、平台网络与全球传播的环境中，保证新闻内容的"两面性"，即正面性内容与负面性内容都有，才能真正提升新闻媒体的公信力、权威度并进而产生正向性效果。

客观的舆论监督有积极效果。在一些落后的、传统的宣传观念中，往往强调只能说好话，不能说批评的话。新时代马克思主义新闻观则具有实事求是的态度，要求新闻工作提供客观的、有益的信息。实际上，积极的报道效果是衡量新闻工作有益与否的准绳，报道问题与报道成绩都可以推动社会进步，前者推动负面问题解决，后者推动正面经验传播。从积极新闻学的角度看，有好事情要实事求是地报道，有不好的事情也要实事求是地报道，重要的是有积极的态度与建设性意见。事实上，习近平在党的新闻舆论工作座谈会上的讲话中也讲过："舆论监督和正面宣传是统一的。"[1]

舆论导向问题在中国特色新闻观念中至关重要。舆论导向正确与否，决定了新闻舆论能否发挥积极的作用。

在中国特色新闻学中，舆论引导与舆论监督是一致的，舆论引导是积极性的引导，舆论监督也是建设性的批评。毛泽东在20世纪50年代就曾指出："我们的舆论，是一律，又是不一律。在人民内部，允许先进的人们和落后的人们自由利用我们的报纸、刊物、讲坛等等去竞赛，以期由先进的人们以民主和说服的方法去教育落后的人们，克服落后的思想和制度。"[2]

甘惜分在20世纪80年代提出中国新闻事业中的"多声一向论"，即在坚持社会主义方向和为人民服务的方针下，允许新闻媒体反映多种声音、多种意见、多种建议、多种批评、多种表扬、多种来自不同渠道的信息。这种"多声"与"一向"就很好地体现了报道方向一致与报道方法多样的统一。

三、新闻扶贫：积极新闻学的实践

党的二十大报告指出："我们坚持精准扶贫、尽锐出战，打赢了人类历史上规模最大的脱贫攻坚战，全国八百三十二个贫困县全部摘帽，近一亿农村贫困人口实现脱贫，九百六十多万贫困人口实现易地搬迁，历史性地

---

[1]《习近平在党的新闻舆论工作座谈会上强调 坚持正确方向 创新方法手段 提高新闻舆论传播力引导力 刘云山出席》，《人民日报》2016年2月20日。

[2] 毛泽东：《毛泽东选集》第五卷，人民出版社，1977，第157-158页。

解决了绝对贫困问题，为全球减贫事业作出了重大贡献。"[①]新闻扶贫作为新闻媒体参与扶贫工作的重要实践，不仅仅是我国新闻媒体属性使然，也是新闻社会责任和人文关怀的体现。从新闻理论视域对"新闻扶贫"的理论价值进行梳理和确定，不仅为新闻扶贫实践提供了更加丰厚的理论基础，而且有利于构建中国特色新闻学的学术话语体系。

新闻理论为观察新闻扶贫实践提供了不同的理论视角，从发展新闻学来看，新闻扶贫以对扶贫领域正面的、深入的解释性报道服务于发展中国家的建设，展示发展中国家的形象，凝聚推动国家发展的力量；从调查新闻学来看，新闻扶贫挖掘扶贫工作中出现的损害公共利益的社会行为和社会问题，体现了新闻记者的独立性与专业性；从马克思主义新闻观来看，新闻扶贫是新闻媒体传播党的政策、记录时代风云、推动社会进步、守望公平正义的具体体现，成为中国新闻实践中极具中国特色的组成。简言之，新闻扶贫成为积极新闻学的鲜活实践。

贫困是发展中国家的普遍问题，扶贫是发展中国家的共同行为，而新闻扶贫则是中国这一社会主义发展中大国的特色行为。中华全国新闻工作者协会（简称"中国记协"）在1997年即发出了《关于在全国新闻界开展新闻扶贫活动倡议书》，号召新闻工作者积极参与扶贫工作。扶贫的新闻报道讲述扶贫中的故事，既有地方政府领导的声音，也有普罗大众的形象，形成了"上下同心"的国家发展合力。近些年来，中国最高领导人在扶贫工作中的一系列讲话内容通过新闻媒体报道出来，"他们的生活存在困难，我感到揪心。他们生活每好一点，我都感到高兴"。"到2020年现行标准下农村贫困人口

---

① 习近平：《高举中国特色社会主义伟大旗帜 为全面建设社会主义现代化国家而团结奋斗——在中国共产党第二十次全国代表大会上的报告》，http://www.gov.cn/xinwen/2022-10/25/content_5721685.htm.

全部脱贫、贫困县全部摘帽,是我们党立下的军令状。"①特别是 2017 年 10 月 10 日《人民日报》头版刊发的报道《书写人类反贫困新奇迹》,展示中国四年减贫五千五百多万人,脱贫攻坚取得历史最佳成绩,为世界减贫事业贡献了中国新方案,赢得全球广泛赞扬。联合国秘书长安东尼奥·古特雷斯(António Guterres)认为,中国在减贫方面的骄人业绩,在全球产生了积极的"溢出效应"②。这些细节极具正面情感,又有政策导向,既有中国实践,又有国际视角,展示了中国作为发展中大国的国家形象,体现了社会主义制度的特色,也体现了我国新闻媒体制度的特色。

中国的扶贫工作走在世界前列,越来越多的中国代表在全球减贫伙伴研讨会等场合分享中国减贫的经验,这也成为中国树立负责任大国形象的重要一步。随着 2017 中国扶贫国际论坛的召开和中外减贫案例库及在线案例分享平台的上线,越来越多的中国故事走出国门,也要求中国的新闻扶贫越来越走向国际,这无疑在世界范围内加深了中国对于自身扶贫工作的认可和自信。

在国家的发展与社会的建设中,新闻扶贫加强公共宣传,利于人民了解政府的发展政策,凝聚人民对于推动国家发展的共识。③从更深层次来看,新闻扶贫也可以发挥丹尼尔·勒纳(Daniel Lerner)所说"社会流动加速器"(Mobility Multiplier)的作用,推动扶贫工作更加清晰、高效地完成,推动贫困人口不断向上流动,推动新闻媒体与社会变革深度融合。

新闻扶贫不但报道正面事例,也监督扶贫政策落实、揭露扶贫中违规行为真相。从新闻扶贫实践看,一些扶贫报道特别是新闻内参通过反映扶贫工作中出现的数字脱贫、虚假脱贫以及挪用、贪污扶贫款项等问题,从公共利

---

① 霍小光、王绚、何雨欣等:《聆听伟大复兴的时代足音——党的十八大以来习近平总书记国内考察全纪实》,《人民日报》2017 年 10 月 9 日。
② 顾仲阳:《书写人类反贫困新奇迹》,《人民日报》2017 年 10 月 10 日。
③ Schramm W, *The Role of Information in National Development*, Stanford University Press, 1964, p.8.

益出发，推动了扶贫工作的许多重要决策的部署和实施，保护了公众对扶贫工作的知情权，保障了扶贫工作的顺利开展。

扶贫工作要做到"真扶贫、扶真贫、真脱贫"，需要动员全社会共同参与，需要新闻媒体的持续发动与密切跟踪。新闻媒体通过一系列深度报道对新闻扶贫工作追根溯源，摆事实、查数据，调查扶贫工作背后的故事，让公众对这一工作的认识不断深化，为扶贫政策的执行创造了良好外部舆论环境。扶贫工作是点多、线长、面广、难度大的工作，既需要全社会的整体发动，也需要深入基层细致扎实工作。在具体的政策执行过程中，新闻媒体发挥不可替代的舆论监督作用，揭露扶贫工作过程中的操作黑幕、贪污腐败和政策缺陷，保护弱势群体的利益，推动党和政府政策的有效落地，促进扶贫体系更加健全。新闻扶贫通过无所不在、无时不在的舆论监督，为顺利推进扶贫领域的工作保驾护航，保障人民的利益，守护社会公平正义。

新闻扶贫工作既传递了党在扶贫领域的理论和路线方针政策，也把人民群众在脱贫过程中创造的经验和面临的实际情况反映出来，体现了党性与人民性的紧密结合。

新闻扶贫工作依靠新闻媒体推动扶贫政务公开。在一个高度媒介化的社会中，越来越多的政务信息被公开，越来越多的公众参与公共事务，社会的运行也越来越呈现去中介化的特征。为此，在当代的扶贫工作中，党和政府越来越积极、坦诚地与公众沟通，善于利用新闻媒体传达扶贫政策主张，积极地回应新闻媒体对于扶贫领域典型问题、突发事件的关切。

在 2017 年 6 月 23 日召开的深度贫困地区脱贫攻坚座谈会上，习近平同志讲话中特别提到他看到的一篇报道，"我看了 2017 年 6 月 5 日《人民日报》刊登的在内蒙古杭锦旗巴拉贡镇昌汉白村精准扶贫驻村调研形成的《驻村三记》，在'他们为什么贫困'一记中该记者写到：在我走访的贫困户中，几乎每家都有病人，昌汉白村因病致贫率超过八成。前天下午，我在岢岚县赵家洼村看望的刘福有一家，全家3口人，也个个有病，收入的大部分用来看病吃药。因病致贫、因病返贫不是个别现象，带有一定普遍性"[①]。这充分表明新闻扶贫在决策中的重要参考作用。

2017年10月9日，《人民日报》头版头条刊发新华社记者的长篇报道《聆听伟大复兴的时代足音——党的十八大以来习近平总书记国内考察全纪实》，其中关于扶贫工作有大段内容，"脱贫攻坚的关键时刻，习近平总书记在基层主持召开一系列座谈会，把调研中所见所闻所思带到会上同大家深入交流。2015年2月，陕西延安，陕甘宁革命老区脱贫致富座谈会上，强调要让老区人民都过上幸福美满的日子；2015年6月，贵州贵阳，集中连片特困地区扶贫攻坚座谈会上，强调要在精准扶贫、精准脱贫上下更大功夫；2016年7月，宁夏银川，东西部扶贫协作座谈会上，强调要真扶贫、扶真贫、真脱贫；2017年6月，山西太原，深度贫困地区脱贫攻坚座谈会上，强调确保深度贫困地区和贫困群众同全国人民一道进入全面小康社会"[②]。新闻报道对最高领导人这些脱贫攻坚工作与思想的系统梳理，是新闻扶贫的典型体现，也充分体现了党性与人民性的高度统一。

在以互联网、自媒体为主要载体的信息传播格局和社会舆论生态中，扶贫工作越来越重视通过网络走群众路线，运用网络了解民意、开展工作，这成为新形势下新闻扶贫实践的一个重要时代背景，也成为创新当代新闻扶贫工作的有利条件。截至2021年2月，我国脱贫攻坚战取得了全面胜利，完成了消除绝对贫困的艰巨任务，而新闻扶贫工作仍在不断深入，其全球影响力还在不断扩大。新闻扶贫不仅要加强新闻宣传系统的投入，还要加强与外交、财政、纪检等系统的配合，不仅要关注国内传播，还要关注全球传播。这些

[①] 习近平：《在深度贫困地区脱贫攻坚座谈会上的讲话》，http://jhsjk.people.cn/article/29508162.
[②] 霍小光、王绚、何雨欣等：《聆听伟大复兴的时代足音——党的十八大以来习近平总书记国内考察全纪实》，《人民日报》2017年10月9日。

新闻扶贫中的创新举措可以很好地丰富马克思主义新闻观的内涵与实践。

　　新闻扶贫是中国特色的积极新闻学的鲜活实践，体现了新闻参与社会进步的积极姿态、积极内容与积极效果，有其独特的理论意义与学术价值。从新闻理论视角来观察新闻扶贫实践，有助于把握新闻扶贫实践在中国新闻学乃至世界新闻学研究语境中的位置，通过实践推动当代中国新闻观念和中国特色新闻学研究，为中国新闻媒体在现代媒介技术与全球舆论格局迅速发展变化的时代找到一条党性与人民性相统一、中国特色与世界普遍意义相统一的崭新道路。

第六章
实践之问：何以建构真实、积极的新闻观念？

党的二十大报告中指出："中国共产党人深刻认识到，只有把马克思主义基本原理同中国具体实际相结合、同中华优秀传统文化相结合，坚持运用辩证唯物主义和历史唯物主义，才能正确回答时代和实践提出的重大问题，才能始终保持马克思主义的蓬勃生机和旺盛活力。"[①]以马克思主义的立场、观点、方法分析新闻活动的观念与行为，是建构中国特色新闻观念的基本原则。

中国特色新闻观念的建构和发展，是中国特色新闻学和马克思主义新闻观发展的重大议题之一，也是中国新闻事业未来发展所必须要解决的核心命题。观念从实践中来，是实践的先导。中国特色新闻观念的建设和发展，不仅要求我们对于中国特色新闻实践要有充分、深入、细致、透彻的总结和分析，而且要求我们能提出具有高度、深度、广度、厚度的理论观点和体系。为了做到这一点，提出具备原创性、学理性、可行性的新闻观念实践路径，显得格外关键。

第一节　坚持马克思主义新闻观与中华优秀传统文化相结合

中国特色来源于中国的文化传统。百年来优秀的中国报人都是"大文人"

---

① 习近平：《高举中国特色社会主义伟大旗帜　为全面建设社会主义现代化国家而团结奋斗——在中国共产党第二十次全国代表大会上的报告》，http://www.gov.cn/xinwen/2022-10/25/content_5721685.htm.

而不是"大商人",这些报人既具有深厚的文史底蕴,又具有强烈的社会责任感,从王韬、戈公振到穆青、南振中,他们都重视报刊的公共功能,而不是将其视为个人盈利手段。1918年,北京大学设立"新闻学研究会"开展新闻学研究与教育,蔡元培担任会长,在一年后为徐宝璜著《新闻学》作序中谈道:"余惟新闻者,史之流裔耳。"[①]他以"史家"之要求培养新闻人才,成为近代中国新闻业起始就有的一个鲜明而深刻的特点。1929年,徐宝璜为黄天鹏著《新闻学刊全集》作序中谈道:"余惟新闻纸者,近代文明中势力最雄伟之物也","至此力之为祸为福,则全视人之运用如何,如能善用之,则新闻纸者,诚'社会之耳目也,国民之喉舌也,人群之镜也,文坛之王也,将来之灯也,现在之粮也'"[②]。事实上,在中国近现代百余年新闻史中,正是得益于中华优秀传统文化,得益于这些优秀的大文人、大报人,得益于通才办报、史家办报,新闻媒体追求的社会效益才总是高于经济效益,体现的社会诉求总是高于个人、媒体自身诉求。

一、马克思主义基本原理与中华优秀传统文化相结合的历史脉络

中华优秀传统文化是中华民族的突出优势,也是马克思主义在中国扎根发展的肥沃土壤。事实上,中国共产党百年奋斗史,展示了马克思主义基本原理同中华优秀传统文化相结合(以下简称"与传统文化相结合")的历史进程。

在庆祝中国共产党成立100周年大会上,习近平同志指出,中国共产党带领中国人民走上新征程,需以史为鉴,开创未来,"新的征程上,我们必须坚持马克思列宁主义、毛泽东思想、邓小平理论、'三个代表'重要思想、科学发展观,全面贯彻新时代中国特色社会主义思想,坚持把马克思主义基

---

① 徐宝璜:《新闻学》,中国人民大学出版社,1994,第5页。
② 徐宝璜:《新闻学》,中国人民大学出版社,1994,第132-133页。

本原理同中国具体实际相结合、同中华优秀传统文化相结合，用马克思主义观察时代、把握时代、引领时代，继续发展当代中国马克思主义、21世纪马克思主义！"①这是习近平同志在多次提出"坚持把马克思主义基本原理同中国具体实际相结合"的基础上，第一次明确提出把马克思主义基本原理"同中华优秀传统文化相结合"，把"一个相结合"发展为"两个相结合"，确认了中华优秀传统文化对于未来发展的重要意义。

2021年11月，党的十九届六中全会决议通过："以习近平同志为主要代表的中国共产党人，坚持把马克思主义基本原理同中国具体实际相结合、同中华优秀传统文化相结合，坚持毛泽东思想、邓小平理论、'三个代表'重要思想、科学发展观，深刻总结并充分运用党成立以来的历史经验，从新的实际出发，创立了习近平新时代中国特色社会主义思想。"②明确指出"同中华优秀传统文化相结合"是以习近平同志为代表的中国共产党人在新时代做出重大理论创新的重要方针之一。

2021年12月，在中国文联十一大、中国作协十大开幕式上的讲话中，习近平同志强调，"一百年来，中国共产党把马克思主义基本原理同中国具体实际相结合、同中华优秀传统文化相结合，团结带领中国人民在这片广袤大地上绘就了人类发展史上波澜壮阔的壮美画卷，书写了中华民族几千年历史上最恢宏的史诗"③，进一步肯定了马克思主义基本原理与中国实际、与中华优秀传统文化的结合是中国共产党团结人民、创造人类历史、书写中华史诗的思想密码。

---

① 习近平：《在庆祝中国共产党成立100周年大会上的讲话》，http://www.gov.cn/xinwen/2021-07/01/content_5621847.htm.
②《中共中央关于党的百年奋斗重大成就和历史经验的决议（全文）》，http://www.gov.cn/zhengce/2021-11/16/content_5651269.htm.
③ 习近平：《在中国文联十一大、中国作协十大开幕式上的讲话》，http://www.gov.cn/xinwen/2021-12/14/content_5660780.htm.

在中国共产党带领全国人民走向第二个百年奋斗目标新征程的历史时刻，从"一个相结合"到"两个相结合"的转变，是对中华优秀传统文化作为发展驱动力的直接肯定，极大地拓展了中国马克思主义的发展空间，丰富了中国马克思主义的文化内涵。许多研究已经指出，"与传统文化相结合"实际上一直内化于"与中国具体实际相结合"的具体过程中，是马克思主义扎根于中国大地不可缺失的重要因素。而今它作为一个被明确提出的新要求，实际上是把中华优秀传统文化对于理论创新、实践创新、制度创新和文化创新的发展意义提升到新高度，把它视为新时代推进文化发展的重要规律，是建设社会主义文化强国的重要方针。它彰显了中国文化建设要赓续五千年中华文明，彰显中国要把中华优秀传统文化内化于中国特色社会主义现代化建设、内化于中国治理体系。认真研究这一重要要求的理论基础、历史脉络与发展路径，不仅是为了中国的发展，也是为了更和谐的人类新文明。

（一）"与传统文化相结合"何以可能：文化品格的共通

"与传统文化相结合"何以可能？不同民族文化能够跨文明融合，主要是因为有相通的精神关注和文化品格。宋明理学深刻地影响了阿瑟·叔本华（Arthur Schopenhauer）的哲学思想是因为二者对天人关系的共同兴趣。东方故事《图兰朵》能够在欧洲多个国家几经改编、风靡流传，与18世纪西方热衷于幻想东方国度不无关系。马克思主义与中华优秀传统文化的彼此相融，其精神本质在于它们都拥有变通、包容的文化品格。

中华优秀传统文化素来对外来文化有强大的包容力。数千年来，中华民族文化从不以侵略和殖民为术，而是与外来文化在碰撞和对话中交融新的文化形态。宗法关系上，中原有礼制为规。虽然游牧民族曾多次入主中原，但也选择效法推行汉制。几经辗转，逐渐融汇为多民族大一统格局。哲学上，有儒、道为根基。后来佛教盛行，三者共同影响了历代中国古代哲人的思考。

文学上，汉文学本以诗经和楚辞为脉。印度梵剧和俗讲的流行带来了异域的风格，发展鼓子词、说书、话本、变文等多种文艺形式。这如费孝通所言，是多元一体的民族文化格局[①]；如钱穆所言，是完整同一、遵常化变、调和冲突、广泛撒播的文化生命力[②]；如梁漱溟总结，是独自创发、非从他受、自成体系、岿然独存、亦能包容吸收的文化个性。[③]

马克思主义是不断与民族内容结合、与时代内容结合的开放性理论体系。自18世纪诞生以来，马克思主义便作为一种发展的理论指引着许多国家的无产阶级与资本主义进行战斗。以法兰克福学派为代表的思想家在德国哲学传统中汲取思想，批判资本主导的大众文化对真理的遮蔽。爱德华·帕尔默·汤普森（Edward Palmer Thompson）、雷蒙德·威廉斯（Raymond Williams）、斯图亚特·霍尔（Stuart Hall）等英国学者以两次世界大战后英国现实问题为起点，发展出了与资本主义主流意识形态争夺文化领导权的文化抵抗思想。列宁从理论走向现实，创造了用马克思主义改造社会的新成就。以毛泽东为代表的中国共产党人则历史性地实现了马克思主义从革命到治理的百年飞跃。

开放、包容的基因赋予了二者经久不衰的生命力，是二者葆有活力、延续至今的内在核心。不断随现实发展而丰富自身，是二者能够维系民族、凝聚人心的共通品质。近代以降，陈独秀、毛泽东、李大钊、瞿秋白、蔡和森等人高举马克思主义的旗帜，加入反帝反封建的运动，这看似是对传统文化的彻底反叛，但实际上他们从小熟识四书五经和经史子集，还能熟练运用中华优秀传统文化阐释马克思主义，才能中西并举、鞭辟入里地分析中国的现

---

① 费孝通：《中华民族的多元一体格局》，《北京大学学报（哲学社会科学版）》1989年第4期，第3-21页。
② 钱穆：《中国文化精神》，九州出版社，2012，第17-104页。
③ 梁漱溟：《中国文化要义》，人民出版社，2005，第7页。

实问题。事实上，毛泽东对"实事求是"的提出与阐释就成为融合马克思主义与中华优秀传统文化的经典之作。不排他、不封闭为二者的结合提供了对话交融的基础，也为二者结合新实践、实现新创造划定了起点。

（二）"与传统文化相结合"的理论基础

文化品质的相通打开了对话的可能性，实际的结合往往从具体实处的共同点开始。马克思主义超越了西方"一分为二"的哲学传统，以人、以实践为连接点将理念与现实相连，从而在人民观、生态观、实践观、社会观甚至整体思维上都与中国"合二为一"的哲学传统契合。

其一，哲学思维是契合的。马克思主义的辩证、运动观念与中国传统哲学的通变、合一观念有契合。马克思主义的辩证唯物主义认识论有三大特点：一是"唯物"，认为世界统一于物质，这也是马克思的辩证法超越了黑格尔逻辑层面辩证法的开创性之所在；二是"辩证"，提出"辩证法在对现存事物的肯定的理解中同时包含对现存事物否定的理解，即对现存事物的必然灭亡的理解；辩证法对每一种既成的形式都是从不断的运动中，因而也是从它的暂时性方面去理解"[1]，强调把社会看作是不断运动变化的暂时性过程；三是对立统一，认为矛盾对立能够彼此转化，推动事物发展。这种认识事物的方法与中国传统哲学思维有相通之处。最早在《易经》中就已经记载了与马克思主义的上述特点遥相呼应的哲思。"生生谓之易"（《周易·系辞上》），指一切发展都是接连不断的变化。"通变之谓事"（《周易·系辞上》），强调事情是不断变化的，且变化、变动要汇聚于"事"，汇聚于实际存在的事物。"一阴一阳谓之道"（《周易·系辞上》）指出凡物既有一分为二的对立性，同时也有合二为一的整体性。这些特点为整个中国古代哲学发展奠

---

[1] 中共中央马克思恩格斯列宁斯大林著作编译局：《马克思恩格斯文集》第五卷，人民出版社，2009，第22页。

定了思维基础。中国古人曾提出阴与阳、虚与实、动与静、言与意、形与神、心与物、理与气等多种对立命题。基于这种一分为二也合二为一的整体思维,这些对立式命题衍生出"刚柔相易""有无相生""祸福相依""物我齐一""道器不离""理在气中"等观点,把矛盾对立视为互相推动、彼此转化,最终达成圆融合一的动态发展过程。其中所蕴含的哲思,与马克思主义的辩证唯物主义认识论一样,都是把世间万物视为动态关联、和谐统一的有机整体。

其二,"以人为本"的发展立场是契合的。马克思主义的人本观与中华优秀传统文化的民本思想都表现出对人的高度重视。在马克思看来,哲学不能仅仅在形而上的思维空间讨论认识世界的方法,而应该对形而下的现实有改造作用。改造现实的中坚力量在于"现实的人",因为现实的人能够通过物质生产实践不断对现实施加作用力。从"现实的人"出发,重视人对现实的改造力量,才能从"在思想上剖析资本主义"走向"在现实中消灭资本主义"。最早把马克思译介至中国的西方传教士李提摩太把马克思和恩格斯的学说称为"安民新学",其"新"之所在,就是马克思思想中的安民、救民的思想。可见马克思的人本意识在西方学界的独特性与创新性。马克思主义这份对"现实的人"的重视,在中国大地与中华优秀传统文化的民本思想产生极大共鸣。中国自先秦以来就有"以民为本"的治国思想,孟子有云,"民为贵,社稷次之,君为轻"(《孟子·尽心章句下》),强调的就是治国的起点应是"民"。这份对"民"的重视在历朝历代中延续下来。发展至近代,孙中山提出"五权分立"制民主共和国方案,其政治思想来源之一依然是中华优秀传统文化中"民为邦本""民贵君轻"的民本思想。马克思主义能够成为指导中国革命的旗帜,与对人、对民的重视是分不开的。

其三,对实践的理解和认识是契合的。马克思主义与中华优秀传统文化都认为知识与经验能够彼此转化,既能推动内在认识的深化,也能推动外部世界的改造。马克思主义把人的实践活动视为连接经验世界和理念世界的桥梁，认为外部社会的变动会通过实践活动影响人的认知；人的认知随着实践活动不断丰富发展，反过来也能更好地指导实践活动改造世界。这种思想正好呼应了中国哲学"躬行"的传统，反对纸上谈兵，主张不沦于书斋，从实际出发。王阳明的"知行合一"论是这一传统集大成者。他提出知与行彼此推动，不断深化，以纠当时盛行的空谈义理之风，被明清以降数位思想家、哲学家、政治家、活动家奉为圭臬。"知行合一"为马克思主义中国化提供了思想借鉴。二者都充分认识到对世界的改造不能只在纯粹的理论推演中发生，而要在认识与实践的彼此转化中带动。

其四，生态理想是共通的。马克思主义的"人化自然"论与中华优秀传统文化"天人合一"都把自然与人性的内在贯通视为一种理想的个体生存状态。马克思对共产主义的展望传递对人的自在状态的期待。在《1844年经济学哲学手稿》（*Economic and Philosophic Manuscripts of 1844*）中，马克思以人能在自然条件下开展自由、自觉、自愿、自在的实践活动为前提，从现实问题出发，列举了劳动者被异化的诸种表现，都直指资本剥削对人理想生存状态的扭曲与压榨。这是马克思提出"异化劳动"概念的基础，也是马克思开展政治经济学批判的基石。劳动者的理想状态，是人与自然的良性互动。自然界既是人类进行劳动创造的外部环境，同时也推动着人类发展劳动能力或者审美能力，"决不能像征服者统治异族人那样，决不能像站在自然界之外的人似的"。[①]这是一种人与自然进行积极交换的个体发展理想，与中国传统哲学"天人合一"论有类通之处。"天人合一"，体现为人类行为与外部规律的辩证统一。若人勤于务农且顺应天时，则能达到"不违农时，谷不可胜食也"（《孟子·梁惠王上》）的生态和谐。若人把天理纲常内化于心

---

① 中共中央马克思恩格斯列宁斯大林著作编译局：《马克思恩格斯全集》第三卷，人民出版社，1960，第998页。

之所求，以内心良知去观照天地万物，则可以达到"动而世为天下道，行而世为天下法，言而世为天下则"（《礼记·中庸》）的君子境界。二者都认为，人与自然、与外理不是两相对立的，更不是征服与被征服、消灭与被消灭的关系。资本家对利益的追求导致了人本性的异化，也导致了人与自然关系异化，这对人类整体命运产生了极大的消极影响，是不可持续的。人类改造自然的欲望和外部环境对人的影响要尊重外部规律。良性、循环、平衡才能达到"人与天一也"（《庄子·外篇·山木》）和"天与人不相胜"（《庄子·大宗师》）的和谐状态。

其五，社会理想是契合的。马克思主义所追求的共产主义理想与中华优秀传统文化所倡导的"天下大同"图景高度相似。在马克思看来，当社会发展到最终阶段，所有矛盾都将解决，共产主义的实现将会真正解决人与人、人与自然界的矛盾，解决"存在和本质、对象化和自我确证、自由和必然、个体和类之间斗争"[1]。在《礼记·礼运》中，这体现为"顺之至"，是"故事大积焉而不苑，并行而不缪，细行而不失，深而通，茂而有间，连而不相及也，动而不相害也"[2]。在这样的社会，马克思展望的人们的生存状态是个体与个体之间互相帮助，个体与群体之间相互成就，人与自然之间相互成就。这正是《礼记》中所记的大同理想，贤人与能者各得其所，老壮妇幼都有善终，幸福是个人自由与群体幸福的相益相受，是全社会的幸福。共产主义理想与"大同"理想的这种相似相通，体现在政治思想中，也体现在政治革命中。这两个社会构想，一中一西，却高度契合，为二者互为引领、创造历史奠定了信念基础。

---

[1] 中共中央马克思恩格斯列宁斯大林著作编译局：《1844年经济学哲学手稿》，人民出版社，2018，第78页。

[2] 孔颖达：《礼记正义》卷二十二，北京大学出版社，2000，第828-829页。

(三)"与传统文化相结合"的发展阶段

马克思主义与中华优秀传统文化在哲学思维上有契合性,在价值关怀上有一致性,这构成二者相结合的理论基础。但二者结合不是相通相似性的简单结合,而是中国共产党依据紧迫的革命局势和具体的历史条件逐步探索的一条漫长道路。通过分析具体形势、把握历史阶段、明确历史任务,中国共产党愈发确认马克思主义基本原理与中华优秀传统文化的互通互助,带领思想工作者、文艺工作者和更广泛的人民群众一起,一次又一次让二者互补互融,找到中国文化新的生长点。前者以后者为滋养,实现了马克思主义的民族化、大众化和时代化,实现了以中国式话语运用马克思主义指导中国革命和建设的伟大成就。后者以前者为科学方针,在近代破碎的文化地基之上发展出一种基于无产阶级的国民新文化,继而发展为面向现代化、面向世界、面向未来的,民族的、科学的、大众的社会主义文化。二者因时而动,辩证结合,解决了近代以来中国向何处去、中国文化向何处去的历史难题,寻回了中国人民的民族精神,走出了中国特色社会主义道路,构建了中国特色社会主义文化强国理论,概言之,可分为奠定基础、探索建设、反思超越、建设强国四个阶段。

1. 新民主主义革命时期:初步结合,奠定基础

近代以来,新文化运动高扬起反封建主义旗帜,冲破了封建思想的桎梏,击碎了封建文化的根基。如何在纷乱的思潮中寻找新的道路,重建新的文化,成为新民主主义革命面临的时代难题。要推翻人民头上的帝国主义、封建主义、官僚资本主义三座大山,需要政治上和文化上的革新。没有革命的文化运动,就不会有革命的实践运动。文化发展的新方向决定着对旧政治、旧经济批判,对于动员群众、发展经济、确立模范、官兵一致、军民一致等有定盘星的作用。新民主主义革命时期,中国共产党对发展方向的探索体现在两

个方面：一是以什么样的态度、什么样的思想方法和什么样的思想路线来对待马克思主义的问题；二是如何看待旧的历史文化问题。

通过不断的论战、持续的斗争和革命实践的检验，马克思主义与中华优秀传统文化进行了第一次结合。中国共产党探索了以民族形式发展马克思主义的方法。毛泽东以其深厚的传统文化积累成为这一方法的指导者，主张以传统文化为方法通俗易懂地阐释马克思主义。1942年，他在《反对党八股》中指出："洋八股必须废止，空洞抽象的调头必须少唱，教条主义必须休息，而代之以新鲜活泼的、为中国老百姓所喜闻乐见的中国作风和中国气派。把国际主义的内容和民族形式分离起来，是一点也不懂国际主义的人们的做法，我们则要把二者紧密地结合起来。在这个问题上，我们队伍中存在着的一些严重的错误，是应该认真地克服的。"[1]他自己亦成为这一方针的先行者，以矛盾论、实事求是论、实践论归纳总结中国革命经验，还带动艾思奇、李达等思想工作者用群众喜闻乐见的形式普及马克思主义理论，推进了马克思主义在人民群众中的传播。这为来自欧洲的马克思主义与中国实际结合提供了一种根本性的方法，推动了马克思主义与传统文化的初步结合，为中国共产党的整党整风、群团工作和统战工作奠定了思想基础。

文化领域的探索也没有松懈。在1938年至1945年阐释新民主主义道路的一系列文件和讲话中，新的国民文化的发展方向日渐清晰。中国新的国民文化的内容，既不是资产阶级的文化专制主义，也不是单纯的无产阶级的社会主义，而是以无产阶级社会主义文化思想为领导的人民大众反帝反封建的新民主主义[2]；要发展扫除一切奴化的、封建主义的和法西斯主义的文化和教育。[3]为此，积极发扬中华文化和传统道德中的优秀组成部分，对于发展

---

[1] 毛泽东：《毛泽东选集》第二卷，人民出版社，1991，第534页。
[2] 毛泽东：《毛泽东选集》第二卷，人民出版社，1991，第694-709页。
[3] 毛泽东：《毛泽东选集》第三卷，人民出版社，1991，第1064页。

文明先进的新民主主义文化有重要意义。毛泽东提出几条对待中华优秀传统文化的方针：其一，继承传统，继承中华民族一切文化、思想、道德的最优秀传统[①]；其二，积极发展民族的、科学的、大众的新民主主义文化和教育；其三，以辩证的态度对待外国文化和中国古代文化，既不一概排斥，也不盲目照搬，而是批判地吸收其精华。[②]这些原则是从丰富的实践中总结出来的，是基于现实、基于战斗经验的，也是基于历史唯物主义的马克思主义的立场和方法的。

这一时期有不少文艺作品集中体现了这些原则。歌、舞、剧方面有《兄妹开荒》《白毛女》《南泥湾》等作品，小说方面有《李有才板话》，还有报告文学、诗歌等其他文艺形式的蓬勃发展。文艺工作者以现实主义的手法，或描写复杂的阶级斗争，或反映革命时期人民生产生活的精神气质。他们用时代的内容改造传统艺术表演形式，让文艺同时具有传统文化的浪漫性和革命文化的战斗性。马克思主义是创作者认识现实的工具，中华文化是人民精神风貌的体现。这些文艺作品增强了民众的团结意识，把处于经济极端落后的抗日民主根据地的人民群众共同凝聚成反帝反封、救亡图存的力量，凝聚成新民主主义革命胜利的决定性因素。

这一时期的"与传统文化相结合"是从迷雾中见朝阳。二十八年革命路上，中国共产党与党内复杂情况、与国民党顽固派、与帝国主义列强发生数次斗争，才找到二者结合的有效路径。传统文化帮助马克思主义呈现中国特点和民族形式，马克思主义帮助发展基于无产阶级的新民主主义文化观念和实践，有效建立起空前广泛的阶级基础和群众规模。马克思主义与中华优秀传统文化的相结合最终帮助中国共产党找到了建设民族的、科学的、大众的

---

① 中国人民解放军政治学院党史教研室：《中共党史参考资料》第9册，人民出版社，1979，第275页。
② 毛泽东：《毛泽东选集》第三卷，人民出版社，1991，第1083页。

新民主主义文化的正确道路，结束了旧中国思潮并起、四分五裂的局面，也为传统文化的现代转型奠定了政治基础和文化基础。

2. 社会主义革命和建设时期：辩证结合，探索建设

新中国成立后，党带领人民恢复国民经济，开展社会主义改造，推进从新民主主义到社会主义的转变。这一时期，文化艺术事业是建设社会主义的重要组成部分。如何通过马克思主义与中华优秀传统文化的有机结合，确立文化发展方向，配合社会主义过渡时期总路线，让文化艺术事业的发展与之相适应，是这一时期的重要问题。

马克思主义与中华优秀传统文化进行了第二次结合。民族优良文化发挥功用，推动了中国共产党探索社会主义过渡时期的思想宣传工作和教育文化事业改革的路线方针。1949~1956年一系列中央批示和"百花齐放、百家争鸣"的"双百"方针，是这一时期的重要理论成果。"双百"方针以"和而不同""多元一体"等体现中华优秀传统文化包容性的思想为内核，以百花为喻，强调辩证对待不同文化，实行古为今用、洋为中用、百花齐放、推陈出新的发展方针，剔除封建保守的落后内容，发扬民族优秀传统，促成"百花齐放、百家争鸣"的全盛格局。

依据这一思想，文化建设也进一步向前。发展社会主义文化成为伴随国民经济发展和生产资料社会主义公有制改造的主要要求。各地组织了热烈的学习活动，以基于现实、基于历史的马克思主义方法，引导知识分子分清什么是人民革命、什么是改良革命、什么是革命与反革命、什么是大是大非、什么是敌我界限等辨析问题，引导文化工作者发展适合群众需要、配合经济建设、配合教育需要的文艺创作，使思想宣传工作和教育文化事业整体适应过渡时期总路线而实行新的转变。新中国成立几年来，文学作品有《红岩》《青春之歌》等凝聚民心的长篇小说，音乐作品有《春节序曲》《瑶族舞曲》

等激荡人心的器乐合奏，还有京剧《穆桂英挂帅》、话剧《茶馆》、舞剧《红色娘子军》等等。"新的人民的文艺"蓬勃发展，多种文艺形式欣欣向荣，社会主义文化艺术事业初见雏形，召唤了人民群众以极大的热情投入社会主义的建设。

这一时期的"与传统文化相结合"是有意识的探索，初步建设了我国的社会主义文化事业。中国共产党继承新民主主义革命时期的文化发展方向，进一步用中华优秀传统文化内涵推进了马克思主义的中国化，同时以马克思主义基本原理为方针，辨别、认识优秀文化，引导文艺工作者创造新的优秀民族作品浪潮，形成了崭新的人民文化。值得反思的是，经历了"文化大革命"等重大曲折，社会主义文化建设理论与实践在很长时间里忽视了与中华优秀传统文化的结合，走了许多弯路。

3. 改革开放和社会主义现代化建设新时期：积极结合，反思超越

改革开放后，党带领全党全国各族人民，探索中国建设社会主义的正确道路。反思文化路线，修正发展方针，是这一时期文化建设的目标，主要的难题有如何使中国特色社会主义重焕生机、如何诠释有中国特色的社会主义的基本路线、如何恢复社会主义文化繁荣，等等。

中华优秀传统文化成为新时期丰富中国特色社会主义思想内涵的重要滋养。中华优秀传统文化的活用，生动地为马克思主义中国化理论成果增添了民族气息和时代内涵，明确了中国特色社会主义道路，增强了传统文化底蕴，助推了马克思主义中国化的第二次历史性飞跃。

在如何恢复文化繁荣的问题上，马克思主义基本原理为重寻文化建设方向、萃取中华优秀传统文化提供了科学引领。党中央从正反两方面反思历史错误，提出了文化发展的几点根本要求：其一，从中国现实出发，把维护社会安定团结作为文化发展的重要要求；其二，批判继承传统文化，划清与封

建糟粕的界限，辩证对待外来文化；其三，发展"为人民服务，为社会主义服务"的文化。这些要求都是基于历史唯物主义的世界观、辩证唯物主义认识论和经济基础/上层建筑的文化观提出的，是用马克思主义的立场和方法辨清文化发展的性质和方向的体现。和平发展成为这一时期的重要主题，也是文化建设的总基调。据此，中国共产党及其领导人把"建设高度的社会主义精神文明"提升到重要战略地位，先后提出"四有新人""建设中国特色社会主义先进文化""社会主义荣辱观""社会主义核心价值体系"等文化建设思想，把精神文明建设列为更新社会风气、激发文化创造力、培育民族精神、推动社会主义现代化建设的重要目标。党的十六大以后，我国又陆续提出"文化生产力""文化软实力"等新论断，强调中华文化的补给作用和驱动作用，推动了社会主义文化大发展大繁荣。

总的来说，这一时期的"与传统文化相结合"实现了反思之后的超越，反思十年"文化大革命"以批判改造为主的文化方针，积极探索中华优秀传统文化的传承与弘扬。中国共产党人以优秀传统文化内涵激活了中国特色社会主义的理想图景。中华优秀传统文化作为"活水之源"的思想价值得到绽放，其丰富了马克思主义共产主义图景，丰富了马克思主义国家学说，丰富了马克思主义执政党建设思想。中国共产党人同时继续发挥马克思主义基本原理对文化发展的科学引领作用，确立社会主义精神文明建设的战略地位，发挥中华优秀传统文化的和平治理作用，发挥文化建设在经济发展中的驱动作用，创造了改革开放和社会主义现代化建设的伟大成就。

4. 中国特色社会主义新时代：深度结合，文化"双创"

党的十八大以来，世情、国情、党情继续发生深刻变化，对文化发展提出了新的要求。国内方面，社会主要矛盾已经转化为人民日益增长的美好生活需要和不平衡不充分的发展之间的矛盾，迫切需要文化领域的新表述、新思想为开创新局面提供坚实的思想保证。国外方面，中国和世界的联系及依存度日益加强，我国亟须提升文化软实力，为参与全球治理、构建新型国际关系提供先进理念。因此，"与传统文化相结合"被提升到前所未有的高度。中华优秀传统文化被定位为民族文化的"根"和"魂"，是中华民族的文化根脉，是"我们最深厚的文化软实力，也是中国特色社会主义植根的文化沃土"[1]，是阐明当代现实、凝聚民心、传递价值、弘扬传统的思想纽带。

习近平同志及其带领的中国共产党人从新时代的现实条件出发，系统而深入地阐发了中华优秀传统文化蕴含的人文精神和道德规范，丰富了中国特色社会主义的民族内涵，不仅让中国特色社会主义的思想成果深入民心，而且远播海外，把中国道路的影响力提升到了新的阶段。

党的十八大以来，文化建设把中华优秀传统文化的活化和转化提到新的历史高度，不仅出台政策意见支持针对中华优秀传统文化的保护与研究，而且在实践层面鼓励传承、弘扬优秀传统文化。中华文化融入人民生活的方方面面：其一，活化历史文化，用数字技术让典籍中、博物馆中的文化"活"起来；其二，重讲红色文化，打造党建引领，用高水准的纪录片、影视剧等，记录各领域的重大进展；其三，弘扬节日文化，在全国城乡开展"我们的节日"文化工程，让传统节日从日历本上走进百姓生活；其四，重建乡村文化，以"绿水青山就是金山银山"的观念，培育和引导更多人参与乡村文艺创作甚至乡村文化振兴工作；其五，保护非遗文化，通过制度保护、参与教育，助力文旅等方式让非遗的文化价值在人民生活中展现出来；其六，焕新传统美学，在服装、饰品、游戏、舞蹈、建筑等艺术中活用古典元素，带动"国潮"，重塑青年人对中华优秀传统文化的认同。党带领各领域人民对中华优秀传统文化的继承和发展，推动了文化建设的兴盛。实践表明，基于中华优

---

[1] 习近平：《论党的宣传思想工作》，中央文献出版社，2020，第88-91页。

秀传统文化的文创理念与文创产业正在形成并发展①,全民族的文化自信得到全方位彰显,极大地增强了全社会的凝聚力和向心力,意识形态领域形势发生全局性、根本性转变。

这一时期,马克思主义基本原理与中华优秀传统文化的结合走向了新高度、新境界,从一种内在于马克思主义中国化历程中的文化自觉变为一个明确的指导方针。以习近平同志为主要代表的新时代中国共产党人从理论和实践双管齐下,积极推进中华优秀传统文化的创造性转化和创新性发展,生动地、透彻地为马克思主义做出中国化的阐释,发展了社会主义文化建设思想,制定了建设社会主义文化强国的目标,有力地指引了中国人民在全社会各领域合力开展文化建设,开辟了马克思主义与中国文化结合的新境界,也为新时代建设文化强国厚植了精神沃土。

(四)"与传统文化相结合"的发展路径

毛泽东在《新民主主义论》中指出:"我们共产党人,多年以来,不但为中国的政治革命和经济革命而奋斗,而且为中国的文化革命而奋斗。"②在第一个百年,中国共产党带领中国人民争取政治主权的同时,以高度的文化自觉探索文化道路,将马克思主义基本原理与中国实际相结合,特别是与中华优秀传统文化相结合,走出了以马克思主义思想为根基的中国特色社会主义道路,激活了一度濒危的中华优秀传统文化,建设了马克思主义指导的中国特色社会主义文化事业并使之走向繁荣。

迈向第二个百年的新时代,"与传统文化相结合"将成为引领中华、引领世界的决定性因素之一。21世纪的全球格局,愈发体现为意识形态之争、

---

① 胡钰:《文创理念:当代文化发展的新观念》,《湖南师范大学社会科学学报》2019年第3期,第126-132页。
② 毛泽东:《毛泽东选集》第二卷,人民出版社,1991,第663页。

价值观之争、文化之争。传播个人化、算法政治化和信息武器化等不断激化着思潮的极化、社会的分化乃至国家的分裂。确立国家的文化主体性，刻不容缓。对内，这决定能否形成民族凝结、能否产生文化凝聚力；对外，这决定能否占据道义制高点、能否产生文化吸引力。[1]要在这世界百年未有之大变局中破局、实现中华民族伟大复兴，需通过马克思主义基本原理与中华优秀传统文化进一步深度结合，寻找新的发展点，为国家稳定发展确立精神指引，为国家治理能力现代化厚植文化底蕴，为全人类共创多彩文明提供中国智慧。

寻找从传统到现代的发展点，以马克思主义基本原理推动中华优秀传统文化的再创造。中华文化源远流长、异彩纷呈，经历了数个时代的过滤和调适，才延续至今成为人类最为悠久的文明之一。在当下的新时代新语境中，中华传统文化的传承和弘扬也要经过合理的扬弃。习近平同志指出，"要加强对中华优秀传统文化的挖掘和阐发，使中华民族最基本的文化基因与当代文化相适应、与现代社会相协调，把跨越时空、超越国界、富有永恒魅力、具有当代价值的文化精神弘扬起来"[2]。具体来看，坚持马克思主义唯物史观，在具体历史中梳理中华文化的起源与发展轨迹，稳固中华优秀传统文化根基；坚持以马克思主义辩证唯物主义为认识论，审视中华文化的价值，萃取符合历史前进方向的优秀部分；坚持马克思主义的人民立场，推动中华优秀传统文化的创造性转化与创新性发展，融合革命文化、西方文化，形成凝聚人心、团结力量的文化共识，焕发全民文化热情，强化全民文化认同。以此为方法和方向，推动中华优秀传统文化创造性转化、创新性发展，激活中华文明的生命力。

---

[1] 胡钰、薛静：《论人类新文明视野下的中华文化建设》，《出版发行研究》2019 年第 1 期，第 5-9 页。
[2] 习近平：《在哲学社会科学工作座谈会上的讲话》，http://news.xinhuanet.com/politics/2016-05/18/c_1118891128.htm。

寻找从思想到实践的发展点，以中华优秀传统文化阐释马克思主义的中国化和大众化。民族内涵是马克思主义在中国生根发芽的精神内核。对于如何阐释我们独特的民族性、阐释"中国特色"，习近平同志提出："宣传阐释中国特色，要讲清楚每个国家和民族的历史传统、文化积淀、基本国情不同，其发展道路必然有着自己的特色；讲清楚中华文化积淀着中华民族最深沉的精神追求，是中华民族生生不息、发展壮大的丰厚滋养；讲清楚中华优秀传统文化是中华民族的突出优势，是我们最深厚的文化软实力；讲清楚中国特色社会主义植根于中华文化沃土、反映中国人民意愿、适应中国和时代发展进步要求，有着深厚历史渊源和广泛现实基础。"[①] "四个讲清楚"都凸显了中华文化对于解读中国道路独特性和优越性之重要。中华文化能够以精神共振激发人民对马克思主义道路的信心、对本民族的信心。只有人民认同中国道路，认同中华文化的优秀传统，认同本国的文化血脉，认同自身的文化基因，全民族才能以自信的状态与其他国家民族进行平等的交流交往，中国才能与世界各国建立平等互惠的关系。为此，可以从中华优秀传统文化中挖掘人民对美好生活的期待，提升马克思主义在当代中国的感召力；从中华优秀传统文化中挖掘生存观和发展观，厚植中国式现代化道路的文化根基；从中华优秀传统文化中挖掘人类共通的社会理想，彰显人类命运共同体思想的影响力。

寻找从中国到世界的发展点，发扬"人类文明新形态"的新文明理念，为人类命运共同体贡献中国智慧。源起于欧洲的两次世界大战给全人类留下了巨大的创伤。很多国家达成共识，以武力征服、政资合谋、打出"和平"的旧方，可能会导致更深的分裂。在《联合国气候变化框架公约》第 26 次缔

---

① 《习近平在全国宣传思想工作会议上强调 胸怀大局把握大势着眼大事 努力把宣传思想工作做得更好》，https://news.12371.cn/2013/08/21/ARTI1377027196674576.shtml.

约方大会上，印度学者维贾伊·普拉沙德（Vijay Prashard）发表"愤怒宣言"，痛斥一些国家"永恒的殖民心态和殖民结构"，引起强烈共鸣。梁漱溟在一百年前有言，中华文明"总是化异为同，自分而合，末后化合出此伟大局面来，数千年趋势甚明"①。这种以和为贵的文明理念，更能提供一种和平方案，联合全世界人民共同应对当下生态危机、霸权宰治、恐怖主义、疫情防控与治理等挑战。在过去一百年里，中国已经证明，善用马克思主义与中华优秀传统文化在合一观、民本观、生态观、实践观等方面的相通之处，来自西方的马克思主义与中国现实、与中国文化就能够彼此结合，从而走出中国式现代化的新道路，创造"人类文明新形态"。未来，中国将继续以中华优秀传统文化为基底，发挥中国特色社会主义的制度优势，在发展物质文明的同时，坚持政治文明、精神文明、社会文明、生态文明的同步协调；继续坚持"人类命运共同体"，走出一条扩大中西方人民利益汇合点、弘扬全人类共同价值、促进和谐相处、增进包容理解的文化道路；继续以"人类文明新形态"的新文明理念，破解"文明冲突论"迷思，倡导人类和平发展进步。

（五）增强中华民族的文化主体性意识

中国共产党将马克思主义与中华优秀传统文化相结合的百年历程，既是实现第一个百年奋斗目标的历程，也是中国共产党人带领中国人民以文化自觉共创中国文化现代化转型的百年历程。百年前，我们的文化一度支离破碎。百年后的今天，中华文化成为中华民族发展最深沉、最厚重的力量，"与传统文化相结合"成为引领国家文化建设的旗帜，成为实现两个一百年奋斗目标的重要精神力量。

钱穆在其作《文化学大义》中曾言，"今天的中国问题，乃至世界问题，

---

① 梁漱溟：《中国文化要义》，人民出版社，2005，第261页。

并不仅是一个军事的、经济的、政治的，或是外交的问题，而已是一个整个世界人类的文化问题。一切问题都从文化问题产生，也都该从文化问题来求解决"①。这些话放在今天依然适用。文化建设问题，是第一个百年历程之必要，更是第二个百年历程中之首要。没有将马克思主义与中华优秀传统文化相结合，就不会有马克思主义中国化的理论创新，不会有中国特色社会主义道路的诞生，更遑论中华民族的伟大复兴。18 世纪，德国哲学家艾伯特·史怀哲（Albert Schweitzer）、戈特弗里德·威廉·莱布尼茨（Gottfried Wilhelm Leibniz）和美籍华裔哲学家成中英曾感叹中国文化在伦理、修养、合作、道德、宇宙观等方面之先行。21 世纪，中国共产党将继续坚持"与传统文化相结合"的方法，带领中国人民继承文化传统，回答新征程上的时代之问，弘扬传统，继往开来，创造更具有先进意义和示范意义的中华文明。用新的实践表明，世界从中国受益的不仅是在经济方面，更是在文化方面。

人类新文明是人类团结的新旗帜。构建人类命运共同体，关键是建设人类的共同文明，弘扬和平、发展、公平、正义、民主、自由的全人类共同价值观。人类不需要强迫的、统一的、同质的文明进程，更不需要霸权的、暴力的、对立的文明形态。

2021 年是中国共产党成立一百周年的重要历史时刻，在党和人民胜利实现第一个百年奋斗目标、全面建成小康社会后，全党全国各族人民正在向着全面建成社会主义现代化强国的第二个百年奋斗目标迈进。党的十九大对实现第二个百年奋斗目标作出分两个阶段推进的战略安排，从 2020 年到 2035 年基本实现社会主义现代化，从 2035 年到本世纪中叶把我国建成社会主义现代化强国；到 2049 年，我国物质文明、政治文明、精神文明、社会文明、生态文明将全面提升，中华民族将以更加昂扬的姿态屹立于世界民族之林，在

---

① 钱穆：《文化学大义》，九州出版社，2012，第 1 页。

此过程中，要不断增强中华民族的文化主体性意识，深入研究基于中华文化又适用于世界的全人类共同价值观并积极传播。新时代的文化发展，将以海纳百川、兼容并蓄的文化精神为核心，为中华民族未来发展提供源源不断的精神能量，为全世界多彩文明的形成注入中国力量。

二、基于中国文化精神中的新闻价值

《中共中央关于党的百年奋斗重大成就和历史经验的决议》强调，中华优秀传统文化是中华民族的突出优势，是我们在世界文化激荡中站稳脚跟的根基，必须结合新的时代条件传承和弘扬好。我们实施中华优秀传统文化传承发展工程，推动中华优秀传统文化创造性转化、创新性发展，增强全社会文物保护意识，加大文化遗产保护力度。加快国际传播能力建设，向世界讲好中国故事，传播好中国声音，促进人类文明交流互鉴，国家文化软实力、中华文化影响力明显提升。[1]

这是回首百年奋斗历程总结的基本经验，对中华文化特别是优秀传统文化的历史意义与当代价值作出了清晰有力的论断。一方面，把中华优秀传统文化视为中华民族的突出优势；另一方面，也指出要在世界文化激荡中站稳脚跟，依然要把中华优秀传统文化作为根基。对于当代中国新闻工作者来说，要切实挖掘好中华文化的精髓，以中国文化精神指导新闻舆论实践。

在中华优秀传统文化中挖掘最具当代价值、世界意义的内容，就要从中国文化中深层次的精神入手，找到精髓，体现要义。楼宇烈认为："与西方文化相比，以人为本的人文精神是中国文化最根本的精神，也是一个最重要的特征。"[2] "中国传统文化如果从整体上来把握的话，那么人文精神可说

---

[1]《中共中央关于党的百年奋斗重大成就和历史经验的决议》，《人民日报》2021年11月17日。
[2] 楼宇烈：《中国文化的根本精神》，中华书局，2016，第46页。

是它的最主要和最鲜明的特征。"①这两句话体现了中华文化的鲜明人文特质，也表明了中华文化的深厚人文内涵。杨伯峻对《论语》的用词进行了研究，发现其中出现"人"的地方达到162次，其中114次的用法是一般意义上的使用，凸显了《论语》对"人"的关注。事实上，中华文化对人的关注是一以贯之的，是全方位的，既关注人的身心本体，也关注人的社会存在，由此形成了以儒释道为代表的不同思想文化学说，而儒释道也共同构成中国千年以来的政治框架、伦理框架与精神框架，成为稳定的文化框架，共同支撑人文精神的实现。

中华文化精神的基本特征是：以人为本的世界观、以德为本的人生观、以和为本的价值观。

在中华文化中，以人为本的世界观体现在处理人与神、人与物的关系上，坚持人的优先地位。从最早期的经典文献《尚书》开始，就提出"惟人万物之灵"的观点，《礼记》中也提出，"故人者，其天地之德，阴阳之交，鬼神之会，五行之秀气也"。作为"万物之灵"的人，集合了天地、阴阳、鬼神与五行之精华，用《荀子》中的话来说，"人有气、有生、有知，亦且有义，故最为天下贵也"。在天地人中间，人处于核心的、主动的、高贵的地位。

在中华文化中，以德为本的人生观体现在处理个体与外界的矛盾时，以"向内求"来解决问题，这是一种伦理性与内敛性的精神。《孟子》有言："天下之本在国，国之本在家，家之本在身。"要治身，在求仁。"仁者如射，射者正己而后发。发而不中，不怨胜己者，反求诸己而已矣。""行有不得者皆反求诸己，其身正而天下归之。"在出现冲突时、困难时，中华文化讲求的是"反求诸己"，从自己身上找问题，而不是埋怨他人，不是推卸责任，更不是找"替罪羊"，这是中华人文精神的重要内涵。值得提出的是，中华文化

---

① 楼宇烈：《中国文化的根本精神》，中华书局，2016，第221页。

重视精神追求，并不否认人情与物欲，也赞同满足合理的人情与欲望，但反对纵欲，因为纵欲给社会发展带来破坏。《礼记》提出："敖不可长，欲不可从，志不可满，乐不可极。"四句话体现了承认人有情与欲，即傲慢、欲望、志向、享乐，但都不可过分，要节制。董仲舒在《春秋繁露》中提出："使人人从其欲，快其意，以逐无穷，是大乱人伦而靡斯财用也。"换言之，中华文化的人生观不在"去欲"，而在"节欲"。追求"心平愉"来治心，以"重己役物"来把握个人精神与物质的关系，这是中华人文精神的重要内涵。

在中华文化中，以和为本的价值观体现在处理社会多样性存在时的智慧，以"和而不同"来面对差异性，这是一种包容性与平等性的精神。《论语》上讲："礼之用，和为贵。"中国人对"和为贵"的崇尚贯穿于自天子以至于平民、自政治军国大事以至于邻里街坊日常生活。这种和谐是中华文化处理社会关系时追求的最高目标。"和"是基于多样性的和谐，形不和而实和，"同"是基于单一性的不和谐，形和而实不和。如同五味调和做出美味、五音调和奏出乐音，中华文化追求"多的一"而不是"一的一"，与此同时，"和"体现了君子之道，"同"体现了小人之道，这是中华人文精神的重要内涵。"和而不同"的精神在处理国家之间的事务中，体现为中华文化对和平的崇尚，其中，墨子的"兼爱""非攻"思想值得高度重视。如何解决战争频仍的状态？《墨子》中说："以兼相爱、交相利之法易之。然则兼相爱、交相利之法将奈何哉？子墨子言：视人之国若视其国，视人之家若视其家，视人之身若视其身。"在墨子看来，"若繁为攻伐，此实天下之巨害也。今欲为仁义，求为上士，尚欲中圣王之道，下欲中国家百姓之利，故当若非攻之为说，而将不可不察者此也"。墨子的这种思想，体现了高度的共情力与同理心，体现了天下大同的追求，这是中华人文精神的重要内涵。

人文精神是中华文化的主要内核与根本特征，是维系中华文明绵延不绝的血脉，是其持续发展的精神主线，也是理解中华文化的精神内核。事实上，中华民族数千年来的价值观念、民族气质、制度选择、文化艺术等都主要源于这一精神的滋养。理解了人文精神，才能把握中华优秀传统文化的精髓；在人文精神的指导下开展新闻舆论工作，才能把握当代中国新闻传播中的主体性与主动权。

构建当代中国新闻观念的意义在于为人类新闻活动提供有别于西方新闻学的"另一种解释"，开辟"另一种道路"，这一新的选择源于中国历史文化与新闻实践，也源于建立更加公正、民主、自由以及更加符合广大第三世界国家利益的新闻传播新秩序的需求。对当代世界来说，要推动建立文化多样性的现代化，而不是文化单一性的现代化。基于中国文化精神的新闻价值正是人类文化多样性的体现与建设。

与西方新闻学相比，基于中国文化精神的新闻价值表现出的内涵有：人民性新闻立场、有机性新闻参与、人文性的新闻文化。简言之，这体现了新闻活动在当代社会中的积极理念、姿态与效果。

以人为本，坚持人民性的新闻立场。新闻价值的重要内涵在于新闻立场，即新闻业"为什么人服务"的问题。从"为人民服务"到"以人民为中心"，成为"人民的报纸"始终是中国新闻人、新闻业追求的核心目标。以人为本的世界观要求新闻工作围绕"人民"展开，坚持"人民"的核心地位，成为人民利益的坚定维护者。1944年2月16日，延安《解放日报》在创刊一千期的社论中鲜明地指出："我们的报纸是中国共产党的党报，是人民大众的报纸，这是我们这个报纸的第一个特点。""我们与有些报纸不同，不是为着少数人的利益，或者为着他们的趣味，而去卑躬屈节。"[①]

以德为本，开展有机性的新闻参与。新闻活动成为当代社会沟通的最重要手段，也成为形成社会舆论的最重要手段，新闻的力量主要体现在舆论力量上。以德为本的人生观要求在开展新闻工作的过程中，既要进行积极性的

---

① 中国社会科学院新闻研究所：《中国共产党新闻工作文件汇编》下卷，新华出版社，1980，第66页。

舆论引导，又要开展建设性的舆论监督。舆论导向问题在中国特色新闻观念中至关重要。舆论导向正确与否，决定了新闻舆论能否发挥积极的作用。正确的舆论导向，既取决于新闻报道的立场，也受到新闻报道技巧的影响，更深层次的，还是在新闻观念中有明确的"以德为本"的自我约束意识，即选择报道对象、报道角度、报道时间等，要坚持"时、度、效"的统一，认识到不能"有闻必录"，不能一律求快，按照正向性的效果原则来把握"新闻、旧闻、不闻"。

以和为本，形成人文性的新闻文化。中华优秀传统文化中突出的精神特质是人文精神，即对人本主义、民本主义的坚守，对人的价值、人的精神世界的关注，对普罗大众发自内心的爱护与尊重，这些是中华传统中的宝贵文化基因，也是新闻文化中的核心要素。充满人文感的新闻文化既体现了中国特色的文化传统，也建设了中国特色的当代文化。向世界传播中华人文精神，在当代开展中华文化的国际传播，是一种更具创新意义的广义国际传播观，突破了仅仅以新闻传播为主体的狭义国际传播观。基于中华文化立场，提升中华文化与中国形象的国际影响力，必须树立"大传播观"，具体来看，要增强两个方面的意识，一是人类意识，从人类面临的共同挑战和共同福祉追求来设计传播方式与内容，既要传播中国，也要传播世界，既要贡献中国，也要贡献世界；二是人民意识，推动中华文化"走出去"，提升中华文化与中国形象影响力，是全民的使命，中华民族的每个成员都享受中华文化的福祉，也都是中华文化的载体，事实上，全民性、多主体地推动中华人文精神、中国国家形象的国际传播，才能让中华文化与当代中国的国际影响力持续提升。

三、坚定文化自信的新闻观念

近代以来的国人对自己的民族文化有着复杂的感情：一方面，五千多年没有断流的文明史足以让国人自豪；另一方面，1840年以来的挨打落后又让一部分国人对自己的文化产生怀疑。1949年以来，随着中国站起来、富起来、强起来，中国人的文化自觉愈发清晰，民族的文化认同感也愈发明确。

党的十八大以来，历史传统、文化建设的受重视程度大幅度提升。2013年12月十八届中央政治局第十二次集体学习时，主题就是"提高国家文化软实力"。2014年10月十八届中央政治局第十八次集体学习时，习近平指出："怎样对待本国历史？怎样对待本国传统文化？这是任何国家在实现现代化过程中都必须解决好的问题。"同时，鲜明地指出："中华优秀传统文化是我们最深厚的文化软实力，也是中国特色社会主义植根的文化沃土。"[①]最具有标志性、引领性意义的是，在2016年7月1日召开的庆祝中国共产党成立95周年大会上，习近平首次明确提出了包括"文化自信"在内的"四个自信"，并指出："文化自信，是更基础、更广泛、更深厚的自信。在5000多年文明发展中孕育的中华优秀传统文化，在党和人民伟大斗争中孕育的革命文化和社会主义先进文化，积淀着中华民族最深层的精神追求，代表着中华民族独特的精神标识。我们要弘扬社会主义核心价值观，弘扬以爱国主义为核心的民族精神和以改革创新为核心的时代精神，不断增强全党全国各族人民的精神力量。"[②]在2016年11月召开的中国文联十大、中国作协九大开幕式上，习近平进一步对此阐释，"文化自信，是更基础、更广泛、更深厚的自信，是更基本、更深沉、更持久的力量。坚定文化自信，是事关国运兴衰、事关文化安全、事关民族精神独立性的大问题"[③]。这些论断，把文化建设对于国家、民族的重大意义提高到前所未有的高度，并由此成为新时代弘扬中华文化、建设中国特色社会主义文化强国的主旋律。

---

① 习近平：《论党的宣传思想工作》，中央文献出版社，2020，第88-91页。
② 习近平：《在庆祝中国共产党成立95周年大会上的讲话》，https://www.neac.gov.cn/seac/c103077/202104/1144884.shtml。
③《习近平在中国文联十大、中国作协九大开幕式上的讲话》，http://jhsjk.people.cn/article/28915395．

值得欣喜的是，"90后""00后"新一代青年人对民族文化的认同感自发而自然，由于其成长过程中开阔的国际视野与中国的高速发展，当代青年会更加平视世界，更加信任祖国，更加对本国历史文化有亲近感。近年来以"汉服热"为代表的"国潮"现象，网络空间中青年人自发的"出征"现象，青年流行文化中把祖国偶像化为"阿中哥哥"，青年漫画家对国际霸权的讽刺创作等，都体现了当代青年文化自信感的提升，以及在面对多元文化时更加平等从容的姿态。从国潮产品的热销与研究中可以发现，当代青年正是因为文化自信更喜欢选择本国品牌，在当代中国青年看来，祖国生而伟大，东方之美与西方之美各美其美。

费孝通在1998年的"中华文化与21世纪"国际学术研讨会上的发言中谈道："中华文化在新世纪面临的一个推陈出新、继续发展的迫切课题，是我们作为炎黄子孙、中华民族这一代的成员，首先要实事求是地认识我们受之于历代祖先的中华文化。人贵有'自知之明'，一个文化也不能没有实事求是的自觉意识。""文化自觉，意思是生活在既定文化中的人对其文化有自知之明，明白它的来历、形成的过程、所具有的特色和它发展的趋向。自知之明是为了加强对文化转型的自主能力，取得决定适应新环境、新时代文化选择的自主地位。"[①]有了文化自觉，才会通过创新创造来实现文化自强，让本民族的文化不断向前发展，展现出具有时代感和世界性的魅力，最终在全民族坚定文化自信。

在新一轮全球化进程中，中国愈发成为引领者。这种引领源于中国综合国力的逐步提升，但这还远远不够。从中国历史上曾经辉煌的汉唐时期看，从国际上欧洲文艺复兴以来大国崛起的经验看，要真正成为世界的引领者，文化实力具有更加深层次、持久性的意义。对于希望实现中华民族伟大复兴

---

① 费孝通：《中国文化的重建》，华东师范大学出版社，2014，第34-35页。

的新时代中国来说，仅仅出口电视机而不出口电视剧是无法实现自己的伟大梦想的。以新闻传播能力为核心内容的国家文化软实力对于当代中国发展来说是更加迫切需要提高的能力。

当代中国文化的内容包括中华优秀传统文化、革命文化、社会主义文化，同时也受到西方文化的影响。对于这些不同的文化，当代中国新闻观念都需要吸收并形成指导新闻实践的文化价值观，而吸收的原则就是坚定文化自信的原则，即"不忘本来、吸收外来、面向未来，更好构筑中国精神、中国价值、中国力量，为人民提供精神指引"[①]。这一原则表明，当代中国新闻观念应该广泛汲取古今中外的文化资源，形成具有强大感染力、传播力的当代中国价值观。

值得注意的是，在全球化日趋深入的今天，这种文化自信不仅是为了中国文化的复兴，也是为了人类共同的命运。从历史上看，中华文化向世界各国广为传播但不以征服为目的，是开放包容的"和"的文化。中国提出"人类命运共同体"正是反映了中华文化理念对未来人类命运的思考，而这种思考也呼唤当代中国新闻传播创造更多为世界所接受的中国声音，让中国的文化价值观成为人类新文明构建的重要推力与基石。

第二节　培养马克思主义新闻观的立场、态度与能力

坚持将马克思主义本土化，与具体实践相结合，中国探索出了中国特色社会主义道路。中国特色的新闻工作在马克思主义新闻观的指导下进行，新闻观念理论也在漫长的革命和建设历程中不断丰富和发展。将中国作为方法，

[①] 习近平：《决胜全面建成小康社会 夺取新时代中国特色社会主义伟大胜利》，人民出版社，2017，第23页。

深入中国革命历史深处,返本开新,可以为马克思主义引领下的新闻观念研究提供清晰的思路和坚实的路径。

1942年5月2日,毛泽东出席延安文艺工作者座谈会并发表讲话,5月23日,再次来到会上发表讲话,这两次讲话内容分别以"引言""结论"为小标题,合为一篇后收入《毛泽东选集》,题为"在延安文艺座谈会上的讲话"(以下简称《讲话》)。至今80多年过去,重读《讲话》,依然会感受到马克思主义的理论力量与中国共产党人的文化追求,认识到社会主义中国在意识形态建设上"以人民为中心"的一以贯之的思想脉络,也进一步理解了马克思主义理论与实践相统一的历史曲折、现实挑战与时代使命。

毛泽东在《讲话》中指出,"什么是我们的问题的中心呢?我以为,我们的问题基本上是一个为群众的问题和一个如何为群众的问题"[①]。事实上,这是整个宣传思想战线上的根本问题,也是马克思主义新闻观的根本问题。深入研读《讲话》,对于把握当代马克思主义新闻观建设的根本问题、做好日趋复杂的国际国内舆论环境中的新闻工作,具有重要启示意义。

一、马克思主义新闻观的立场辨析

马克思主义新闻观的内涵首要的是立场问题,即新闻业"为什么人服务"的问题。

从历史实践的维度看,中国共产党百年新闻工作的最宝贵经验是:准确认识并坚持实践党性和人民性相统一的思想。中国共产党作为近代中国兴起的一支政治力量,之所以能从一百年前中共一大时只有50余名党员的地下党,到28年后成为中国的执政党,完成了几乎不可能的政党建设飞跃,靠的就是党的利益和人民利益的高度统一、党性和人民性的高度统一。这种统一

[①] 毛泽东:《毛泽东选集》第三卷,人民出版社,1967,第810页。

性表现在包括新闻工作在内的党的全部工作中,表现在中国共产党新闻工作的全过程中。

《讲话》开篇在谈到文艺工作者的立场问题时,明确指出"我们是站在无产阶级的和人民大众的立场"①。关于"什么是人民大众",《讲话》也明确地给予了描述,"最广大的人民,占全人口百分之九十以上的人民,是工人、农民、兵士和城市小资产阶级……这四种人,就是中华民族的最大部分,就是最广大的人民大众"②。

人民立场是马克思主义新闻观的根本立场,其基本要求在于新闻工作的服务对象是国家人口中占最大比例的人群,是民族构成中的最大部分。这一群体的基本特征是社会的劳动者,是社会主义国家的拥护者与建设者。为劳动者群体写作与为剥削者群体写作是不同的,用列宁的话来说,"这将是自由的写作,因为它不是为饱食终日的贵妇人服务,不是为百无聊赖、胖得发愁的'一万个上层分子'服务,而是为千千万万劳动人民,为这些国家的精华、国家的力量、国家的未来服务"③。

对于新闻工作为人民服务的要求,在理论上、口头上来看,没有多少人会予以反对,问题在于"抽象的肯定与具体的否定并存"的现象。换言之,理论上、口头上承认人民大众的重要性,但在实际上、行动上却与人民大众保持距离且知之甚少。《讲话》对此现象专门进行了剖析,用"不熟"与"不懂"来描述。"不熟"主要表现在"不熟悉工人,不熟悉农民,不熟悉士兵,也不熟悉他们的干部"。"不懂"主要表现在"语言不懂,就是说,对于人民群众的丰富的生动的语言,缺乏充分的知识"。"由于自己脱离群众,生活空

---

① 毛泽东:《毛泽东选集》第三卷,人民出版社,1967,第805页。
② 毛泽东:《毛泽东选集》第三卷,人民出版社,1967,第812页。
③ 中共中央马克思恩格斯列宁斯大林著作编译局:《中共中央列宁选集》第一卷,人民出版社,2020,第666页。

虚，当然也就不熟悉人民的语言，因此他们的作品不但显得语言无味，而且里面常常夹着一些生造出来的和人民的语言相对立的不三不四的词句。"①

由于"不熟"与"不懂"人民群众，新闻报道就会时常远离人民群众的生活，新闻作品中"不三不四的词句"的现象就会时常发生，为此，毛泽东亲自推动在1942年进行了延安《解放日报》的改版工作，由"不完全的党报"变成"完全的党报"。2月11日，在中共中央政治局讨论《解放日报》问题时，毛泽东指出，"《解放日报》应把主要注意力放在中国抗战、我党活动和根据地建设上面，要反映群众的活动，充实下层消息"②。3月8日，《解放日报》发表毛泽东的题词："深入群众，不尚空谈。"3月11日，在中共中央政治局讨论改造《解放日报》草案时，毛泽东指出，"报纸必须地方化，要反映地方情形。党报要反映群众，执行党的政策"，还提出发一个关于党报工作的指示。③3月16日，《中宣部为改造党报的通知》发布，其中特别指出，"各地党报的文字，应力求通俗简洁。不仅使一般干部容易看懂，而且使稍有文化的群众也可以看。通俗简洁的标准，就是要使那些识字不多而稍有政治知识的人们听了别人读报后，也能够懂得其意思"④。这段文字的要求非常具体，对"通俗简洁"的新闻报道的标准给予了极具场景感的描述，不得不说，这段文件文字自身就非常"通俗简洁"。

1942年9月20日，毛泽东起草《〈解放日报〉第四版征稿办法》，请吴玉章、艾思奇等人协助征稿，其中提出，"各同志担负征集之稿件，须加以选择修改，务使思想上无毛病，文字通顺，并力求通俗化……每篇以不超过4000字为原则，超过此字数者作为例外"⑤。如此具体的要求，从征集到

---

① 毛泽东：《毛泽东选集》第三卷，人民出版社，1967，第807-808页。
② 中共中央文献研究室：《毛泽东年谱（1893—1949）》中卷，中央文献出版社，2013，第362-368页。
③ 中共中央文献研究室：《毛泽东年谱（1893—1949）》中卷，中央文献出版社，2013，第362-368页。
④ 中国社会科学院新闻研究所：《中国共产党新闻工作文件汇编》上卷，新华出版社，1980，第127页。
⑤ 中共中央文献研究室：《毛泽东年谱（1893—1949）》中卷，中央文献出版社，2013，第404页。

修改，从字数到风格，体现的不仅是对新闻工作的重视，也充分考虑到了人民群众的阅读习惯，体现了新闻工作的人民立场。

《讲话》中谈到"为什么人的问题，是一个根本的问题，原则的问题"[①]。要让这个问题得到"完全的彻底的解决"，要坚持"两个学习"，即"学习马克思主义和学习社会"。《讲话》强调，"我们说的马克思主义，是要在群众生活群众斗争里实际发生作用的活的马克思主义，不是口头上的马克思主义"[②]。这段论述非常重要，既表明了马克思主义新闻观的人民立场，也表明了马克思主义新闻观的活的灵魂。换言之，在新闻工作中对马克思主义新闻观的坚持，必须结合具体实际，在人民群众的现实生活中，以维护多数人的利益为目标。这是检验这一根本问题是否得到解决的根本标准。

学习马克思主义，既要研读马克思主义经典作家的论述，又要善于把握马克思主义思想的实质，并把这种思想运用于分析与解决社会现实问题。对马克思主义新闻观的学习与建设来说，就是要把马克思主义的思想实质运用于分析与解决社会的新闻实践，而在这一过程中，立场问题是根本性问题，是分析与解决所有新闻选择、新闻制作、新闻传播、新闻评价等的根本出发点。是以最大多数的人民的利益为出发点，还是以少数资本方、权力者、特殊集团的利益为出发点，生产出的新闻是不一样的。《讲话》对文艺工作的首要要求是立场问题，可以视为对整个宣传思想文化领域的首要要求，这是对马克思主义思想实质的准确把握，即马克思主义是为了全人类的自由解放，而不是为了少数人的利益固化，与此同时，这也是对意识形态领域工作规律的准确把握，即首先要明确"为什么人"的根本问题与方向确立，才能由此讨论方法问题与专业能力。

[①] 毛泽东:《毛泽东选集》第三卷，人民出版社，1967，第814页。
[②] 毛泽东:《毛泽东选集》第三卷，人民出版社，1967，第815页。

二、马克思主义新闻观的态度选择

《讲话》中指出,"随着立场,就发生我们对于各种具体事物所采取的具体态度。比如说,歌颂呢,还是暴露呢?这就是态度问题"[①]。这一问题对于马克思主义新闻观的认识与实践很重要,新闻工作是基于事实选择的事实呈现,在事实选择中有隐含的态度,不同的态度会有不同的取舍,在事实呈现中也有隐含的态度,不同的态度会有不同的叙事。尽管在新闻报道中始终有客观性的追求,但根据马克思主义认识论,新闻对事实的报道是主观对客观的认识的体现,不是机械反映论,而是基于客观事实的主观能动的选择。因此,选择歌颂的态度看到的事物、呈现的报道对象,与选择暴露的态度看到的事物、呈现的报道对象,会产生大相径庭的报道内容。

《讲话》对态度问题的回答不是一刀切的而是具体的,即两种态度都需要,"问题是在对什么人"。具体来看,"有三种人,一种是敌人,一种是统一战线中的同盟者,一种是自己人"[②]。对于敌人,任务是暴露他们的残暴和欺骗;对于同盟者,应该是有联合有批评。"至于对人民群众,对人民的劳动和斗争,对人民的军队,对人民的政党,我们当然应该赞扬。"[③]尽管人民也有缺点,但"只要不是坚持错误的人,我们就不应该只看到片面就去错误地讥笑他们,甚至敌视他们。我们所写的东西,应该是使他们团结,使他们进步,使他们同心同德,向前奋斗,去掉落后的东西,发扬革命的东西,而决不是相反"[④]。这种态度选择的好恶是光明磊落的,不是欲盖弥彰的。马克思主义者从不隐瞒自己的态度,更不会在意识形态领域以所谓客观中立之名掩盖价值观选择与利益维护之实。

[①] 毛泽东:《毛泽东选集》第三卷,人民出版社,1967,第 805 页。
[②] 毛泽东:《毛泽东选集》第三卷,人民出版社,1967,第 805 页。
[③] 毛泽东:《毛泽东选集》第三卷,人民出版社,1967,第 806 页。
[④] 毛泽东:《毛泽东选集》第三卷,人民出版社,1967,第 806 页。

第六章 实践之问：何以建构真实、积极的新闻观念？ 237

这种态度选择的原则体现在新闻工作中，就不是客观主义无条件的"有闻必录"，更不是以揭丑为目标，以冲突性事件为标准，而要看报道对象是什么人，由此决定新闻报道的事实选择与情绪基调。对于人民的缺点是需要批评的，"但必须是真正站在人民的立场上，用保护人民、教育人民的满腔热情来说话"。"讽刺是永远需要的。但是有几种讽刺：有对付敌人的，有对付同盟者的，有对付自己队伍的，态度各有不同。我们并不一般地反对讽刺，但是必须废除讽刺的乱用。"[1]不分对象、不分场合地一味批评，既可能产生认识上的片面性，也可能引发情绪上的冲突性，不利于问题的解决。马克思主义新闻观指导的新闻实践不是追求短期的新闻轰动效应，而是务求长期的新闻社会效果，以新闻工作参与社会治理，推动社会进步。马克思主义新闻观不是媒介中心的新闻专业主义，其实质是新闻个人主义、商业主义，而是人民中心的新闻治理主义，其实质是新闻有机主义、进步主义。

1942年2月，毛泽东参观延安美协举办的讽刺画展览后，邀请华君武等几位作者谈话。在谈话中讨论了如何通过漫画来讽刺不良现象，其间，华君武问了一个问题：有一次发大水，山洪把西瓜地里的西瓜冲到河里，鲁迅艺术学院有些人下河捞西瓜，但捞上来后没有交还给种西瓜的农民而是自己带回去吃了，这样的漫画可不可以画呢？毛泽东回答说：这样的漫画，在鲁迅艺术学院内部是可以画的，也可以展出，而且可以画得尖锐一些。如果发表在全国性的报上，那就要慎重，因为影响很大。对人民的缺点不要老是讽刺，对人民要鼓励。对人民的缺点不要冷嘲，不要冷眼旁观，要热讽。[2]这一回答充分体现了基于人民立场的态度选择：要热讽不要冷嘲。"热"体现为善意、克制与建设性，"冷"表现为不分对象、不计后果。这对于马克思主义

---

[1] 毛泽东：《毛泽东选集》第三卷，人民出版社，1967，第829页。
[2] 中共中央文献研究室：《毛泽东年谱（1893—1949）》中卷，中央文献出版社，2013，第363页。

新闻观指导下的新闻舆论监督极有针对性,具体来看,在批评报道人民群众中的各种不良现象时,要坚持"内外有别、热讽为主"的原则。对于人民群众中的负面现象要予以理性的分析、善意的揭示与积极的建议,而不是讥笑甚至敌视。

《讲话》批评了"暴露文学"的现象,认为"简直是专门宣传悲观厌世的"。事实上,在新闻活动中,也有一种"暴露新闻"的现象,以暴露所谓社会的黑暗面为主要追求。产生这种现象恰恰说明了一些糊涂认识,要么是情感价值出了问题,没有理解服务人民的立场与态度,要么是思想方法出了问题,看不到光明因而写不出光明。对于马克思主义新闻观来说,对一切危害人民群众的黑暗必须暴露,对一切利于人民群众的光明必须歌颂,简单地以"一半对一半"的比重来体现"新闻的平衡",或者不分对象、不计后果地暴露都是不对的。

主要报道人民的积极面与社会主义的光明性,鲜明地体现了中国特色新闻学的内涵,即人民性新闻立场与有机性新闻参与。[①]对于新闻工作者来说,要把自身视为国家与社会的有机组成而不是旁观者甚至批判者,而不是媒介中心主义的所谓"无冕之王",要按照列宁所说,"摆脱了资本,摆脱了名位主义,甚至也摆脱了资产阶级无政府主义的个人主义"[②]。这"三个摆脱"对于理解马克思主义新闻观的内涵与要求,具有极其现实的针对性与操作性。好的新闻作品,能够产生催人奋进的力量;好的新闻工作者,能够深深扎根在实际中、生活中、群众中;好的新闻媒体,能够持续产出好的新闻作品与新闻工作者。

马克思主义新闻观的态度选择的理性基础是人民立场,感性基础是人民

[①] 胡钰:《构建中国特色新闻学的时代背景、理论起点与概念内涵》,《新闻与写作》2021 年第 7 期,第 5-14 页。

[②] 中共中央马克思恩格斯列宁斯大林著作编译局:《列宁选集》第一卷,人民出版社,2020,第 665 页。

情感，前者往往以后者为深层次、隐含性基础。人民立场的标志，主要表现在自身的思想感情和人民大众的思想感情打成一片。"你要群众了解你，你要和群众打成一片，就得下决心，经过长期的甚至是痛苦的磨炼。"①令人感动的是，毛泽东在此次讲话中，还特别交心地谈了自己的感情变化经历："我是个学生出身的人……那时，我觉得世界上干净的人只有知识分子，工人农民总是比较脏的……革命了，同工人农民和革命军的战士在一起了，我逐渐熟悉了他们，他们也逐渐熟悉了我……拿未曾改造的知识分子和工人农民比较，就觉得知识分子不干净了，最干净的还是工人农民，尽管他们手是黑的，脚上有牛屎，还是比资产阶级和小资产阶级知识分子都干净。"②在毛泽东看来，"要使自己的作品为群众所欢迎，就得把自己的思想感情来一个变化，来一番改造。没有这个变化，没有这个改造，什么事情都是做不好的，都是格格不入的"③。这种情感上的特征具有典型性，在以知识分子为主要群体的新闻工作者中更是具有普遍性，能够如毛泽东所言自觉实现情感上的变化，才有可能真正平等地对待群众、学习群众，而不是仅仅口头上、学术中的人民性、公共性等抽象概念。

三、马克思主义新闻观的能力提升

《讲话》中指出："为什么人服务的问题解决了，接着的问题就是如何去服务。"④这其实就是一个能力问题，即知道了方向还需要掌握方法。对马克思主义新闻观的建设来说，也是如此，既要知道新闻工作的方向，又要持续提升新闻工作能力，才能因应日趋变化与复杂的媒介化社会与媒介化世界。

---

① 毛泽东：《毛泽东选集》第三卷，人民出版社，1967，第 808 页。
② 毛泽东：《毛泽东选集》第三卷，人民出版社，1967，第 808 页。
③ 毛泽东：《毛泽东选集》第三卷，人民出版社，1967，第 808 页。
④ 毛泽东：《毛泽东选集》第三卷，人民出版社，1967，第 815-816 页。

为此,需要深刻认识与把握马克思主义新闻观理论与实践中的一些重要关系。

其一,理解政治专门家与群众政治家的统一。马克思主义新闻观要求新闻工作坚持党性和人民性相统一,坚持正确的政治方向。《讲话》中明确指出,"在现在世界上,一切文化或文学艺术都是属于一定的阶级,属于一定的政治路线的……和政治并行或互相独立的艺术,实际上是不存在的"[①]。对于新闻活动也是如此,和政治并行或互相独立的新闻,实际上是不存在的。一切新闻活动都是属于一定的阶级,属于一定的政治路线的。"任何阶级社会中的任何阶级,总是以政治标准放在第一位,以艺术标准放在第二位的。"[②]这句论述在当今世界来看,特别是对目前一些西方国家蔓延的"身份政治正确"现象而言,都仍具有洞察性、针对性与真理性。

值得重视的是,说文艺服从于政治或新闻服从于政治,要对政治的内涵有准确的认识。《讲话》中指出,"这政治是指阶级的政治、群众的政治,不是所谓少数政治家的政治"[③]。这段论述表明,在理解新闻的政治性时,要特别重视从宏观的、本质的视角来理解政治,理解政治要求的实质与目标。在马克思主义者看来,政治性不是政客政治、政党政治,不是为了个别人利益或个别政党利益的政治,而是人民政治,是为了最广大人民利益的政治。《讲话》中的表述很清晰,"革命的政治家们,懂得革命的政治科学或政治艺术的政治专门家们,他们只是千千万万的群众政治家的领袖,他们的任务在于把群众政治家的意见集中起来,加以提炼,再使之回到群众中去,为群众所接受,所实践,而不是闭门造车,自作聪明,只此一家,别无分店的那种贵族式的所谓'政治家'"[④]。

---

① 毛泽东:《毛泽东选集》第三卷,人民出版社,1967,第822页。
② 毛泽东:《毛泽东选集》第三卷,人民出版社,1967,第826页。
③ 毛泽东:《毛泽东选集》第三卷,人民出版社,1967,第823页。
④ 毛泽东:《毛泽东选集》第三卷,人民出版社,1967,第823页。

此次文艺座谈会的组织过程就体现了政治专门家与群众政治家的统一。据胡乔木回忆,在会前,毛泽东做了大量调查研究工作,给许多作家写信,找了许多作家谈话,对有些人,信不止一封,谈话不止一次。让作家们帮他搜集材料,提供有关文艺工作的意见。在5月16日召开的第二次会议期间,整天时间,毛泽东都认真地听取大家的发言,并不时地做着记录。在会后,毛泽东对讲话速记稿听取不同意见,反复推敲、修改,直至1943年10月19日鲁迅逝世7周年时,讲话全文正式在《解放日报》上发表。[①]

要提升马克思主义新闻观的能力,就要善于发现千千万万群众政治家的经验、教训,推动其与政治专门家们的判断、决策结合起来,形成推动社会进步的合力。1942年延安《解放日报》改版后,总政治部专门发文要求全军为报纸供稿,提出"发动部队各级有写作能力的干部,特别是做宣传工作的同志,经常写稿,并指定各级政治部宣传部(科)长,各级司令部作战教育科(股)负责同志,任特约通讯员,担负组织这一工作的责任"[②]。关于如何写稿的内容要求,强调"要有实际而新鲜的内容,多取具体材料,少加分析,不要说空话"[③]。这种对"千千万万群众政治家"的动员和组织,以及写稿中"实际而新鲜的内容"的具体要求,体现了对精英政治、空头政治的反对,体现了马克思主义的政治观与新闻观。在当代中国新闻工作中,要特别重视全党办报、群众办报的传统的传承与创新,动员更多的基层干部、各界群众参与新闻活动,尤其是社交媒体主导的新闻传播活动,有组织地、最大限度地发挥各方力量特别是青年力量参与,会有效地提升新闻舆论场的清朗气质。

其二,理解群众学生与群众先生的统一。《讲话》中指出:"只有代表

---

① 胡乔木:《延安文艺座谈会前后》,《党史文汇》2012年第5期,第13-15页。
② 中国社会科学院新闻研究所:《中国共产党新闻工作文件汇编》上卷,新华出版社,1980,第130页。
③ 中国社会科学院新闻研究所:《中国共产党新闻工作文件汇编》上卷,新华出版社,1980,第130页。

群众才能教育群众，只有做群众的学生才能做群众的先生。如果把自己看作群众的主人，看作高踞于'下等人'头上的贵族，那末，不管他们有多大的才能，也是群众所不需要的，他们的工作是没有前途的。"[①]马克思主义新闻观要求走群众路线，源于群众，服务群众，要提升群众工作的能力，把握好新闻媒体与群众的平等、互动、紧密的关系是至关重要的。如果新闻媒体对群众采取俯视态度，就会远离群众的现实，既没有群众的语言，也没有群众的需求，也就无法到达群众。

1942年9月7日，毛泽东亲自为《解放日报》撰写社论《一个极其重要的政策》谈精兵简政政策，谈到当时中国抗日面临的"黎明前的黑暗"与"抗日航船的暗礁"即物质困难，为此要缩小根据地的庞大机构，针对许多人不愿把自己亲手建立起来的机构缩小，文章用生动的比喻来说明。"气候变化了，衣服必须随着变化。每年的春夏之交，夏秋之交，秋冬之交和冬春之交，各要变换一次衣服。但是人们往往在那'之交'不会变换衣服，要闹出些毛病来，这就是由于习惯的力量。目前根据地的情况已经要求我们褪去冬衣，穿起夏服，以便轻轻快快地同敌人作斗争，我们却还是一身臃肿，头重脚轻，很不适于作战。"[②]这篇文章现在读来，依然清晰、生动且极富说服力，充分体现了"代表群众才能教育群众"的理念，体现了实践马克思主义新闻观的舆论引导能力。通过新闻报道、言论引导舆论，改变群众认识，是新闻工作的重要任务，而要在日趋复杂的舆论环境中实现这一任务，对能力的要求越来越高，其关键在于能够懂得群众、代表群众，先学习群众，再引导群众。

《讲话》对于如何彻底解决知识分子与群众的结合问题有着透彻的论述，提出要学习鲁迅甘为人民大众"孺子牛"的精神，"知识分子要和群众结合，

---

① 毛泽东：《毛泽东选集》第三卷，人民出版社，1967，第821页。
② 毛泽东：《毛泽东选集》第三卷，人民出版社，1967，第838页。

要为群众服务，需要一个互相认识的过程。这个过程可能而且一定会发生许多痛苦，许多摩擦，但是只要大家有决心，这些要求是能够达到的"①。《讲话》批评了抽象的人性论，批评了资产阶级所谓"唯一的人性"，提出世上只有具体的人性，指出马克思主义主张"无产阶级的人性，人民大众的人性"。这对于如何理解社会主义新闻工作者与人民群众的情感具有极强的针对性与解释力。"爱是观念的东西，是客观实践的产物。我们根本上不是从观念出发，而是从客观实践出发。""世上决没有无缘无故的爱，也没有无缘无故的恨。"②在新闻工作中，葆有基于共同民族身份、阶级属性的具体的爱，就能发自内心地与人民群众打成一片，从人民群众中汲取营养并以自身的新闻工作服务于人民群众。

其三，理解动机与效果的统一。《讲话》提出评价文艺作品的好坏不能只看动机（主观愿望）或效果（社会实践），指出"我们是辩证唯物主义的动机和效果的统一论者"。这点要求对于马克思主义新闻观的能力提升来说无疑是一条重要的原则：一方面，没有基于马克思主义立场的新闻报道动机是不行的；另一方面，仅仅有基于马克思主义立场的动机，但不知道如何提升新闻传播效果也是不行的。在新闻工作中，要追求政治性动机与专业性效果的统一，政治性内容与专业性形式的统一，其核心要求是按照新闻传播规律办事。这一要求在当前的国际传播中更具有紧迫性与约束性。值得提出的是，在现实的新闻工作中，仅仅强调动机而忽视效果的现象还在一定程度上存在，具体表现在以"动机正确"来掩盖"内容枯燥""形式陈旧""效果有限"的问题，突出动机的决定性价值，忽视效果的关键性意义，缺乏与时俱进的创新，其危害是新闻报道的效果与动机脱离，乃至会出现"低级红"

---

① 毛泽东：《毛泽东选集》第三卷，人民出版社，1967，第821页。
② 毛泽东：《毛泽东选集》第三卷，人民出版社，1967，第827页。

等现象，让效果与动机完全相反。这种问题是形式主义的问题，也是主观主义的问题。

《讲话》指出，"真正的好心，必须顾及效果，总结经验，研究方法"[①]。在新闻工作中，要特别注重基于效果的方法研究。这一效果不是简单的新闻媒体或报道者个人的传播影响力，而是新闻工作参与社会、推动社会进步的效果。在实际新闻工作中，为了实现正向性的社会效果，要按照马克思主义新闻观的要求提高判断力，比如说，新闻不能一味求快，对于具体问题要具体分析，有的新闻要"快报"，比如疫情中的病例情况，让全社会及时了解实情以积极应对；有的新闻要"慢报"，比如国际争端中的冲突现象，防止引起民间情绪爆发影响政府理性决策与国际舆论；有的新闻要"不报"，比如一些极端恶性社会现象，避免民众产生恐慌心理或对当事人造成伤害。简言之，一切以报道的社会效果来衡量，以能否促进社会团结与进步为标准。

当然，值得指出的是，对于"不报"的新闻，中国新闻事业中有着一种极其特殊而有效的"内参"机制，可以通过不公开的报道反映到相关部门、相关层次，既不产生消极的、次生的社会效果，又能有效推动问题的解决。1952年1月，新华社向内参读者发出征求意见表，毛泽东是这样填写的："我认为此种内部参考资料甚为有益。凡重要者，应发到有关部门和有关地方的负责同志，引起他们注意。各大区和各省市最好都有此种内部参考，收集和刊印本区本省本市的内部参考资料。"[②]1969年，毛泽东针对记者写内参指出，"中央给记者的任务就是如实反映情况。记者反映情况就是执行自己的职责。中央怎样判断，这是中央的事……调查应本实事求是原则，有则有，

---

① 毛泽东：《毛泽东选集》第三卷，人民出版社，1967，第830页。
② 刘宪阁：《毛泽东是怎样用内参来治国理政的》，http://dangshi.people.com.cn/gb/n1/2017/0315/c85037-29145621.html。

无则无，多则多，少则少，力避主观夸大，但也不要故意缩小"①。毛泽东的这两段话，分别强调了内参的重要性和方法论。事实上，不论从实践上还是从理论上看，内参机制的完善、内参作用的发挥、内参人才的培养，对于当代马克思主义新闻观的能力提升，实现新闻工作动机与效果的统一都具有重要意义。

马克思主义新闻观是中国特色新闻事业与中国特色新闻学的最突出特色，这一指导思想不是新中国成立后或近些年出现的，而是从中国共产党建党开始就提出的，在实践中特别是在革命斗争的曲折进程中不断完善，在延安时期逐渐稳定成型。这一成熟的指导思想让中国共产党新闻事业发挥了不可替代的作用，获得了人民的认可，推动中国革命取得成功。从新中国成立以来的中国新闻实践看，坚持了马克思主义新闻观的精神实质，新闻事业就能发挥显著的积极作用，反之，则无太大效果乃至会产生消极作用。因此，对于马克思主义新闻观的坚持必须把握住"为群众的问题和如何为群众的问题"这一主线，基于时代的变化特别是媒介形态的变化，始终关注多数人的特点，服务多数人的利益。

值得重视的是，当代社交媒体既给新闻活动带来了前所未有的变化与挑战，也为"全党办报""全民办报"提供了崭新的技术条件与实现可能。这种新的媒介形态与延安时期是完全不同的，完全照搬延安时期的新闻工作方法是不行的，但完全抛弃延安时期的新闻工作原则也是不行的。特别是在国际环境中、市场环境中，如果背离了马克思主义新闻观的基本要求，就会忘记底线和目标，出现背离人民利益的新闻活动。如何让新的媒介形态更好地发挥多数人的作用、服务多数人的利益，依然要从马克思主义新闻观的基本原理中找寻路径，从历史经验中找寻未来。遵循新闻规律办好新闻事业，首

---

① 徐中远：《毛泽东晚年读书纪实》，中央文献出版社，2012，第414页。

要的是尊重马克思主义新闻观的基本规律，在此基础上，结合技术、经济、社会等各方面的新变化，探索新的传播形式与策略。

《讲话》至今过去已经八十多年了，但重读这篇重要文献，依然会启发思考当代中国意识形态建设、文化建设、马克思主义新闻观建设等领域的重大理论问题与现实问题，随着时间的推移，面对各种复杂的挑战，这篇讲话的精神实质与思想方法也愈发体现其经典价值与启发意义，正所谓"万变不离其宗"，常读常新，深读深得，越是有新问题，越是要把握初心与根本。在全球化与全媒体时代，新闻舆论工作已经成为"治国理政、定国安邦"的大事，成为处理国际纷争、建设良好国际关系的利器，在此新形势下，重读经典才能返本开新，立足根本才能积极进取，如此，则是对八十多年前这次重要会议与重要讲话的最好传承。

第三节　树立新媒体时代的"新新闻伦理"

以互联网和数字媒体、智能媒体为代表的新媒体的大范围普及，将传统媒体及其新闻伦理逼上了"绝路"。世易时移，变革亦宜。马克思主义历史观倡导用发展的眼光、唯物的眼光看待时代变迁。新媒体时代取代传统媒体时代，不仅意味着媒体格局的深刻变革和政治权力的转移，也在呼唤全新的新闻伦理出现。

一、新闻伦理及其基础和适用范围

什么是新闻伦理？或者说，什么是传统媒体建构的新闻伦理？

西方业界和学界对于新闻伦理有着较为长久且深入的讨论。李普曼就对新闻的伦理维度进行过清晰的界定："除了我们自己的知识可以甄别的若干领域，我们不能在真假新闻之间做出正确判断。所以我们会在可信赖和不可信的记者之间做出选择。"[1]这表明记者是否遵循新闻伦理将直接关系到他的职业信誉。帕克强调新闻处在科学和常识的边缘，是关于我们在世界和社会中的取向，以及我们的政治参与的"一种知识"，从中可以推断出这种知识的可靠性是至关重要的。[2]

近年来，有学者从莱维纳斯哲学思想（Levinasian philosophy）的角度论证了新闻媒体需要伦理约束，认为受众和受众之间需要引入一个"他者"，即新闻媒体，或者说记者，以沟通彼此，而决定这个"他者"是否能被接受的，就是他是否符合伦理规范。[3]有学者在意识到新闻业具有的能量之后，更加将新闻伦理视为新闻实践的一种最基本的维度，认为诸如新闻信息的客观性、真实性或公正性等问题自新闻出现以来就已经被认为是新闻作为一种职业的关键要求。[4]

与西方传统媒体具有悠久历史、自成一体的新闻伦理不同，当代中国的新闻从业者基本按照党性和人民性相统一的原则聚集在新闻舆论工作的旗帜下，但也有部分将西方的新闻专业主义作为一种"成名的想象"。[5]

有主流媒体人提出，新闻伦理一方面是围绕新闻事业的理想目标和社会任务，另一方面是具体的新闻记者行为规范。[6]这种表述从宏观的新闻事业和微观的新闻记者两个角度展开，大体上可以概括新闻伦理的主要内容，但还可以补

---

[1] Lippmann W, *Public Opinion*, Harcourt, Brace and Company, 1922.
[2] Park R E, "News as a form of knowledge: A chapter in the sociology of knowledge", *American Journal of Sociology*, Vol.45, No.5, 1940, pp. 669-686.
[3] Szpunar P M, "Journalism ethics and levinas' third: Interruption in a world of multiple others", *Social Semiotics*, Vol.22, No.3, 2012, pp. 275-294.
[4] Serra J P, "Beyond propaganda and the Internet: The ethics of journalism", *Comunicação e Sociedade*, Vol.25, 2014, pp. 301-310.
[5] 陆晔、潘忠党：《成名的想象：中国社会转型过程中新闻从业者的专业主义话语建构》，《新闻学研究》2002年第4期，第17-59页。
[6] 陆洪磊：《探索媒介融合新形势下的新闻教育改革——清华大学新闻与传播学院建院15周年"全球院长论坛"综述》，《全球传媒学刊》2017年第3期，第138-147页。

充一个中观的角度,即媒体视角。从新闻媒体的角度出发,新闻伦理更多地体现在新闻实务的过程中,体现为对新闻价值的判断和报道立场的选择。

如果说新闻事业的目标和任务是新闻伦理的终极目的,记者的行为规范是新闻伦理的具体表现,那么新闻创作方式,尤其是传统媒体的新闻创作方式,则是新闻伦理赖以建立的基础。

新闻伦理的基础是传统媒体新闻创作方式,但这种创作方式正在新媒体普及的冲击下岌岌可危。新媒体快速高效的新闻创作方式使得原本传统媒体引以为傲的时效性黯然失色。2016年初,美通社正式发布的《2016中国记者职业生存状态与工作习惯》调查报告显示,包括即时通信工具、门户/行业网站、社交网站在内的数字线上渠道是记者获取新闻线索最常使用的渠道与工具,其次是电子邮件与线下活动/发布会,近4成的记者经常使用手机新闻客户端获取报道信息或新闻线索。[1]微博等新型快捷的传播手段出现之后,新闻的创作与发布趋于扁平化和碎片化,导致新闻报道的客观性、全面性受到了挑战;记者在新媒体舆论场上的媒体标签也一定程度上造成了媒体公权力的滥用。[2]

不仅是新闻伦理的基础受到了冲击,新闻伦理的适用范围也在不断缩小。有学者将新闻伦理视为区分记者和非记者的边界标记[3],虽然这个边界随着互联网的普及而变得越来越模糊,但记者不应在适应社交媒体时代的过程中放弃新闻伦理,而是应该用他们的职业道德,使社交媒体信息和记者自己更可信。这里就延伸出一种现象,就是"草根记者"的出现与崛起。

---

[1] 《美通社发布〈2016中国记者职业生存状态与工作习惯〉调查报告》,https://www.prnasia.com/story/141491-1.shtml?from=timeline&isappinstalled=0.

[2] 纪莉、张盼:《论记者在微博上的媒介使用行为及其新闻伦理争议》,《武汉大学学报(人文科学版)》2012年第3期,第117-121页。

[3] Singer J B, "Getting past the future: Journalism ethics, innovation, and a call for 'flexible first'", *Comunicação e Sociedade*, Vol.25, 2014, pp. 67-82.

在国内，新闻伦理的主要践行者是媒体的从业人员，也就是我们常说的"新闻从业者"。因为他们拥有编制，或受所在媒体管辖，一旦发生伦理失范，如失实新闻的时效性抢发、盲从性转发、娱乐性迎合等典型的失范现象，他们会被追究责任。但对于"草根记者"来说，没有一套行之有效的方法可以规范或约束他们。当"草根记者"或自媒体所具有的朴素伦理标准进入新闻传播流程时，原有的新闻伦理观念将受到极大冲击，使传统的新闻伦理观念面临解体的窘境。[①]

故而传统媒体建构下的新闻伦理只对新闻从业者有效。在"草根记者"队伍不断扩大，而专业从事新闻的媒体人才不断流失的情形下，新闻伦理的适用范围不断被压缩，可能将来只被一小部分人认同和履践。当这样的情形发生，后果将是不堪设想的。

二、新媒体时代新闻伦理主要矛盾的转移

当新闻伦理的基础和适用范围不断受到冲击，引发新闻伦理失范的主要矛盾也在发生变化和转移。基于辩证唯物主义视角，物质决定意识，新闻行业的具体形态决定了新闻伦理的主要表现形式及存在的问题。通过对多重价值体系、从业者生存现状和平台技术三个角度分析，我们可以看出，以纸媒为主的传统新闻行业目前已经处在一个亟须转变的境地之中。在这样的情况下，新闻伦理的问题也不再仅仅是失范的问题，而是事关其建构的根基是否被动摇、"谈新闻伦理是否过时"的问题。

在原有的传统媒体格局下，传统媒体对新闻伦理的建构面临着多重价值关系的缠绕和斗争。新闻职业价值、新闻自身的价值、商业价值和社会价值，

---

① 张垒：《破碎与疏离：从热点事件传播看"公民记者"对新闻伦理的影响》，《现代传播（中国传媒大学学报）》2014年第4期，第50-54页。

都会与新闻伦理存在冲突,进而引发新闻伦理失范[1],这可以被视为新闻伦理在价值关系层面的四对主要矛盾。在新媒体对传统媒体格局的冲击下,以上四对矛盾也在逐渐发生变化,如表6.1所示。

表6.1 新闻伦理主要矛盾在新媒体环境下的转移

新闻伦理的四对矛盾	原来的含义	新格局下含义的变化
职业价值与新闻伦理	新闻工作者自身的理想和精神追求与新闻伦理之间的矛盾,例如不少记者抱怨进入媒体机构后"新闻理想逐渐被磨灭"	职业目的将更加纯粹,上下游新闻职业差异进一步扩大。在此基础上,职业价值的矛盾将不复存在,大家各说各话
新闻价值与新闻伦理	新闻价值是新闻工作者选择新闻的依据和标准,在与新闻伦理的矛盾中具体体现为信度与效度的无法兼顾	随着市场化逻辑的进一步深入,下游(企业和自媒体主导的)新闻媒体个体的新闻价值与商业价值的叠态加深,两者近乎混为一谈;上游新闻产业的新闻价值与社会价值或政治价值的叠态加深
商业价值与新闻伦理	媒体及个人的商业利益追求与新闻伦理的矛盾,如"有偿新闻"和"有偿不新闻"现象	商业价值或成为自媒体等下游新闻创作部门的主要追求
社会价值与新闻伦理	媒体的公共性与新闻伦理的矛盾,典型体现就是媒体在面对群众知情权时,和隐私权之间的冲突	社会价值成为主流新闻创作部门的主要追求,主导主流新闻价值

不仅是价值体系的矛盾,新闻从业者每况愈下的生存处境也成为新闻伦理失范,甚至是传统新闻业岌岌可危的重要原因。美通社的《2016中国记者职业生存状态与工作习惯》调查报告显示,超过8成(80.6%)的职业记者月均收入在1万元以下,近6成(58.8%)的一线新闻记者表示"收入待遇"因素将会是其离开目前岗位的最主要原因,其次有43.6%的受访者表示不看好其所在媒体的发展前景,26.7%的受访者表示"无法实现个人新闻理

---

[1] 马艺、张培:《多重价值的融合与冲突——新闻伦理道德失范原因的深层阐释》,《新闻与传播研究》2009年第2期,第94-102页。

想"。①收入低容易滋生腐败，行业前景黯淡容易扭曲从业者的价值观。在这样的环境下，新闻伦理失范的风险大大增加。

技术平台的飞速革新，也令传统媒体无所适从。有记者在文章中指出，诸如谷歌这类"既是发布者又是报道者的技术平台"，已经不再是一家科技公司那么简单了，更承担着新闻选择和价值引领的职能和责任。这些平台的崛起，不受任何媒介行规和道德规范所约束，伴随着它们在舆论场话语权中越来越大的权重，新闻伦理也会受到威胁。②

此外，算法技术和人工智能在新闻传播平台日益广泛的应用，也给传统的新闻伦理带来了巨大的挑战。当算法和人工智能代替记者和编辑承担了"把关人"的角色和功能，给受众推送经过算法筛选的新闻和信息，并让受众沉溺于接收自己喜欢的信息时，受众对算法平台的依赖程度已经达到了前所未有的高度。目前尚无可以明确规范和制约算法平台的行为伦理法规，这使得算法和人工智能时代的新闻伦理更加变成了一个难以规范甚至无法言说的"理论之痛"。

在传统媒体时代，新闻伦理发展的主要矛盾在于多重价值关系的处理。在新媒体时代下，新闻伦理失范的现象频频出现，对于多重价值关系的讨论已经变得不再是新闻伦理主要矛盾的重心，其重心已经落到了更为基础的地方，即传统新闻伦理即将被解构、该如何发展下去的问题。

一个健康的舆论场，需要底层声音的上达和监督，也需要顶层媒介从业者的引导和把关。需要警惕的是，一旦传统新闻伦理被解构，"草根记者"发布信息的简单化逻辑战胜了权威媒介的复杂逻辑，权威媒介失去了对舆论

---

① 《美通社发布〈2016中国记者职业生存状态与工作习惯〉调查报告》，https://www.prnasia.com/story/141491-1.shtml?from=timeline&isappinstalled=0.

② Keller M, "How platforms as publishers' could threaten journalistic ethics", *Editor & Publisher*, Vol.149, No.9, 2016, p.58.

场的控制，那么民众和主流媒体机构在价值观和伦理系统上的差异也将越来越大，二者只会越行越远，全社会的舆论场就将被撕裂，就会出现传统媒体与社交媒体割裂的情形，进而将整个社会割裂。

三、"新新闻伦理"的继承与发展

在传统媒体建构的新闻伦理即将"过时"的时候，为了解决新闻伦理目前发展遇到的主要矛盾，一种"全新的新闻伦理"呼之欲出。这种"新新闻伦理"并不是另起炉灶，而是对传统媒体建构的新闻伦理的批判性继承，不仅对新闻从业者形成约束，更适用于所有媒体受众。但此时这种"新闻伦理"已经不再是一种行业规范，而更像是一种基于高等媒介素养所形成的"共识"或者"常识"。

因此，新媒体时代的新闻传播需要树立一些核心伦理理念，形成以下基本伦理共识。

> 尊重客观事实，坚守新闻传播的底线；尊重知识产权，尊重原创者的劳动；尊重个人隐私，把尊重个人隐私作为道德底线和行为共识；尊重社会公益，关注新闻作品的公共品属性；尊重司法独立，依靠法律制定硬性准绳；尊重国家利益，自觉维护国家利益。[①]

这六点核心新闻伦理理念，继承了传统媒体时代新闻伦理的核心价值，同时结合了新媒体时代"全民新闻"的特点，可以较好地概括"新新闻伦理"的核心内涵。在"全民新闻"时代下，硬性约束的有效性受到诸多制约，甚至连法规也有照顾不到的地方，取而代之的是基于道德觉醒的"软性约束"，让"新新闻伦理"的核心内涵内化为一种价值观，

---

① 胡钰：《确立新媒体传播的伦理规范》，《人民日报》2016年3月2日。

成为所有"草根记者"的共同新闻观念。基于这样的考虑，本书将"新新闻伦理"的核心内涵做一个简单梳理，并结合新媒体时代舆论环境特征进行延伸，如表6.2所示。

表6.2 "新新闻伦理"在三个层面的表述与延伸

	原表述	延展后的表述
个人层面	尊重客观事实	新闻从业者在进行新闻报道时，一定要遵循客观真实的原则，这是新闻的立身之本； 群众在进行新闻判断和传播的过程中，可以表达观点，但不能歪曲事实，做到"不传谣"
	尊重知识产权	新闻从业者在进行新闻创作的过程中，一定要注意保护自己的知识产权，以免受挫； 群众在进行内容转发和再创作的过程中，要注明原创者，或注明自己为转发，做到"不抹名"
社会层面	尊重个人隐私	新闻媒体在进行新闻创作的过程中，要处理好群众隐私权和知情权的关系，将个人隐私放在优先位置； "草根记者"在使用新闻或创作新闻的过程中，更要充分尊重他人的隐私，不可为一时轰动损害他人的合法权利，要做到"不传私"
	尊重社会公益	新闻媒体需要充分尊重社会公益，不可将自身的商业利益置于公众利益之上； "草根记者"在进行新闻创作的过程中，也不可违背集体利益，做到"不害群"
国家层面	尊重司法独立	无论是政府、新闻媒体、记者还是群众，都要充分尊重司法的独立性，尊重程序正义，做到"不影响"，或者"不干预"
	尊重国家利益	无论是政府、新闻媒体、记者还是群众，都必须尊重国家利益，不可在新闻创作和传播过程中有损国家利益，做到"不害国"

可以看到，由于"草根记者"是一个非常庞大的群体，可以被视为一个复杂的系统，因此在处理这类复杂系统的时候，很难进行具体的规制和要求，告诉他们"该怎么做"，而更多的是"制定下限"的过程，即告诉他们"不能做什么"，后者的完成难度更低，也更能适用于更广大的群体。

诚然，要形成这种"新新闻伦理"，需要依靠长期的媒介素养训练和社会环境熏陶。我们可以科学地介入伦理形成的不同阶段[①]，同时从个人（新闻工作者、既是记者也是受众的人民）、社会（媒体、整个新闻行业）和国家（政府）层面进行不同叙事主体的综合讨论，来对"新新闻伦理"的构建提出建议。

（1）深化媒介教育，以预先教育低龄群体构建正确的新闻伦理观。儿童和青少年是接受新技术影响最深刻的人群，他们也处于最容易接受新闻伦理观的年龄阶段。在义务教育阶段，预先建立媒介教育的相应课程理论体系，是目前所缺失但事实上十分重要的一个环节。需要避免的是新闻伦理观的刻板传输，要做到寓教于乐，以免学生因为反复接触而产生抵触心理。

（2）普及媒介观念，以高度凝练的新伦理理念构建理性的新闻行为。一方面，面对新闻行业的伦理标准和群众参与现状构成的挑战，新闻工作者不仅需要将道德标准引入创作[②]，更需要引导人们积极参与新闻呈现和发酵的过程，用人民之口跨媒体讲故事，尤其是打通新闻媒体与社交媒体之间的通道。另一方面，明确的伦理主体不光是新闻从业者，更是数量急剧膨胀的"草根记者"。"草根记者"是传统媒体新闻伦理的"掘墓人"，他们的出现加剧了"旧新闻伦理"的解体，为"新新闻伦理"的产生提供了土壤。在这样的情况下，中国的新闻行业迫切需要给出一个高度凝练的伦理理念，通过"接地气"的方式深入影响这个群体。他们一旦接受这样的伦理理念，将会自觉形成一种独特的网络文化，自觉捍卫他们所认同的价值观。这种网络文化将形成一种良性循环，不断影响处于这种文化边缘

[①] 王卉：《中国新闻传媒伦理失范成因与对策》，《西南民族大学学报（人文社科版）》2009 年第 11 期，第 128-132 页。

[②] Maciá-Barber C, "New challenges for an enduring code of journalistic ethics: The news media business model in the face of ethical standards and citizen participation", *Comunicação e Sociedade*, Vol.25, 2014, pp. 97-109.

的人，将他们吸纳进来。

（3）建立伦理约束，以多元化的社会反馈系统构建有效的评价机制。一套完整的伦理的建构，离不开良好的约束体系。我们需要鼓励政界、商界、学界等各类多元化社会系统对新闻传播进行事后评价，久而久之形成行业内良好的评价氛围，形成一种语言文化，进而对新闻发布者形成社会监督和责任管理。这虽然无法做到对个体的硬性责任追究，但可以营造良好的具有道德约束能力的舆论场域，很大程度上可以限制伦理失范的现象产生。

"新新闻伦理"对传统意义下新闻伦理的批判继承也许需要相当长的一段时间，但也有可能利用某次重要契机在短时间内达到。当一种健全的"新新闻伦理"被成功建构，它将有效地弥合出现裂缝的舆论场，促进新闻行业内的规范，巩固社会的稳定。

第四节 认识新闻传播的文化底蕴

习近平在2021年3月5日参加十三届全国人大四次会议内蒙古代表团审议时强调："文化认同是最深层次的认同，是民族团结之根、民族和睦之魂。"[1]近年来，越来越多的研究者清楚地意识到并指出，文化在马克思主义中国化，乃至构建党的政治正当性过程中所发挥的重要作用。[2][3]

新闻传播以报道社会新近发生的事实为己任，反映、引导社会普遍观念，是一种独特的文化现象。参与新闻传播活动的主体是具有文化属性的人，这

---

[1]《习近平在参加内蒙古代表团审议时强调 完整准确全面贯彻新发展理念 铸牢中华民族共同体意识》, http://chuxin.people.cn/n1/2021/0306/c428144-32044175.html.

[2] 潘岳：《中国五胡入华与欧洲蛮族入侵》，《中央社会主义学院学报》2021年第2期，第5-32页。

[3] 潘维：《大型政治共同体的逻辑——读潘岳〈中国五胡入华与欧洲蛮族入侵〉》，《中央社会主义学院学报》2021年第2期，第33-37页。

使得新闻传播内容中含有大量的文化因子。报道者要根据自己的价值观选择新闻事实及其表现手法，同样，受众也要判断何种报道内容更有吸引力，这种"过滤"深化了新闻传播的文化底蕴，显现强烈的文化特征，对社会文化发展起着重要作用。

因此，如何运用大众传媒开展好新闻舆论工作，以文化团结和凝聚人心，是贯穿我党发展历史始终的重要命题。这不仅是党在过去革命胜利的经验所在，也是新时代坚持党的领导，满足人民群众精神文化需求，建设好中华民族共同体的重点所在。面对后疫情时代日益复杂的国内外局势，在新闻舆论工作中更好地彰显文化引导力和影响力，是坚持党的领导的必然要求，有助于党和政府更好地应对多变的新闻舆论形势。

一、新闻文化概念与辨析

要认识新闻传播的文化特征，可以从不同的角度入手，比如分析传播符号、传播方式的文化蕴涵。但这些都只是表现形式，从根本上来说，是文化自身的特征给新闻传播打下了深刻的文化烙印。因此，首先要从文化的视角来认识新闻传播的文化底蕴。

长时间以来，新闻文化往往被默认为等同于新闻文学或新闻文艺，对其研究和实践的关注点都在于"形"，而少提及其"义"。要解读新闻文化的具体含义，首先要明确文化的含义，以及文化与新闻长久以来互相交融的关系。

何为"文化"？关于文化的定义非常复杂且数目繁多，其常常被理解为与"自然"相对的概念。根据安东尼·吉登斯（Anthony Giddens）在《社会学基本概念》中的定义，文化是"一个社会或群体的特定生活方式，包括知识、习俗、规范、法律及信仰等"[1]。美国文化人类学家阿尔弗雷德·刘易

---

[1] 〔英〕安东尼·吉登斯：《社会学基本概念》，王修晓译，北京大学出版社，2019，第190页。

斯·克罗伯（Alfred Louis Kroeber）和克莱德·科拉克洪（Clyde Kluckhohn）研究了百余种对文化的定义，综合认为："文化存在于各种内隐的和外显的模式之中，借助符号的运用得以学习与传播，并构成人类群体的特殊成就，这些成就包括他们制造物品的各种具体式样，文化的基本要素是传统（通过历史衍生和由选择得到的）思想观念和价值，其中尤以价值观最为重要。"[1] 马克思主义唯物史观将文化定位于观念形态的文化，是"社会精神生活形式的总和"，反映并反作用于一定的政治和经济。[2] 在社会学研究，包括马克思主义研究中，常把文化与社会结构和社会关系放在一起，例如核心价值观、政治信仰、主导思想、社会规范等。[3] 杨保军也指出，新闻文化的内核就是新闻观念，新闻文化深刻地影响着新闻观念的形成。[4] 微观层面，托马斯·哈尼奇（Thomas Hanitzsch）曾对新闻文化进行解构，他认为，既然文化是观念（价值观、态度和信仰）、实践（文化生产）和人工制品（文化产品、文本），那么新闻文化就可以被定义为"一组特定的思想和实践"。通过这些思想和实践，记者有意识地或无意识地使他们在社会中的角色合法化，并使他们的工作对自己和他人有意义。[5]

"文化"作为一个复杂的概念，其基本特征可归纳为四点：广泛性、内在性、传递性、差异性。文化是一个广泛且总括的框架，它包含人类生活的各个侧面，大到社会意识形态，小到群体生活习俗，都属于文化的范畴。同时，文化又是深植于人内心的一种理念，其核心是根植于广阔文化背景的价值观，

---

[1] 中国大百科全书总编辑委员会（社会学）编辑委员会、中国大百科全书出版社编辑部：《中国大百科全书·社会学》，中国大百科全书出版社，1991，第409页。
[2] 钟哲明：《马克思主义文化观的当代意义》，《思想理论教育导刊》2012年第11期，第28-35页。
[3] 〔英〕安东尼·吉登斯：《社会学基本概念》，王修晓译，北京大学出版社，2019，第190页。
[4] 杨保军：《新闻观念论》，复旦大学出版社，2014，第156页。
[5] Hanitzsch T, "Deconstructing journalism culture: Toward a universal theory", *Communication Theory*, Vol.17, No.4, 2007, pp. 367-385.

我们的许多构想与行动都受到这种价值观的控制,包括新闻传播内容的选择。文化属性的具备是在后天的不断熏陶下养成的,它以人与人之间信息的传递、价值观的影响为基本途径,刚出生的人是不具有任何文化特征的。文化的广泛性使其覆盖了包括新闻传播在内的所有社会意识、观念传播活动,而其内在性又让每一名新闻传播者、接收者内心架起一杆文化价值的杆秤,由此来衡量每一项传播内容的分量。文化依靠传递而繁衍、扩散,作为现代新闻传播主渠道的新闻传播媒介自然担当起文化传播使者的重任,因此,文化的本质特征决定了新闻传播的文化本质。

一言以蔽之,新闻文化就是新闻主体所秉持的一组价值和观念,反映在新闻实践的每个环节,并影响、引领和指导新闻实践。但同时也需要注意辨别几个概念误区。

首先,需要甄别的是,新闻中的文化不等于新闻中的文学,而是以价值为核心的一系列观念的集合。我国著名新闻人穆青在讨论新闻文化时曾提出,要"用散文的笔法来写新闻"[1],本质上是强调新闻的文学属性对于新闻价值的增益效果,新闻的文学属性并不等于新闻的文化属性。有学者在讨论新闻文化的时候,指出"新闻观"和"叙述惯例"二者是描述新闻文化的重要内容。[2]也有学者指出,新闻文化作为一种"群众性应用文化",其中更为重要的内容是"价值观",它意味着媒介作为一种主体,对于媒介自身与对于其受众产生的意志的区别。[3]传者和受者作为新闻文化的主体,对于某些新闻价值的追求和强调,构成了新闻文化的主要表现形式。[4]因此,对于新闻文化内涵的理解,不能只局限于新闻文学,而应认识到"文化"作为一个

---

[1] 刘保全:《新闻要有文化含量》,《当代传播》2016年第4期,第1页。
[2] 王强:《"标出性"理论与当代新闻文化》,《新闻界》2015年第23期,第24-29页。
[3] 方延明:《解读新闻文化的价值观意义》,《南开学报》2004年第6期,第30-35页。
[4] 高金萍:《"硬化"与"软化"——中美新闻文化表现形态的差异性比较》,《国际新闻界》2002年第4期,第36-39页。

宏大的概念所蕴含的丰富意义。

其次，新闻中的文化，包含而不限于意识形态的概念范畴，应该置于国家、社会、历史的大环境中讨论。有学者就曾警示，一些国家常常通过新闻传播的形式向其他国家输出自身的价值观、伦理观、政治观等文化理念，构成了一种实质上的"新闻文化殖民"现象。①在用于价值输出的新闻报道中，文化成为新闻在传递信息这一帷幕之下的核心传播内容。同样地，对于一则新闻中的文化要素的分析，也不能脱离社会和历史的大环境。有学者指出，新闻文化具备"国家属性、政党属性、公众属性"三大属性，对于新闻文化的理解离不开对这三者意义的理解。②因此，讨论新闻文化，并不只是单纯地讨论新闻的文化，而是在一个政治、历史和社会的大框架里理解和讨论新闻的文化属性。

最后，新闻本身就是一种文化现象，文化属性是新闻的重要属性之一。新闻作为一种文本，更作为一种文化，扎根于政治经济社会的土壤中，其历史纪事功能构成了文化属性中重要的一项功能。③有学者分析，新闻文化属于文化系统中的一个"亚系统"，是新闻实践过程中所积累的"新闻表现形式、体制形态、价值观念总和"。④也有学者认为新闻文化是媒体通过新闻报道"捕捉和传播社会上的人和事并影响其他人和事所产生的现象"⑤。总而言之，新闻本身就是社会文化的组成部分，历史意义和价值取向是新闻文化的核心内容。

---

① 朱清河：《文化殖民反思与中国特色新闻学的话语构建》，《厦门大学学报（哲学社会科学版）》2019年第2期，第109-119页。
② 方延明：《新闻文化的学科观检讨》，《南京师大学报（社会科学版）》2008年第6期，第65-73页。
③ 方晨、李金泳、蔡博方：《忽略的维度：詹姆斯·凯瑞的新闻历史观及其批判》，《国际新闻界》2016年第2期，第131-149页。
④ 郑岩：《用人文精神引领新闻文化发展的思考》，《新闻界》2007年第4期，第60-61页。
⑤ 周凯、张慧娟：《论新闻文化在城市形象构建中的传播价值》，《新疆社会科学》2012年第5期，第113-116页。

总的来看，新闻本就是文化的一部分，或者说是一种文化现象。新闻文化是一个较为宏大且复杂的概念，可以泛指在新闻实践过程中产生的与历史、社会、政治、经济等相勾连的特定的现象、价值和观念。从新闻文化看，中国特色新闻学强调既要把新闻作为传播文化的方式，即新闻不仅是事实性、技术性的信息传播，也是文化建设、文化传播的载体，同时，也要把新闻自身视为文化的内容，在新闻的视角选择上体现人文感，在新闻的写作、拍摄、制作上体现文学性和美感。但如果过于泛化地理解新闻文化，又会导致其走向虚无，变得什么都可以解释，又什么都无法解释。因此，对于新闻文化的理解，需要寻找一种具体的实践路径。

二、新闻文化的传播路径

新闻传播在表现自身的文化特征方面有着独特的路径，这些路径既是无意识的，又是有意识的——前者体现为新闻传播反映社会舆论的社会功能，后者促使新闻传播有效地引导社会舆论，以下揭示了带有明显文化倾向的三种新闻传播路径。

（一）新闻人物塑造

一次性报道某一人物，叫作介绍新闻人物；但若反复报道某一人物，就叫作塑造新闻人物了。新闻媒介具有创造深入传播对象心目中的人物的特殊能力[1]，其强大的传播力可以使任何一个默默无闻的普通人在短时间内成为公众注目的焦点人物，这种高放大倍数的扩展力吸引着新闻报道者按照一定的价值标准来选择报道内容与形式，而报道者所处的文化背景及其文化认同正是价值标准生长的深厚土壤。因此，从报道对象身上，我们能够清晰地体

---

[1] 〔美〕威尔伯·施拉姆、〔美〕威廉·波特：《传播学概论》，陈亮、周立方、李启译，新华出版社，1984，第268页。

会到报道者的文化底蕴；反过来说，报道者的文化底蕴则成为新闻人物共有的内在特征。

中华民族的传统文化强调道德标准是衡量一个人优劣的基本标准，君子要做到"仁、义、礼、智、信"，"温、良、恭、俭、让"，在外忠君事，在家孝父母，而在忠孝不能两全时，要弃"小孝"而尽"大孝"，即舍家为国。与此相应，新闻媒介中的优秀人物，从雷锋、焦裕禄、孔繁森、邓稼先，到杨利伟、程开甲、张桂梅、中国女排等，他们身上都体现了中华民族的传统美德，都有着可以代表中华优秀传统文化优秀精髓的道德形象。

这些新闻人物的塑造要经过三个阶段，首先是介绍人物先进事迹的长篇通讯，接着是人物工作、生活、学习各个侧面的新闻特写，最后是社会各方面表彰、学习先进人物的消息。通过这三个阶段的传播，新闻媒介成功地实现了将一名具有典型优秀品质的普通人树立为全社会模范的目标。之后，这些名字就变成具有特殊语义的传播符号，进入此后的新闻传播活动中以及社会日常生活的各个传播领域。

一个新闻人物塑造出来以后，对社会产生的影响是巨大的。他成为一种理想价值标准的样板，促使公众有意识地向之靠拢。人生活在普遍联系的群体中，是社会的人，非常渴望能得到他人、环境的认可。当新闻人物被推举出来后，即意味着像他那样的人就能得到社会的承认，因而，效仿、学习也就在自觉、不自觉中形成许多人的内心要求。

（二）社会事件报道

报道者所处的社会不同，持有的世界观、人生观、价值观也就不同，这样，在报道同一事件时，站的立场不同，看问题的角度不同，采用的手法也就大相径庭。

任何一种新闻刊物的内容必然是一种选择的结果，甚至是一系列选择的结果。[①]新闻媒介在报道社会事件时，要面对成千上万件客观事实，决定什么要报道，什么不要报道。"它们从社会上所能获得的一切信息中选择它们愿意广为发布的内容。它们对这些内容进行加工与扩大以提供给广大的传播对象。"[②]西方有学者研究后认为，通讯社报道的重要事件还不到实际发生的重要事件的1%，即通讯社担当了权力极大的"把关人"的角色。实际上，通讯社还只是进行了第一次选择，因为报刊、广播、电视的编辑还要面对浩瀚的通讯社的稿件，决定哪些可以进入编辑的范围。选择内容后，他们还要决定怎样报道、怎样组合各种事实片段、运用什么样的语气、是放在头版还是四版、是放在报眼还是报腰、是放在黄金时间还是非黄金时间等，报道技巧很多，表现方式很含蓄，但表现出来的倾向却极其鲜明。

公众对社会事件的评价很大程度上受到新闻媒介的影响。对社会事件的报道可以明显地反映出新闻传播的意识形态色彩，换言之，纯粹客观的新闻传播是不存在的。任何新闻媒介都要为自己所在的集团、阶层、阶级服务。社会主义新闻媒介要以广大劳动人民的利益为重，而资本主义新闻媒介就要听命于垄断资本集团。

意识形态是文化范畴中倾向性最强的部分，也是对人的价值观影响最深的核心力量。社会主义文化要求人民具有集体主义、国家至上的信念，而资本主义文化推崇的却是个人主义、实用主义。两者的差别是本质的。

---

① 〔法〕贝尔纳·瓦耶纳：《当代新闻学》，丁雪英、连燕堂译，新华出版社，1986，第242页。
② 〔美〕威尔伯·施拉姆、〔美〕威廉·波特：《传播学概论》，陈亮、周立方、李启译，新华出版社，1984，第161页。

（三）新闻文化动员

在既有的研究中，文化动员（cultural mobilization）一般被认为是政党、政府等主体以文化资源为主要载体和内容，开展社会动员的形式。在功能维度上，文化动员具有促进知识传播、凝聚社会资源、促进决策落实、提升国家文化实力等作用。[1][2]相比略带强硬的政治动员，文化动员更多体现了引导、说服和激励的作用。[3]文化动员的概念范畴是基于"文化"这一宏大的理论基点存在的，将其简单地等同于"文艺动员"或"宣传动员"都是不准确的。

文化动员发挥着创造文化、传播文化的作用。[4]文化动员必须更加贴近其受众所表达的期望和要求，同时不断创新其文化生产过程。[5]文化动员的核心就在于发动信仰和价值体系的作用，以媒体为渠道，让人们理解并接受某种特定的文化，从而达到动员效果。[6][7]文化动员理论在教育研究、文化研究等其他领域也有应用，其内涵大致相同。[8][9]

---

[1] 王志峰、刘娟娟：《抗战时期的文化动员及其启示——以戏剧动员为例》，《中共山西省委党校学报》2019年第6期，第45-48页。

[2] 胡刚：《新时期我国文化动员的困境及路径探析》，《学术论坛》2012年第5期，第98-101、207页。

[3] 詹小美、揭锡捷：《重大疫情应对中的文化动员及实践向度》，《青海社会科学》2020第2期，第64-70页。

[4] Horne J, *Demobilising the Mind: France and the Legacy of the Great War 1919-1939*, Radio Adelaide, 2006, pp. 101-119.

[5] Bjerström C H, "A respectable revolution: Republican cultural mobilisation during the spanish civil war", *Cultural and Social History*, Vol.18, No.1, 2021, pp. 97-121.

[6] Keelan G, "Canada's cultural mobilization during the First World War and a case for canadian war culture", *The Canadian Historical Review*, Vol.97, No.3, 2016, pp. 377-403.

[7] Piller E, "American war relief, cultural mobilization, and the myth of impartial humanitarianism, 1914-17", *The Journal of the Gilded Age and Progressive Era*, Vol.17, No.4, 2018, pp. 619-635.

[8] Stolk V, Los W, Karsten S, "Education as cultural mobilisation: The great war and its effects on moral education in the Netherlands", *Paedagogica Historica*, Vol.50, No.5, 2014, pp. 685-706.

[9] Leerssen J, "The nation and the city: Urban festivals and cultural mobilisation", *Nations and Nationalism*, Vol.21, No.1, 2015, pp. 2-20.

著名汉学家裴宜理（Elizabeth J. Perry）曾对中国共产党早期开展文化动员的经历进行研究，并将党早期开展群众动员的核心文化理念归纳为"文化置位"（cultural positioning）和"文化加持"（cultural patronage）。① 其中"文化置位"是指运用当地人所能接受的文化来宣传一种新的文化理念，"文化加持"则是指革命的领袖与各个阶层主体开展合作，通过对文化符号的再解读，对新的文化理念进行巩固和强化。②

裴宜理认为，中国共产党在革命早期开展群众工作时，党内部分开明的领袖就已经树立起了明确的文化动员战略方针，他们清楚地了解中华优秀传统文化所蕴含的能量。这一点在苏俄共产主义进入中国后被顺利本土化的过程中，起到了非常关键的作用。

> 从革命的最开始，党的领导人就采用文化动员的方式，让普通民众参与到革命中来，并以中国传统的价值观和实践使他们理解革命的目的……党的领导人有意识地利用文化资源，使一种全然外来的政治制度变得不那么陌生。③

可以说，文化置位正是实现文化动员过程中非常重要的第一个环节，包括理解被动员者所处的文化环境，这也是新闻记者通过新闻写作开展文化动

---

① cultural patronage 一词的翻译目前国内没有统一说法，香港译者阎小骏曾将其翻译为"文化操纵"。然而笔者认为"文化操纵"一词的内涵与原意不甚贴切，含有比较明显的负面色彩。patronage 一词原意为"重要人物为某人或某组织提供帮助，以换取他们的支持的互惠系统"，其词根为 patron，意为赞助。根据《韦氏词典》的解释，patronage 与 advowson 同义，后者最早用于英国 11 世纪庄园主作为赞助人（avowee），在主教的批准下任命教区神父的权利，本质上是庄园主通过教区牧师的教导和布道对教区居民施加道德影响的一种手段。因此，将 cultural patronage 翻译为"文化加持"、"文化控制"或者"文化巩固"，都比"文化操纵"合适一些。"加持"一词原为佛教用语，指"施加佛力于众生，以保护扶持之"，也就是增加和巩固的意思，更贴合 patronage 原意。

② Perry E J, *Anyuan: Mining China's Revolutionary Tradition*, University of California Press, 2012.

③ Perry E J, Lu H, "Narrating the past to interpret the present: A conversation with Elizabeth J. Perry", *The Chinese Historical Review*, Vol.22, No.2, 2015, pp. 160-173.

员时需要遵守的基本原则。如果新闻记者解读、利用文化资源进行新闻报道的过程是一种"编码"的话，那么文化置位正是新闻记者开展文化动员的基础"编码逻辑"。这种编码逻辑，正好印证了党报理论中"从群众中来，到群众中去"的理念。文化加持则指的是权威组织或个人对文化符号进行重新阐释和控制，并加以赋权的过程，最终达到巩固和强化新的文化观念的目的。

从文化置位到文化加持的过程，体现的正是党媒记者实践党性与人民性相统一的过程。文化置位要求记者以党性的原则理解和阐释人民性，文化加持则要求记者以人民性的原则在新闻工作中贯彻党性。文化置位是记者开展新闻工作的基本立足点，是理解访谈对象及其文化语境的出发点。文化加持是指记者通过争取权威的支持而获得权力，进而增强其新闻报道动员能力。

做好文化置位，意味着新闻工作者需要深入群众，了解人民群众真实的状况和想法，理解他们的文化，包括语言、话语、惯习和风俗等等，倾听他们的诉求，感受他们的情感，基于此完成情感动员、态度动员和行为动员的三者联动，使新闻更具可读性、感染力和文化接近性，达到文化动员的初步效果。毛泽东就曾在《反对党八股》一文中倡导要向人民群众学习语言，他指出："人民的语汇是很丰富的，生动活泼的，表现实际生活的。"[①]毛泽东独树一帜的新闻写作风格，其中就包含了对中华优秀传统文化要素和人民群众语言的灵活调用。在谈到新闻写作时，毛泽东就曾明确表示："文章写得通俗、亲切，由小讲到大，由近讲到远，引人入胜，这就很好。"[②]

争取文化加持，意味着新闻工作者需要秉持党性原则，了解党的意志、决心和历史，理解具体政策、决策的出发点，正确分析形势，有所判断。此外，更要保持清醒的头脑和独立的思考，不能人云亦云，要基于调查和分析，

[①] 毛泽东：《毛泽东选集》第三卷，人民出版社，1991，第794页。
[②] 中共中央文献室、新华通讯社：《毛泽东新闻工作文选》，新华出版社，2014，第190页。

创造使得更高层级动员主体愿意进行再解释的文化符号。例如范敬宜巧妙使用了"主流"和"支流"的符号，对社会存在的两种思潮进行了定性和定位，旗帜鲜明地站在"主流"一侧，反映了人民群众真实的呼声，因而争取到了中央媒体的文化加持。

从党报理论的发展轨迹看，人民性概念由群众性概念生发而来，在中国共产党主导的新闻事业实践中与党性联系在了一起。[①]新闻文化正是联系人民性与党性的重要纽带之一。

总而言之，作为群众观点的新闻文化来源于人民，回归于人民。新闻的文化动员拉近了媒体与人民之间的距离，是理解党媒党性和人民性相统一的一种有效路径，也是马克思主义新闻观的具体体现。新闻变得让老百姓爱看，也是对新闻传播规律的尊重和运用。

三、新闻文化的实践效用

（一）促进文化交流

现代新闻传播活动已无所不在，成为人们生活的基本组成部分。它跨越时空，传递不同的信息，更交流着不同的文化特质。通信卫星与互联网的使用让不同国家的人通过了解其他国家的新闻而间接交流，以至直接交流。这就是现代新闻传播手段的魅力，缩全球于一点。

既然地球变小了，那么外来文化与本土文化的碰撞、磨合就不可避免，随之而来的是地球上众多的文化也高度浓缩。各种文化融合的最具代表性的现象就是语言的浓缩，即民族语言向通用语言趋同。全世界的语言约有几千种，加上方言更是不计其数。每种语言都有其自身的特点，也有其传统，但对新闻传播活动的制约却是明显的。印度境内通用的官方语言有十几种，美

---

① 王润泽：《中国共产党新闻事业人民性原则的实践路径》，《编辑之友》2021年第6期，第51-59页。

国境内的印第安部落各有各的语言,中国的 56 个民族有 129 种语言[①]……全世界现有的几千种语言,彼此间的差别极大。

任何语言都不仅仅是一种简单的传播符号,都有其深刻的传统文化背景。从一种语言词汇包含的各种词语意义中,可以发现这种背景。比如古阿拉伯语中有六千多个与骆驼有关的词语,这与其生活习俗直接相关。从不同语言里相同词语包含的不同意义中,也可以观察到这种背景。

一个婴儿呱呱坠地,首先听到的就是本民族的语言。汉语将这种语言形象地称为母语,德语中称为 Mutter sprache,英语中称为 mother tongue。这种语言将伴随着一个人的成长,更重要的是,语言包含的所有文化特质也沉积在这个人的身上,成为一种不可磨灭的印记。因此,一个特定的语言环境反映一种特定的文化背景,而不同的文化背景就形成了一个人特定的文化基因。

随着语言的减少,其中所蕴含的文化背景也会不可避免地发生融合。其实,语言只是一个外在的符号,本质的是文化内在特征的碰撞与融合。要正确看待新闻传播催促的社会文化全球化进程,应认识其必然性,又要考虑其合理性。各种文化间的融合速度加快,则各自去粗存精的速度将变快,这只会促使人类文化普遍地整体地提高。中华民族的文化之所以能历数千年风雨而绵延不断,正是因为其开放的心态,广博的胸怀。正所谓"海纳百川,有容乃大"。

在这种全球化的进程中,处理民族文化关系是一个值得注意的问题。这是一个融合的阶段,不是谁吞并谁的过程。不同的民族有不同民族发展的地理环境和历史渊源,每个民族经过几千年的繁衍与自然筛选,发展到今天,都有其合理性。重要的是通过与其他文化的交流,取长补短、互通有无,在平等的基础上达到融合。比如从当前的新闻传播过程来看,英语成为比较流

---

① 孙宏开,胡增益,黄行:《中国的语言》,商务印书馆,2007,序第 2 页。

通的语言，这使得各民族要通过国际新闻传媒进行文化信息交流，就必须掌握英语。但这并不代表英国文化、美国文化可以取代其他民族的文化，作为文化吸收者，特别要警惕妄图以一国文化统治全球的野心，其他民族只是吸收异族文化中先进的部分。同样，作为文化输出者，也不要有"唯我独尊"的民族文化沙文主义。如此，就完成了文化交流的使命，这也正是社会文化全球化的真正意义所在。

当今的中国应抓住全球新闻传播事业蓬勃发展的机遇，通过文化开放，与不同文化进行交流，促进自身文化的提高。在文化开放中，既注意文化输出，又重视文化引进，我们的文化就能依照健康的方向发展。

（二）普及文化产品

随着新闻传播的普及，各种过去只能在音乐厅里、经典书籍里见到的高雅文化形式变得人人可触，再也没有了那种高高在上的感觉。贝多芬的交响乐被裁成片段在广播中播出，莎士比亚的著作在报纸上连载。一项调查表明，由于现代新闻传播媒介的参与，人们对高雅文化的认识越来越多，并越来越喜欢这种通俗化的文化产品。

新闻传播的快节奏削弱了学院派文化的经典气息，也以精美的外衣打扮了民间文化，因此，社会文化的媒介化实际是一个高雅文化通俗化与通俗文化高雅化的双向演进过程，新闻传播手段的媒介化促使公众越来越依靠其接收各种信息，包括文化信息，这使得高雅文化进入新闻传播活动，就像我们现在常看到的"文化视点""新书点评"等节目，尽管谈论的内容可能"风花雪月"，但其手法深入浅出，没有任何学院派的味道。同样，市井卖唱、杂耍之类的通俗文化进入新闻传播活动后，也有适当的包装，绝对不会破衣烂衫，蓬头垢面。当高雅文化与通俗文化最终交融时，一种新的文化形式就诞生了，即媒介文化。媒介包括报纸、杂志、广播、电视、电影、图

第六章 实践之问：何以建构真实、积极的新闻观念？ 269

书、计算机网络等等，但其中含载信息量最多，对公众影响最大的还是新闻媒介。

新闻传播的普及将人们带入完全不同于以往的崭新的时代，即信息时代。同时，也为人们创造了一种以传播媒介为主要载体、以传递信息为主要内容的新的文化。对于社会公众来说，新闻传播是了解社会的基本方式。

新闻文化的另一特征表现为人们越来越习惯高频度、大规模地使用新闻媒介，新闻传播活动成为各行各业以及社会生活各个领域的基本组成部分，随着这种运用方式本身日趋丰富，一种全新的文化形态正在形成，即新闻文化的"社会化"。

政治生活离不开新闻传播。政府要实行任何新的政策，必须向大众宣传，以求得大众的理解、接受，不论是议会作出的决定，还是政府官员的讲话，只有通过新闻传播才能具有政策效力。在西方的资本主义政治中，新闻传播更是起着举足轻重的作用。这种作用的产生来源于西方的政体，即选举制、议会制等。在资本主义政体中，任何个人、团体、政党、阶层想要参政，必须经过选举，竞选过程中，候选人要通过报纸、刊物、广播、电视等媒介连篇累牍地宣传自己过去的政绩、今后的政纲，并攻击对方的弱点，在当今新闻传媒如此普及的情况下，不能充分利用新闻传媒，简直就没有取胜的可能。这种选举从本质上说就是一次政治宣传活动，其主要行为就是新闻传播行为。

新闻传播在经济活动中也非常重要。有效地与新闻媒介合作，可以发挥"四两拨千斤"的作用，极大地提升企业的知名度，提高产品的竞争力，因此，现在的企业越来越重视投资新闻传播活动，新闻中的广告也并非新鲜事物。当然，新闻传播在经济活动中的参与不只局限于广告，它在经济政策的制订、修改、宣传、落实上，在经济知识的传播上，在经济技能的培养上，都发挥着重要作用。

科学文化活动同样离不开新闻传播。科学文化活动需要交流，不同地域、不同文化间互通有无，取长补短，这是科学文化进步的基本条件。依靠科学文化的传播，人类可以少走弯路，加快发展的速度。注重科学文化的传播，国家整体科技水平就能得到提高。相反，社会的文明程度就要受到削弱。改革开放以来，以《科技日报》《中国科学报》为代表的科技类报纸蓬勃发展，如今，几乎每个大城市都有科技类报刊，它们成为传播科技知识的有力途径。

可见，新闻文化对社会生活的参与是全方位的，已经渗透进社会的每一个细胞，并且给每一个细胞注入了媒介的因子。

（三）增进新闻的"文化感"

当历史进入新时代，我们需要重新审视"新闻文化"这一要素在新闻舆论工作中的地位和作用，并将之置于新时代的政治经济环境与媒介技术条件下，重新理解何谓"带有文化感的新闻"。

诚如前文所探讨的，有文化感的新闻一定是基于人民群众所能接受和习惯的文化要素的，其核心是持有新闻的群众观点，一方面需要坚持党性原则，贯彻党的意志，另一方面也需要实事求是，通过调查和实践获取事实和真相，使新闻报道拥有坚实的"着力点"。

面对日益复杂的国内外新闻舆论形势，在新时代强调新闻文化，愈发突显其意义和价值。

首先，在新时代强调新闻文化，有助于党的新闻机构和新闻工作者更好地贯彻马克思主义新闻观，加深对党性人民性相统一的理解，并指导其新闻实践。不少新闻工作者对于理解党媒的党性与人民性相统一尚存在明显问题，尤其是在实践层面不知该如何实现这一点，而新闻文化动员理论可以较好地在实践层面给予指导。百年党史表明，中国共产党在中国的成功得益于坚持把马克思主义基本原理同中国具体实际和中华优秀传统文化相结合，因此，要从深厚的中华文化积淀来理解党性原则，理解党性和人民性相统一的丰富文化内涵。

其次，在新时代强调新闻文化，有助于新闻从业者重新审视新闻文化，增强媒体文化感。当代媒体格局的复杂化、技术化导致媒体文化感的流失日益严重，在市场的激烈挤压和数字技术、智能技术特别是"元宇宙"等新技术的驱动下，媒体呈现整体"浮躁"的态势，忽视了新闻本体，忽视了人民群众的"新闻审美"也面临如何引导和适用的问题。强调新闻的文化感，可以满足人民群众对于高质量新闻日益增长的需求，避免掉入商业主义新闻、专业主义新闻和技术主义新闻的极端。

此外，在新时代强调新闻文化，可以较好地应用于对外新闻舆论和国际传播工作。尤其是在如今"跨文化传播"的大背景下，我国的对外宣传需要全面深刻地理解和掌握全球传播和文化变迁的过程与动力机制，进而避免在国际话语权和文化领导权方面被西方国家掣肘。[①]新闻的文化动员不仅可以作用于本国人民群众，更重要的是，在国际舆论环境日益冲突性的背景下，坚持以中华人文精神开展文化传播和有文化感的新闻传播，可以让中国的声音更有效地传出去，树立可信可爱可敬的中国好形象。

总之，在新时代强调新闻文化，是夯实新闻从业者基本功的需要，是增强党的新闻舆论引导能力的需要，也是改善中国国际传播和国家形象的需要。要从更具战略性的高度来看待新闻文化工作，挖掘近代中国特别是百年党史历程中的优秀新闻文化人物经验，认真总结、传承并弘扬，让中国的新闻文化之花盛开。

---

① 赵月枝：《跨文化传播政治经济研究中的"跨文化"涵义》，《全球传媒学刊》2019年第1期，第115-134页。

第五节　为主流需求培养一流新闻人才

习近平总书记2016年2月19日在党的新闻舆论工作座谈会上的讲话中强调"新闻观是新闻舆论工作的灵魂。要深入开展马克思主义新闻观教育，引导广大新闻舆论工作者做党的政策主张的传播者、时代风云的记录者、社会进步的推动者、公平正义的守望者"[①]。2017年9月29日，习近平总书记在中共中央政治局第四十三次集体学习时强调："我们要赢得优势、赢得主动、赢得未来，战胜前进道路上各种各样的拦路虎、绊脚石，必须把马克思主义作为看家本领。"[②]对新闻舆论工作来说，马克思主义新闻观教育已成为当代中国新闻人才培养极其重要的核心内容，根本目标是培养一流的新闻舆论工作者，以马克思主义立场观点方法来从事主流的新闻工作。

在马克思主义新闻观教育中，高校居于基础性和关键性的环节。2018年9月，教育部、中共中央宣传部联合下发《关于提高高校新闻传播人才培养能力实施卓越新闻传播人才教育培养计划2.0的意见》的文件，文中"改革任务与重点举措"的第一条就是"开创马克思主义新闻观教育新局面"。然而，目前我国高校的马克思主义新闻观教育普遍还存在不少问题。这些问题包括教育者本身对马克思主义新闻观的疑问，如马克思主义新闻观如何继续指导新媒体的新闻舆论工作、如何以马克思主义新闻观推进新闻教育改革等；也包括马克思主义新闻观教学的问题，如对学生新闻观形成的规律缺乏认识，

[①]《习近平在党的新闻舆论工作座谈会上强调 坚持正确方向 创新方法手段 提高新闻舆论传播力引导力》，https://news.12371.cn/2016/02/19/ARTI1455884864721881.shtml?from=singlemessage。

[②]《习近平在中共中央政治局第四十三次集体学习时强调 深刻认识马克思主义时代意义和现实意义 继续推进马克思主义中国化时代化大众化》，http://news.cctv.com/2017/09/29/ARTIdwcA2MFQl3rYShX2ITTb170929.shtml。

授课方式较为单一，知识体系陈旧，教师无法很好回应理论难题等。[①]这些问题都会导致马克思主义新闻观教育的效果受到影响。在教学实践中，理论的缺乏使得马克思主义新闻观教学的水平很大程度上取决于授课教师的个人经验与技巧，稳定性的教学效果很难保障。

新闻教育对新闻工作者的新闻观念建构具有深远影响。中国的新闻教育借鉴过美国模式和苏联模式，而今也到了创新和创造属于自己的新闻教育模式的时候。[②]提出新时代下马克思主义新闻观教育的创新思路，办好马克思主义新闻观教育，对我国未来的新闻教育、掌握意识形态领导权有着重大的意义。

随着全球化进程的深刻调整与媒体格局的重大变化，中国新闻学界开始反思如何建构适合当代中国新闻业发展的学科体系，如何培养适合当代中国发展的新闻人才。在这种背景下，开展中国特色新闻学教育成为一种积极探索，为形塑当代中国新闻观念提供了重要的理论依据和价值引导。在这方面，成立于2002年的清华大学新闻与传播学院提供了有益的育人和办学经验，成为培养当代中国新闻观念人才的积极探索。

一、清华新闻教育理念：立足"主流"，打造"一流"

清华大学新闻与传播学院的前身是清华大学人文学院传播系，设立于1998年10月，最早可追溯到1985年在中文系设立的编辑学方向。2001年，随着中国加入世贸组织，中国的改革开放进入重要的历史时期，这对于新闻传播工作，尤其是国际新闻传播工作，提出了新的挑战。正是在这种大背景

---

① 杨晶：《关于当前高校马克思主义新闻观教育若干问题的思考》，《广西社会科学》2016年第7期，第216-220页。
② 骆正林：《我国新闻学教育模式的历史选择与当代创新》，《现代传播（中国传媒大学学报）》2017年第8期，第145-150页。

下，清华大学在原有人文学院传播系的基础之上，酝酿成立全新的新闻与传播学院，培养顺应时代要求的优秀新闻人才。从建院之初起，学校就明确学院的目标是为国家主流需求培养一流新闻人才，为此，从院长的选聘到教师队伍的建设，都坚持了这一核心理念。

（一）双向的选择：范敬宜任清华大学新闻与传播学院首任院长

2001年12月14日，时任清华大学党委常务副书记的陈希，偕同时任清华大学党委副书记、人文社科学院院长胡显章和传播系党总支书记王健华，一同拜访了范敬宜，希望请他担任清华大学新闻与传播学院的首任院长。当时学校领导小组已经原则上通过了聘请范敬宜为即将成立的清华大学新闻与传播学院院长的决定，但陈希等人开始并未明说，而是对范敬宜进行了一轮"面试"。

陈希希望听听范敬宜对于计划成立的新闻学院有何设想，于是发生了如下的对话。

> 陈希：你是做新闻工作的老人了，能不能给我们提点建议？
>
> 范敬宜：近几年全国许多大学办起了新闻与传播院系，据说已有200多家。作为我国最高学府，清华大学不办则已，要办就该办成第一流的，否则不如不办。
>
> 陈希：那么，你认为第一流的标准是什么？
>
> 范敬宜：我想它的办学目标应该主要是培养为主流媒体服务的高素质、复合型、国际化的优秀新闻与传播人才。概括起来说，是"面向主流，培养高手"。清华大学本身有这个优势和条件。[①]

---

① 范敬宜：《范敬宜文集：新闻教育文选》，清华大学出版社，2011，第111、194页。

这也是范敬宜首次提出"面向主流,培养高手"这一理念,而这一理念成了后来学院的办学宗旨。2002年4月,范敬宜正式出任清华大学新闻与传播学院首任院长。

可以说自从建院起,面向"主流",同时要办成"一流",就成了清华大学新闻与传播学院这所年轻的学院未来办学的基调和目标。

(二)办学理念的确认:主持重大学科建设和教育教学改革

学院成立之初,清华新闻教育传统面临重要的问题和挑战,主要集中于"立场、观点和方法"三方面:立场上,应该以何种立场和观念统领新闻教育教学工作?观点上,应当秉持怎样的育人理念和办学方针,方能利用好清华自身的优势和条件,明确清华大学新闻与传播学院的定位?方法上,应当如何引导学生从心底了解和接受马克思主义新闻观,如何将他们培养成为能为中国新闻事业做出贡献的优秀新闻人才?

在清华大学新闻与传播学院成立大会上,学院未来的办学思想、办学模式和办学精神得到了确认,主要包括以下几个方面。

(1)以学科建设为龙头,在综合性、研究型、开放式的平台上构筑新的学科框架和学科体系。

(2)立足主流意识,对新闻学和传播系的重要领域开展全面、系统而深入的研究。

(3)遵循"面向现代化、面向世界、面向未来"的教育思想,吸收世界各国的宝贵经验,继承我国的优良传统,探索新闻人才培养新模式。

(4)与国内外主流媒体展开多方面、多层次、多形式的互动与合作。

(5)坚持以人为本,注重综合素质的培养。[①]

[①] 范敬宜:《范敬宜文集:新闻教育文选》,清华大学出版社,2011,第125-126页。

在具体做法上，学院的领导班子主要提出了如下的具体措施：①课堂教学贴近学生、贴近实际、贴近生活，教学与实践相结合；②将课堂与主流媒体打通，让学生和主流媒体互相了解；③将社会实践纳入教学体系，鼓励学生走进社会、认识国情；④开设双语课程，鼓励学生参加外事活动，开阔国际视野和提升国际交流能力。①概言之就是强调融入主流和实践教育，引导学生了解国情，同时开阔学生的国际视野。

二、立场：以马克思主义新闻观为统领

马克思主义新闻观是清华新闻教育传统的核心灵魂所在，也是清华新闻教育应有何"立场"这一问题的回答。清华新闻教育不仅是中国高校马克思主义新闻观教育教学的首创者和践行者，更是在思想层面对马克思主义新闻观有着深刻的见解与笃定的坚守。

（一）高举旗帜的突击队：首创马克思主义新闻观教育教学

2004年，共青团中央常委会会议在学习了党的十六届四中全会精神后，明确提出要"坚持马克思主义在意识形态领域的指导地位，坚持马克思主义新闻观"，以加强对青年的教育和引导。②2005年初，清华大学新闻与传播学院大二学生李强的乡村实践报告《乡村八记》得到了国务院总理温家宝的回复，更加坚定了清华大学"以马克思主义新闻观培养新闻传播人才"的教育教学构想。2005年秋季学期，由范敬宜主导的"马克思主义新闻观"课程正式开课，且成了一年级本科生和研究生的必修课。

学院成立以来，一直强调以正确的价值观引领新闻教育，尤其是强调马

---

① 胡显章：《素质为本 实践为用 面向主流 培养高手》，《新闻战线》2005年第9页，第61-64页。
② 《关于深入学习贯彻党的十六届四中全会精神 进一步做好新形势下青年群众工作的决议》，http://zqb.cyol.com/content/2004-10/27/content_974724.htm.

克思主义新闻观教育。①范敬宜曾在与中央电视台记者董岩的对话中提到："新闻教育中出现的问题，令人担心和困惑。这种异化，对马克思主义新闻观的信仰缺失，长此下去，令人担忧。清华大学新闻与传播学院有重视新闻社会实践的好传统，但倘若没有正确的理论指导，单纯的实践会产生相反的作用。"②在2007年接受记者采访时，范敬宜谈到了自己对于开展马克思主义新闻观教育的认识。

> 我想，我们是马克思主义政党领导下的社会主义国家，自己是共产党员，马克思主义是我们立党立国的根本指导思想，为什么一提到马克思主义新闻观总是躲躲闪闪、含含糊糊而不理直气壮呢？③

时任教育部部长曾说："对于清华大学来说，我们不是仅仅希望你们建立几个中心、几个基地，而是希望你们能够在新闻传播教育领域里，成为一支高举旗帜的突击队。"④显然，这些话的分量很重，体现了中央对清华大学新闻与传播学院这个新兴的学院较高的期望。那么，怎么理解"高举旗帜的突击队"？

2006年7月的一次全院教师会议对此给出了回答。

> （高举旗帜的突击队）是要求我们能够在新的历史条件下，坚持用马克思主义新闻观统领新闻传播教育，并且在实践中勇于探索，积累经验，起到一定的带队作用。这是时代赋予我们的使命和责任……只有站在这样一个高度，才能理解为什么要理直气壮地把

---

① 李彬：《范敬宜与清华马克思主义新闻观教育述略》，《中国记者》2011年第6期，第56-58页。
② 董岩：《范敬宜：马克思主义新闻观不是一句空话》，《新闻与写作》2007年第3期，第4-5页。
③ 董岩：《范敬宜：马克思主义新闻观不是一句空话》，《新闻与写作》2007年第3期，第4-5页。
④ 范敬宜：《范敬宜文集：新闻教育文选》，清华大学出版社，2011，第141页。

"马克思主义新闻观"作为必修课,而且要求把马克思主义的立场、观点、方法融会到其他有关的学科中去。①

"马克思主义新闻观"课程开设初始,面临教材、经验和师资匮乏的局面,且学生中有一定思想阻力和疑惑。显然,生硬的教条式说教已经达不到应有的教学效果。在教师集体献言献计后,学院决定采用"总论+讲座+讨论"的形式开展课程教学,邀请学界和业界富有实践经验和理论修养的"高手"和"大家"开展有计划的讲座,内容涉及政治意识形态、舆论导向、党报模式、调查研究、新闻自由、新闻真实、"三贴近"等诸多议题,并在课后和网络学堂展开线上线下的讨论,收获了不错的教学效果。

经过数年的持续耕耘,清华首开的"马克思主义新闻观"课程日臻成熟。课程精华内容编辑而成的《马克思主义新闻观十五讲》《马克思主义新闻观拓展读本》《马克思主义新闻观学生读本》均陆续出版,相关教材、师资短缺的问题均得到了解决,且教学相长成果丰硕。由于在马克思主义新闻观教育教学方面的创举,清华大学新闻与传播学院一举成为全国马克思主义新闻观教育的先行者。在那之后,全国各大新闻院校也纷纷开设马克思主义新闻观课程。

(二)创立马克思主义新闻学与新闻教育改革研究中心

清华大学对于马克思主义新闻观统领教育教学的探索经历了一个变化的过程,在开头的两三年里,如何将马克思主义新闻观落实到教学和科研中去,让同学们接受,成了实实在在的难题。

2005年3月5日,温家宝总理为大二学生李强的《乡村八记》给范敬宜写了一封重要的回信,引起了不小的社会反响。时任教育部部长周济当即在

---

① 范敬宜:《范敬宜文集:新闻教育文选》,清华大学出版社,2011,第141页。

与范敬宜的电话中提出，学院应当以此为契机组建一个马克思主义新闻观教育教学的基地。周济在 2006 年 1 月 13 日进一步提出了具体的构想。

> 希望清华大学新闻与传播学院能够承担一个重要任务，带头建立具有中国特色、中国风格、中国气派的马克思主义新闻理论和教学体系……吸收一批高水平的学者和专家参加，用三到五年的时间来完成这个重大工程。①

之后，时任中央宣传部部长刘云山也进一步肯定了清华大学的马克思主义新闻观教育，并作出指示。

> 进行马克思主义新闻观教育，一定要从实际出发，关键是要使学生了解国情，了解党的新闻理论，李强就是一个很好的典型。他主要是主动去了解实际，了解国情，用正确的立场、观点去认识当前的社会问题。温家宝总理所以这样重视李强的《乡村八记》，主要是因为他自觉运用正确的观点去了解国情，这样他就把学到的知识用到了正道上。由此可以理解为什么要用马克思主义新闻观来统领新闻宣传工作。②

几次谈话令院领导班子坚定了办好马克思主义新闻观的责任感和使命感。2007 年 1 月 18 日上午，历经前后近三年的规划和筹备，清华大学马克思主义新闻学与新闻教育改革研究中心（以下简称中心）正式成立，范敬宜担任首任中心主任。

范敬宜在中心成立当天的讲话中指出，中心未来主要依靠整合校内外、

---

① 范敬宜:《范敬宜文集: 新闻教育文选》，清华大学出版社，2011，第 33 页。
② 范敬宜:《范敬宜文集: 新闻教育文选》，清华大学出版社，2011，第 33 页。

学业界的力量和智慧，走开放型的发展道路，旨在建成一个庞大的马克思主义新闻学教学科研的智慧库。[①]

对此，教育部高等教育司在2007年6月14日发布的《清华大学新闻与传播学院马克思主义新闻观教育经验报告》中，评价中心的成立"不仅标志清华大学新闻与传播学院的马克思主义新闻观教育与实践又迈出了新的一步，而且为清华大学新闻与传播学院以马克思主义新闻观指导科学研究搭建了一个很好的平台"[②]。

（三）把握马克思主义新闻观及其教育的内涵

什么是马克思主义新闻观？这是清华大学开设相关课程后被问到最多的问题。范敬宜在2006年"马克思主义新闻观"课程中讲道，马克思主义新闻观是"一批马克思主义理论家逐步总结归纳出来的"，"被历史实践证明能够反映新闻规律的思想、理论和观点"，且是"逐步在中国革命和建设的实践中形成的"。[③]新闻学院的学生之所以要学习马克思主义新闻观，一是由国家性质决定的，二是由时代发展需求决定的，三是学院的教育方针所要求的。[④]

马克思主义新闻观主要解决的问题，主要集中在"立场、观点、方法"三方面：坚持马克思主义的立场，坚持辩证唯物主义、历史唯物主义的观点，坚持实事求是、走群众路线的方法。[⑤]

"马克思主义新闻观"课程中，马克思主义新闻观主要观点主要包括

---

① 范敬宜：《范敬宜文集：新闻教育文选》，清华大学出版社，2011，第36页。
② 教育部高等教育司：清华大学新闻与传播学院马克思主义新闻观教育经验报告[R]. 2007-06-14. 转引自范敬宜：《范敬宜文集：新闻教育文选》，清华大学出版社，2011，第105-107页。
③ 范敬宜：《范敬宜文集：新闻教育文选》，清华大学出版社，2011，第22页。
④ 范敬宜：《范敬宜文集：新闻教育文选》，清华大学出版社，2011，第20-24页。
⑤ 范敬宜：《范敬宜文集：新闻教育文选》，清华大学出版社，2011，第6-18页。

三点：实践第一，大局意识，与时俱进。首先，实践的观点是马克思主义新闻观的第一要义，并强调"实践是最广大人民群众的实践，而不是少数人的实践；也不是短期的实践，而是长期的实践"，新闻工作者应当深入群众，通过实践了解国情民情，这也体现了党的媒体对群众路线的坚持。其次，新闻工作者应当具备大局意识，审时度势，掌握好"全部与局部、主流与支流、现象与本质"这三对关系，将大局意识视为新闻工作者"最重要的本领"，从中体现的其实就是新闻工作者的政治意识。最后，马克思主义新闻观一定是与时俱进的，新闻工作者要对时代的发展变化非常敏感，并且努力不断学习，能在跟上变化的同时，对问题进行有说服力的分析和宣传。[①]

开创这门课程的范敬宜从事新闻工作的时间长达半个多世纪，他对马克思主义新闻观的认识和理解融合了他自身极为丰厚的实践经验，立场坚定，观点明确，且论述条理清晰。他在教授课程时，常会大量使用自己亲身的经历或听闻过的事迹，使论述变得更为生动，易为同学们接受。

三、观点：素质为本，实践为用，面向主流，培养高手

清华大学新闻与传播学院成立之后，一直大力倡导"素质为本，实践为用，面向主流，培养高手"的育人理念，并多次在多个公开场合阐发和论述这一理念。这一理念基本解决了清华新闻教育"基本观点和定位"的问题，也成为清华新闻教育的重要特点。

（一）理念的核心："面向主流，培养高手"

自从"面向主流，培养高手"的育人理念提出，就不断遭受外界的质疑

[①] 范敬宜：《范敬宜文集：新闻教育文选》，清华大学出版社，2011，第 25-30 页。

和非议。质疑的焦点落在了"面向主流"上。

范敬宜在2006年7月7日清华大学新闻与传播学院全院教师会议上,就曾对"面向主流"进行过最为清晰的界定。范敬宜指出,要贯彻好"面向主流",核心要做好三个方面:一是培养学生主流的意识,也就是政治意识、责任意识、大局意识、导向意识,将马克思主义新闻观贯穿在新闻传播教育教学中;二是引导面向主流的就业,重点为主流媒体培养和输送合格的、优秀的新闻与传播人才;三是营造团结、和谐、奋进的培养环境,打造好教师队伍,为学院的人才培养保驾护航。[①]他还就"主流媒体"的范围进行了如下界定。

> ①中央和省、区权威性的报纸、刊物、电台、电视台、网络,或在国际国内有较大影响的、导向正确的媒体和出版机构;②中央和省、区的领导机关或主管新闻、出版工作的部门;③国内著名的新闻与传播院校和研究机构。[②]

对"主流"的肯定和反复强调,凸显了清华新闻教育教学方向的明确判断和坚定决心。对"主流"的坚持和融入,也构成了清华新闻教育在整个中国新闻事业结构中的核心定位和核心竞争力所在。

在"培养高手"方面,学院提出"博古通今、学贯中西"的重要理念,并针对几个"贯通"进行了补充:"古今贯通,中西贯通,文理贯通。"[③]这一重要理念分别强调了新闻工作者的历史修养、国际视野和跨学科积累,是清华大学对于培养新闻学子"综合素质"的全面理解。

---

① 范敬宜:《范敬宜文集:新闻教育文选》,清华大学出版社,2011,第142页。
② 范敬宜:《范敬宜文集:新闻教育文选》,清华大学出版社,2011,第142页。
③ 范敬宜:《范敬宜文集:新闻教育文选》,清华大学出版社,2011,第194页。

培养高手到底是什么标准？我们提出来三条，一是具有高度的社会责任感和使命感；二是有丰富的学养；三是要有好的文笔，特别强调练笔，要练出一手好的文笔。[①]

"面向主流，培养高手"的育人理念目前已在清华大学新闻与传播学院深深扎根，成为清华新闻教育传统的一大特色。其中政治素质和文化素质是新闻学子作为未来新闻工作者最需具备的两项素质，也是学院最为强调的两项能力。

（二）重视政治素质：政治家办报思想

党报的性质和承担的任务决定了政治素质是新闻工作者的首要素质[②]。学院一再强调重视培养学生的政治意识、大局意识和责任意识，而这三个意识，基本也概括了清华大学对新闻学子政治素质方面的培养目标。

有老师在上课时注意到，有些同学很喜欢提李大钊的名言"铁肩担道义，妙手著文章"，但却容易陷入个人英雄主义的误区，分不清担的是国家和人民的"道义"，还是自己的"利益"。[③]这更加凸显了加强马克思主义新闻观教育的迫切性，需要让同学们尽早对新闻与政治的关系有一个正确的认识。

涉及新闻与政治，党报理论中经典的"政治家办报"思想可以提供宝贵的理论借鉴。范敬宜曾对"政治家办报"以及新闻工作者如何处理新闻与政治关系有过如下表述。

新闻工作总的来说是一项政治工作。不仅在中国如此，在外国

[①] 范敬宜：《范敬宜文集：新闻教育文选》，清华大学出版社，2011，第196页。
[②] 路敦英、李长江、高永强：《党报记者如何讲政治》，《学术交流》1999年第2期，第256-257页。
[③] 何大生：《听范敬宜谈新闻人生》，《采写编》2010年第6期，第16-17页。

也是一样：真正优秀的新闻工作者往往都是政治家……

中央一直在强调要"讲政治"，要"政治家办报"，我想其意义就在这里。现在也有一种误解，认为这样做会变得教条，变得自上而下都很死板，其实这些人没有理解"政治家办报"的真正含义……

记者的修养第一步就是要把自己塑造成为纵览五洲风云、胸怀万家忧乐的人物。这才叫做政治家，不是空头政治家。[1]

在清华新闻教育中，"政治家办报"的思想可以体现在以下三个方面。

一是大局意识，审时度势。范敬宜指出，审时度势、把握大局有两个角度，分别是空间和时间。空间上要求新闻工作者的站位得高，时间上要求新闻工作者学会把历史和现状融会贯通。[2]范敬宜谈道："我们倡导'政治家办报'，那么政治家的特点是什么？是审时度势，权衡利弊，从而作出正确判断。"[3]

二是了解国情，深入群众。凡是新闻的"大家"，都是对中国国情、世界时情了如指掌的新闻人，如王韬、梁启超、邓拓等。真理永远掌握在广大人民手里，只有到了基层才知道大局是怎么回事。

三是正确引导，担当责任。一方面，新闻工作者应当在思想上将把握正确舆论导向作为第一责任，正所谓"导之有责"；另一方面，要遵循正确的方法，以正确的舆论引导人，不能刻板地说教，正所谓"导之有方、导之有术"[4]。

---

[1] 范敬宜：《范敬宜文集：新闻教育文选》，清华大学出版社，2011，第84-86页。
[2] 范敬宜：《范敬宜文集：新闻教育文选》，清华大学出版社，2011，第91-92页。
[3] 刘鉴强：《如果有来世，还是做记者——范敬宜谈新闻记者的修养》，《新闻记者》2002年第6期，第3-6页。
[4] 范敬宜：《谈谈新闻工作者的社会责任（上）》，《新闻实践》2004年第2期，第8-11页。

（三）强调文化素质：文化与政治相统一

"素质为本"的"素质"，主要就是指新闻传播工作者的综合素质，特别是文化素质。新闻工作者拼到底最后还是拼文化，培养和提高新闻人才的文化素质，这是培养"知识渊博，学贯中西"人才的题中之义，应当渗透到各个学科（课程）中去。[①]

范敬宜在建院之初大力倡导"新闻中的文化"，并强调文化素质与政治素质的相统一。他在 2007 年《解放日报》主办的"文化讲坛"上曾经说道：

> 从近百年的中国新闻史来看，凡是杰出的新闻大家，几乎都是杰出的文化人。王韬、章太炎、梁启超、张季鸾，一直到毛泽东、瞿秋白、邹韬奋、恽逸群、胡乔木、乔冠华，等等，这些人既是杰出的政治家，又是学养丰厚、才华横溢的文化人，政治品质和文化修养在他们的身上和笔下都得到了完美的统一……
>
> 20 世纪 50 年代中期以后，"左"的思潮泛滥，其中对我们新闻界影响最大的就是把政治和文化对立起来。只强调新闻的意识形态属性，而不强调新闻的文化属性；片面地强调政治家办报，而一概否定文化人办报，甚至于把既有政治头脑，又有丰厚文化修养的邓拓同志也当成"书生办报""死人办报"的代表批了很久。[②]

诚然，新闻人不能没有"政治"的意识，也不能没有"文化"的加持。在新闻领域中，如何处理好政治与文化的关系，是一项非常重要的命题。只知道讲政治，却不懂讲文化的后果就是"只知道旗帜鲜明，不知道委婉曲折；只知道理直气壮，不懂得刚柔相济"。[③]

---

① 范敬宜：《范敬宜文集：新闻教育文选》，清华大学出版社，2011，第 141-142 页。
② 范敬宜：《范敬宜文集：新闻教育文选》，清华大学出版社，2011，第 51-52 页。
③ 范敬宜：《范敬宜文集：新闻教育文选》，清华大学出版社，2011，第 53 页。

改革开放之后，许多新闻院校引进了西方的新闻传播理论，然而范敬宜发现，很少有院校会专门设立一门和"新闻与文化"这类主题的课程。这令他非常失望，也使他萌生了开设这类课程的想法。

2005年春季，范敬宜在学院正式开设"新闻中的文化"一课，作为面向全校的新生研讨课。[①]在课上，范敬宜强调"新闻与哲学的关系、新闻与历史的关系、新闻与文学的关系、新闻与艺术的关系"，拓宽学生在新闻专业以外的知识。[②]范敬宜将新闻写作理解为"把逻辑与文采很好地结合起来"[③]，强调在新闻写作中不仅要重视行文逻辑，更要重视对文化要素的应用。

在范敬宜2010年4月12日的手稿《我们为什么要开设"新闻与文化"课》中，范敬宜提到：

> "新闻与文化"这门课，是清华大学新闻与传播学院的一道"特色菜"。据我了解，在全国的新闻与传播学院中，开设这门课的，可能我们是独此一家。这门课程，从2005年开始设立，到现在已经坚持了五年。无论是学界还是业界，对这门课的意义和作用，由开始的不太理解、不太重视，到逐步理解和重视……我很担心这门课程会"无疾而终"。值得欣慰的是，无论是胡显章老师、王健华老师、李希光老师、尹鸿老师、李彬老师，以及周庆安老师等，都始终重视和支持把这门课程放在一个重要位置，既没有削弱，更没有取消。

可见，对新闻文化的重视，从一开始范敬宜的首倡，到后来已经成为清

---

① 曾维康、朱爽：《范敬宜新闻文化思想的发端与发展——兼析范敬宜新闻作品》，《青年记者》2010年第34期，第46-50页。
② 范敬宜：《范敬宜文集：新闻教育文选》，清华大学出版社，2011，第196页。
③ 纪忠慧：《在清华听范敬宜院长讲新闻》，《新闻与写作》2011年第1期，第46-49页。

华新闻教育中全院老师的共识，成为清华新闻教育的"特色菜"，至今仍在学院开设。

（四）人才培养构想：政治家、通才和史家

"他们既具有强烈的社会责任感和使命感，又具有广博的文化基础和娴熟的专业技能；既具有开放的世界眼光和通达的人类情怀，又具有坚定的政治立场和清醒的批判意识；既具有高尚的精神情操和健康的心理素质，又具有百折不挠的拼搏意志和承担重任的精力体力。"[1]

这段话高度浓缩了清华大学新闻与传播学院人才培养的期望和目标。概括起来，学院未来培养人才的期望可以归为以下三点。

首先，要做有大局意识的"政治家"，树立牢固的马克思主义新闻观，将"主流"与"一流"相结合。其次，要做"通才"，做到"中国立场，国际视野，知识渊博，学贯中西"[2]。最后，要做有历史视野的"历史学家"，做到"既有政治家的高瞻远瞩，又有历史学家的纵观古今"[3]。

这种集"通才、史家、政治家"于一身的新闻人才培养思想秉承了百年来中国新闻人才观的精髓，并承载了新的时代意义。[4]正如范敬宜老院长曾表述的那样：

> 我担心，我们辛辛苦苦培养出来的学生，要么去外资企业打工，要么去做跟新闻不沾边的工作，要么出国了为国外的新闻机构去打工，而不能够为中国的主流媒体贡献力量，为中国的新闻事业作出

---

[1] 范敬宜：《范敬宜文集：新闻教育文选》，清华大学出版社，2011，第125-126页。
[2] 申宏磊、雷向晴：《谈外宣人才的综合素质——访清华大学新闻与传播学院院长范敬宜》，《对外大传播》2005年第5期，第6-8页。
[3] 范敬宜：《范敬宜文集：新闻教育文选》，清华大学出版社，2011，第92页。
[4] 胡钰、陆洪磊：《范敬宜与当代中国新闻人才观——纪念范敬宜逝世十周年》，《全球传媒学刊》2020年第3期，第29-44页。

贡献。如果出现这种局面就是我们工作的失败。①

四、方法：重视实践教育，塑造学院文化

让新闻教育教学融入业界，重视对学生的实践教育，是实现"面向主流，培养高手"的重要方法，是实践马克思主义新闻观，培养当代中国新闻观念，解决新闻院校毕业生参加工作后仍需"回炉"这一问题的重要路径。

（一）重视专业实践教育：拉近学生与主流媒体的距离

在开展专业教育之初，学院发现学生和主流媒体之间彼此都存在偏见和成见——主流媒体觉得学生脱离实际、好高骛远，甚至崇洋媚外，而学生觉得主流媒体思想僵化、作风刻板——这种根深蒂固的成见已经影响到了学生们对马克思主义新闻观的认知。②学院的老师们意识到，如果不尽快消除学生们对主流媒体的认识误区，那么"面向主流"的宗旨和马克思主义新闻观教育将无从谈起。

> 只有了解什么是主流媒体，才能了解什么是马克思主义新闻观，才能了解中国共产党的新闻传统、新闻理念、新闻政策。这不是靠一般的讲课，更不能靠生硬的手段，而要靠事实、靠实践、靠潜移默化，让学生在事实的教育当中心悦诚服地接受。③

清华新闻教育大力推动学生进入主流媒体，同时拉动主流媒体进入校园，拉近二者距离，使二者可以沟通融合，进而消除误解。

为了做好这项工作，清华新闻教育主要通过六项具体措施来达到预期目标。

---

① 范敬宜：《范敬宜文集：新闻教育文选》，清华大学出版社，2011，第128页。
② 范敬宜：《范敬宜文集：新闻教育文选》，清华大学出版社，2011，第113页。
③ 范敬宜：《范敬宜文集：新闻教育文选》，清华大学出版社，2011，第128页。

第一点，不断邀请主流媒体的领导和著名的有成就的记者编辑来学院讲课。第二点，不断组织学生到主流媒体去实习。第三点，鼓励学生往主流媒体投稿。第四点，请主流媒体的著名记者编辑为学生的作业进行点评。第五点，鼓励大家关心国家大事。第六点，朝主流媒体的方向进行引导、支持和积极推荐。[①]

要让高校新闻教育与新闻职业要求相对接，这不仅因为主流媒体是学生学习马克思主义新闻观最直接的渠道，更是为了加强新闻教育的实务性，使之与实际情况联系得更加紧密些。

清华新闻教育的这一教育教学理念获得了显著的成效。经过建院最初三年的教学实践，清华大学新闻与传播学院应届毕业生报考主流媒体和相关国家机关工作的人数不断增加，占比从2002年的40%，2003年的60%，2004年的72%，到2005年则接近90%。多数学生上岗后表现了较强的适应性，受到用人单位的欢迎。[②]一些原来对马克思主义新闻观可能抱有偏见的学生，在主流媒体实习和工作了一段时间之后，简直"判若两人"。[③]可以说，清华新闻教育主动拉近学生与主流媒体的方法突破了课堂教育的形式约束，收获了实实在在的育人效果。

（二）重视社会实践教育：离基层越近，离真理越近

除了重视专业实践教育，社会实践教育也是清华新闻教育所提倡的实践教育重要的另一方面。做新闻的"高手"，不仅要读万卷书，更要行万里路。加强社会实践，了解国情民情，都是新闻实践教育工作中非常重要的环节。

---

① 范敬宜：《范敬宜文集：新闻教育文选》，清华大学出版社，2011，第128-129页。
② 胡显章：《素质为本 实践为用 面向主流 培养高手》，《新闻战线》2005年第9期，第61-64页。
③ 范敬宜：《范敬宜文集：新闻教育文选》，清华大学出版社，2011，第138页。

你们仅仅看到了周围 0.2 平方公里的地方，而看不到 960 万平方公里的地方。你们动不动就说什么民意，难道你一个人就可以代表所有人吗？你知道 960 万平方公里的土地是什么样吗？你就看到王府井附近 0.2 平方公里的地方。这就是不懂局部与大局的关系。[①]

这些话，范敬宜曾经对报社的记者们说，在课堂上他则对新闻学子们说。范敬宜在 2009 年清华大学新闻与传播学院新生入学教育上，就曾谈到社会实践的重要性。

我一直讲："离基层越近，离真理越近。"有人说这话片面：离基层越近，不就离中央越远了？我说不能用这种逻辑来套。凡是受欢迎的中央政策，也肯定是来自群众，受群众欢迎的。而群众最知道哪个是对的、哪个是错的，因为他们长期生活在基层，对政策的得失感受最真切，也最敏感。中国有句老话，叫"知屋漏者在檐下，知政失者在草野"。说的就是这个道理。[②]

2005 年寒假，清华大学新闻与传播学院二年级本科生李强在山西太原老家开展了一项为期八天的农村现状调查，以札记的形式写成了近四万字的调查报告《乡村八记》，经范敬宜呈送国务院总理温家宝后，于 4 月 28 日收到温家宝总理亲笔回信，顿时引起了强烈的社会关注和反响，后《人民日报》于 6 月 16 日专门对此进行了报道。

这篇报告是如何被发掘的呢？原来，学院的学生在入学的时候，都会收到一份书单，包括指导如何阅读和如何开展调查研究的书籍，如费孝通的《乡土中国》和曹锦清的《黄河边的中国》——这两本也正是影响李强开展农村

---

① 范敬宜：《范敬宜文集：新闻教育文选》，清华大学出版社，2011，第 28 页。
② 范敬宜：《范敬宜文集：新闻教育文选》，清华大学出版社，2011，第 163 页。

调查的主要书籍。李强在中宣部召开的一次座谈会上谈到了他开展调查的动因。

> 我很庆幸自己学习、生活在清华新闻与传播学院这样的环境中，这里有很多老师指导我们静下心来读一些真正意义上的大作……可以说，如果没有这两本书，我的寒假实践就无从谈起，因为即使我去了，我也无从进行科学有效的调查，从而真正受到教育。[①]

可以说，没有学院强调实践育人的理念，没有鼓励实践的教学氛围，就没有李强的《乡村八记》。

（三）学院文化：正气、和气与朝气

清华大学新闻与传播学院不但形成了独特有效的办学理念和育人理念，也形成了学院的独特文化和气质，突出体现为"正气、和气和朝气"。

学院树立了以马克思主义新闻观为指导的教育理念，要求教师把思想教育与专业教育结合起来，把教书和育人视为一个整体，用贴近学生的形式将马克思主义新闻观融入专业课的讲授。教育部2007年的《清华大学新闻与传播学院马克思主义新闻观教育经验报告》评价："清华大学新闻与传播学院凝聚了一支以马克思主义为指导、理论功底扎实、能打硬仗的老、中、青结合的学科带头人和教学骨干队伍。"[②]学院对教育理念和教师队伍大方向的准确把握，带给学院文化传统的"正气"。

自建院之初开始，学院就十分重视教师队伍的建设。作为曾经并肩战斗的"战友"，许许多多老师在回忆起范敬宜老院长时，都会给予充分的肯定，表现出发自内心的怀念，王健华说："有的时候觉得什么事不顺心、想不通

---

① 范敬宜：《范敬宜文集：新闻教育文选》，清华大学出版社，2011，第138页。
② 教育部高等教育司：清华大学新闻与传播学院马克思主义新闻观教育经验报告[R]. 2007-06-14. 转引自范敬宜：《范敬宜文集：新闻教育文选》，清华大学出版社，2011，第105-107页。

了，我就跟范院长打电话，约他到'清香林茶馆'喝茶，听我诉苦。"胡显章也表示："范院长是一位具有很强亲和力、感染力和凝聚力的领导。能够与他共事是荣幸而愉快的事情。"①学院对学生和教师的爱护，是学院文化传统的"和气"。

在探索马克思主义新闻观教育教学方法上，学院的青年教师在资深教授的带动下，积极主动地在自己的专业课程中，引导学生深入北京市农民工群体开展调研，加强学生对国情、民情的认识，取得了很好的实践教学效果。②范敬宜曾说：

> 我们这支教师队伍，是一支富有朝气、富有创新精神、进取精神和团结精神的队伍。我们一定要加倍珍惜这样一个难得的环境和机遇，同心同德，群策群力，把这件关系到学院发展前景的大事办好。③

可以说，对待新闻教育事业锐意进取、不断创新，是学院文化传统的"朝气"。

综合而言，清华新闻教育传统和理念主要可以分为以下三个方面：一是确立了马克思主义新闻观在新闻教育教学中的统领地位，并提出要强化马克思主义新闻观研究；二是提出了"素质为本，实践为用，面向主流，培养高手"的核心育人理念和办学方针，强调对学生的政治素质和文化素质的培养；三是强调了专业实践和社会实践教育，建立了学院与主流媒体与中国社会的联系。

确定以马克思主义新闻观统领新闻教育教学，解决了清华新闻教育的"立

---

① 内容来自王健华的访谈，访谈时间：2019年11月4日，访谈地点：清华大学新闻与传播学院。
② 教育部高等教育司：清华大学新闻与传播学院马克思主义新闻观教育经验报告[R]. 2007-06-14. 转引自范敬宜：《范敬宜文集：新闻教育文选》，清华大学出版社，2011，第105-107页。
③ 范敬宜：《范敬宜文集：新闻教育文选》，清华大学出版社，2011，第142页。

场"问题；提出"面向主流，培养高手"的育人理念，则是解决了清华新闻教育"基本观点和定位"的问题；强调专业实践和社会实践育人，并重视学生主体，则是解决了如何贯彻实践马克思主义新闻观的"方法"问题。如果说学生的培养以"面向主流，培养高手"为主要理念，那么学院发展的理念可以用"面向主流，建设一流"来概括。

更重要的是，这些重要措施对清华大学新闻与传播学院未来的发展产生了至关深远的影响。对以马克思主义新闻观为指导的坚持，"素质为本，实践为用，面向主流，培养高手"的育人理念，对学生主体的重视，对教学工作的一丝不苟，对社会实践传统的秉承，都成为学院发展的重要传统，延续至今而不断焕发活力。

原国家新闻出版总署署长、十二届全国人大教科文卫委员会主任委员柳斌杰担任清华大学新闻与传播学院第二任院长长达十年，高度重视马克思主义新闻观的教育，开拓性地推动中国特色新闻学教育，推动清华新闻教育在"主流"与"一流"的轨道上持续前行，为国家培养了大批优秀新闻人才。

2016年，为了贯彻落实中央明确提出"加快构建中国特色哲学社会科学学科体系、学术体系、话语体系"的重大论断和战略任务，清华大学新闻与传播学院在柳斌杰院长的领导下，主动、率先跟进中国特色新闻学的学科建设。2016年5月29日，清华大学新闻与传播学院和复旦大学新闻学院共建了"中国特色社会主义新闻学教学研究基地"。柳斌杰强调，要加快构建中国特色社会主义新闻学的教育体系、教学体系和教材体系，以鲜明的特色引领中国新闻学教育的改革方向。

2017年5月20日，清华大学新闻与传播学院、复旦大学新闻学院、中国人民大学新闻学院等联合发起成立的"中国新闻史学会中国特色新闻学研究委员会"举行挂牌仪式。值得关注的是，在中国新闻史学会常务理事会四十余名成员对是否同意成立这一新的二级分会进行无记名表决时，结果是全票通过，表明了高度认同。同年 7 月，中国新闻史学会中国特色新闻学研究委员会与中信改革发展研究基金会联合举办了"首届中国特色新闻学高级研讨班"，研讨班为期一周，主要面向全国高校师资，也向新闻业界招收学员。研讨班第一讲由柳斌杰主讲，其讲话稿整理后以"中国特色新闻学的学术追求"为题刊发。整个研讨班的内容是基于对当前中国和西方新闻传播理论与实践的反思，讨论加强中国新闻学主体性与中国特色新闻学教育。

2017 年 8 月 18 日至 20 日，中国新闻史学会 2017 年学术年会在郑州召开，其间设立了"中国特色新闻学理论与话语"专题论坛，凸显中国特色社会主义的主题与核心，建设中国特色社会主义新闻学学科体系、学术体系、话语体系和教材体系等。来自中国社会科学院、人民日报社、中国人民大学等单位的专家还有一些关于中国特色新闻学的发言，题目包括：新闻学科如何支撑未来——2017 年高校新闻学科建设调研纵览、论中国特色新闻学的继承和创新、问题意识知识逻辑和当前新闻教育转型、传统文化与构建中国特色新闻学理论，等等。此外，清华大学新闻与传播学院 2018 年博士生招生目录中专门开设了"中国特色新闻学"的研究方向。2019 年"清华大学新闻与传播学院中国特色新闻学实践教育基地"在人民日报社揭牌成立……

曾经做马克思主义新闻观"高举旗帜的突击队"，而今做中国特色新闻学教育教学"高举旗帜的突击队"，清华大学新闻与传播学院的发展在为主流需求培养一流新闻人才、探索形成真实、积极的新闻观念方面做出了持之以恒的有益的探索与贡献。

第六节　建构中国新闻学自主知识体系

进入新时代的中国新闻学科，面临前所未有的现实挑战、时代需求与发展机遇，新闻学是对哲学社会科学具有支撑作用的学科，活跃的当代新闻实践对中国新闻学发展提出强烈需求,要抓住这一机遇,关键在于把握马克思主义新闻观的科学理论,把握中国共产党建党百年来新闻工作的历史经验,把握中国新闻学已经积累的知识体系,关注新闻学科的基础理论、新闻历史的基本梳理、新闻活动的基层实践,着力构建具有主体性、学理性的中国特色新闻学。事实上,一旦中国特色的新闻学学科理论体系建构起来,中国特色的新闻观念也就自然建构起来,而且会成为青年学子与新闻业界人士的理论依归。

中国特色新闻学自主知识体系建构不是空中楼阁,也不是无根之萍,而是基于已有的新闻学知识体系,体现中国新闻学发展从"无学"到"有学"、从"小学问"到"大学问"、从"别人的学问"到"自己的学问"的转变;同样也是深深扎根于中国文化与实践中成长起来的"理论瑰宝",既有着"仁义礼智信"的文化积淀,也有着"人民新闻学"的革命传统,是亟待被学理化研究、系统性总结的"理论富矿",需要当代中国新闻学者以主体性、实践性的眼光加以思考。

一、以实践性作为哲学特质

1845年,马克思在《关于费尔巴哈的提纲》中写道:"人的思维是否具有客观的真理性,不是一个理论问题,而是一个实践的问题。人应该在实践中证明自己思维的真理性,即自己思维的现实性和力量,自己思维的此岸性。关于思维——离开实践的思维——的现实性或非现实性的争论,是一个纯粹经院哲学的问题。"[①]如果说马克思的《黑格尔法哲学批判》导言是在认识论上明确了哲学的任务是要确立此岸世界而非彼岸世界的真理,那么在《关于费尔巴哈的提纲中》,马克思则给出了确立此岸世界真理的方法论指导,

---

① 〔德〕马克思:《关于费尔巴哈的提纲》,见中共中央马克思恩格斯列宁斯大林著作编译局:《马克思恩格斯选集》第一卷,人民出版社,1995,第55页。

即实践。所以就有了那句著名的论断：哲学家只是用不同的方式解释世界，问题在于改变世界。①

马克思在《关于费尔巴哈的提纲》中指出，"全部社会生活在本质上是实践的。凡是把理论引向神秘主义的神秘东西，都能在人的实践中以及对这个实践的理解中得到合理的解决"②。因此，离开实践讨论新闻学知识体系建构都是经院哲学。新闻活动是对象性的活动，新闻的客观性及新闻学的真理性都只能在实践中检验。在中国自主知识体系的建构中，过度西方化、专门化、特殊化的术语与理论，都是思想远离现实的表现，只能让理论苍白而无生命力。

西方新闻实践产生了西方新闻学，中国新闻实践也应产生中国新闻学。尽管不同国家的新闻实践有许多属于行业的共同行为与准则，因而有许多共同适用的基本理论，但是，需要看到的是，中国新闻实践不能完全用西方新闻学来解释，只能靠中国新闻学来解释与指导。理论与实践的一致性是理论合理性与有效性的依据。中国特色新闻学自主知识体系的建构也只能在中国新闻实践中证明自己的真理性、现实性和此岸性。

中国特色新闻学自主知识体系的建构过程要牢牢把握实践性，避免主观性与片面性。一方面，立足中国实践，避免"中"气不足。中华文化五千年源远流长，中国共产党百余年领导中国革命和建设，新闻界仁人志士群星璀璨，新闻实践与思想无比丰厚，中国新闻学界应有这样的气魄和情怀来进行理论上的总结和提升，而非只用西方的知识体系反向格义，削足适履。西方哲学社会科学对中国学术自主意识与能力的滋养与拘囿是并存的，换言之，

---

① 〔德〕马克思：《关于费尔巴哈的提纲》，见中共中央马克思恩格斯列宁斯大林著作编译局：《马克思恩格斯选集》第一卷，人民出版社，1995，第57页。

② 中共中央马克思恩格斯列宁斯大林著作编译局：《马克思恩格斯选集》第一卷，人民出版社，1995，第56页。

中国特色哲学社会科学既可以从西方理论中获得营养,又会由于对西方理论的"路径依赖"而限制了自身的多样性与独立性。

另一方面,立足全球实践,避免"特"字过度。要防止强调国别特色,限制理论的普适性,引来对其真理性的质疑。事实上,基于数字媒介的当代新闻传播活动的突出特点是传播范围的国别界限日益模糊,一国的新闻就是世界的新闻,世界的新闻也是一国的新闻。因此,在进行中国特色新闻学自主知识体系建设时,需要避免"世界-中国"二元论引发的对立倾向。中国的新闻理论为什么不能是世界的新闻理论?在西方新闻理论与新闻实践日益出现矛盾的当代世界,在面对国际新闻传播中虚假信息弥漫、极端情绪弥漫的全球性挑战时,中国特色新闻学自主知识体系应当有放眼全球的格局,有与其他国家新闻理论对话的功力,更重要的是,有解决世界新闻传播困境与难题的理论勇气。

改革开放以来,中国以开放的心态向世界学习,以务实的精神探索适合本国国情的发展道路,不论是大规模派遣留学生、翻译西方学术著作、引进外资,还是推动农村改革、国企改革、建立社会主义市场经济体制,都体现了中国发展道路的开放性与务实性。在此过程中,牢牢把握"以经济建设为中心",把发展作为第一要务,同时积极探索发展的内涵与途径,从科学发展观到新发展理念,都体现了与时俱进的实事求是。

党的十八大以来,中国对自己道路探索的自觉性与理论性愈发强烈。一方面,强调以马克思主义哲学和正确思想方法来指导工作,另一方面,强调要开创当代中国马克思主义发展新境界。从十八届中央政治局的多次集体学习内容来看,要求坚持历史唯物主义认识全面深化改革规律,明确辩证唯物主义是中国共产党人的世界观和方法论,提出开拓当代中国马克思主义政治经济学新境界。党的十九大对中国特色社会主义道路进行了理论化、体系化表述,形成了习近平新时代中国特色社会主义思想和基本方略。党的二十大全面总结了新时代以来以习近平同志为核心的党中央团结带领全党全国各族人民坚持和发展中国特色社会主义取得的重大成就和宝贵经验，明确宣示了党在新征程上"举什么旗、走什么路、以什么样的精神状态、朝着什么样的目标继续前进"①。

实践中的道路选择对学术理论建设提出的要求更加具体而迫切。对于学术界来说，2016年召开的哲学社会科学工作座谈会具有极其重要的意义。这次会议鲜明地提出坚持和发展中国特色社会主义必须高度重视哲学社会科学，加快构建中国特色哲学社会科学。这次会议明确提出加快完善对哲学社会科学具有支撑作用的学科，提到的11个具体学科，就包括新闻学，要求打造具有中国特色和普遍意义的学科体系。对新闻学界来说，这是前所未有的机遇，也是必须迎难而上的挑战。

二、以主体性作为建构原则

中国的新闻学科在其发展过程中，始终面临"新闻无学"的质疑，集中体现为学科不存在、不独立、不成熟。究其原因，一方面是由于新闻业务的实践性强、进入门槛低，对于许多报人、新闻人来说，通过实践学习即可；另一方面则是由于对于新闻学科的学术自主性、独立性认识不够，对新闻活动的规律性遵循不够。改革开放以来，随着西方特别是美国新闻学、传播学知识的引入，中国新闻学界大规模地吸收、学习外来理论，与国际学术界接轨的同时，在一定程度上放弃了自身的自主性、独立性，对中国新闻学的"中国特色"尊重不够。这些因素共同作用于中国新闻学的发展过程，带来了新闻学科在与新闻业界对话时的"业界边缘化"问题、在与其他人文社科领域学科对话时的"学界边缘化"问题、在与国际同行对话时的"世界边缘化"

---

① 新华网：《人民日报社论：奋力开创中国特色社会主义新局面——热烈祝贺中国共产党第二十次全国代表大会开幕》，http://www.news.cn/politics/2022-10/15/c_1129066143.htm。

问题。简言之，主体性弱化成为当代中国新闻学科建设的最突出问题。

中国特色新闻学自主知识体系的建构，要坚持"立足中国土，回到马克思，把握新技术，放眼全世界"的理念。"中国土"体现了中国特色新闻学的主体性，"新技术"和"全世界"体现了当代新闻传播实践的技术驱动特质与全球传播现实，而马克思主义新闻观则是中国特色新闻学自主知识体系建设的指导思想。

中国特色新闻学基于当代全球新闻实践特别是中国新闻实践，让思维回到现实，让语言回到生活，让行动回到人民，逐渐形成了自己的知识体系，表现出特有的内涵，具体包括：人民性新闻立场，有机性新闻参与，正向性新闻效果，伦理性新闻技术，人文性新闻文化。人民性新闻立场体现了新闻活动的社会目的，有机性新闻参与体现了新闻活动的社会角色，正向性新闻效果体现了新闻活动的社会效果，伦理性新闻技术体现了新闻活动的社会治理，人文性新闻文化体现了新闻活动的社会价值。简言之，中国特色新闻学是社会主义的新闻学，不是资本主义的、商业主义的、技术主义的、个人主义的新闻学。

中国特色新闻学自主知识体系的建构体现了鲜明的人民利益方向与辩证统一方法。新闻媒体作为社会的有机构成，不是独立于社会大众的存在，更不是在"国家-社会"二元对立下的政府反对派，而是社会治理体系的一部分，是政府联系群众、服务群众的重要纽带。与此同时，在新闻活动中，既要使用新技术又要把握伦理性，既要参与市场化又要把握人文感，既要保障个人媒介使用权又要把握信息传播规范性，而这些要求都是为了实现马克思所言的"人是人的最高本质"的学说，以新闻活动切实服务人的自由而全面发展，而不能把新闻活动作为少数人的情绪出口或牟利工具。

在中国，新闻活动是作为整体性的社会活动的有机组成而存在，这种"有机性"是理解新闻媒体、新闻记者角色与作用的关键，也正是源于这种"有机性",内在地、逻辑地产生了"导向性"。范敬宜在谈到如何认识国家发展时曾提出,"作为新闻记者,既要做坐船的人,又要做看船的人;既要是一个山外人,又要是一个山中人。把两种视角结合起来也许能够比较全面地看问题。既不是只看到庐山的雄伟,而看不到山上的乱草;也不是因为看到乱草,而看不到它的雄伟。别人可以随意议论,不负责任;我们作为媒体、喉舌,一定要有正确的看法"[①]。这段话很形象地说明了新闻活动的有机性和导向性,新闻媒体是"山外人"与"山中人"的统一体,要能把握大局,重要的是,新闻媒体要成为社会动态的负责任的传播者。

在最丰富的具体中才能得到最深刻的抽象,在最独特的实践中才能得到最自主的理论。中国新闻实践的丰富性与独特性为中国新闻学研究提供了宝贵的、坚实的现实支撑,保持对这种实践活动的清醒的历史自觉,就能培养坚定的理论自觉,提升理论建构的自主意识。在深入挖掘、梳理、提炼鲜活的实践进程中,具有自主性的知识体系会自然而然、水到渠成地形成,这一体系会成为中国式现代化道路的重要组成,也会为推动世界新闻学与新闻实践、丰富人类文明新形态作出中国贡献。

三、以原创性作为学术追求

甘惜分在讨论马克思主义新闻理论体系的学理建构时曾指出,需要"立足中国土,回到马克思",旨在强调新闻理论研究需要秉持本土意识和马克思主义传统。所谓"返本开新","返"的正是中国特色的本土之"本","返"的正是马克思主义的思想之"本"。中国特色新闻观念的建构与发展,需要明确学术价值、学术立场和学术路径三个层面的问题意识。

[①] 范敬宜:《范敬宜文集:新闻教育文选》,清华大学出版社,2011,第91页。

1. 明确学术价值的指向性

李彬曾指出，当下中国新闻学研究存在着学科萎缩、队伍涣散、价值失落的"失地、失人、失魂"困境，阻碍了新闻学的进一步发展。[①]在这三重困境中，以价值的失落最为要紧。

学术价值是一项学术研究之所以能获得现实或理论意义的关键所在，是学者通过其研究被学术共同体承认的重要指标之一。学术价值并非没有指向性，恰恰相反，学术价值正是凭借其明确的指向性，才得以获得与之价值相近的共同体的认可。树立正确的学术价值观，对于学者而言，是安身立命、关系其长远发展的大事；对于国家、学界而言，是决定其能为社会做出多大实质贡献的重要指导观念，是关系每个个体发展方向的大事。

树立正确的学术价值观并不是一个一蹴而就的过程。在认清学术研究的意识形态问题之后，学者不仅要正确看待西方的新闻传播学研究经验，破除"西方理论、中国经验"的二元框架，更要充分意识到这一学科的特殊性，回归重大理论关切，从而明确中国新闻传播学界未来的研究方向，进一步激发中国特色新闻学的学术想象力。

2. 反思学术研究的中立性

学术与政治的关系，某种程度上可以理解为学术与国家的关系，国家的发展与建设对于社会科学的需求是天然而内在的。[②]学术需要政治转化为实际的力量，政治需要学术提供理论指导和支撑。社会科学的内在使命是通过积极主动的学术论说，将国家的发展引导到更具有正当性与合理性的轨道上

[①] 李彬：《新闻学的春天与冬天：对中国新闻学的再反思》，《山西大学学报（哲学社会科学版）》2019年第5期，第20-24页。

[②] 蔡惠福、张小平：《共在与共通：建构中国特色新闻传播学"三大体系"路径研究》，《社会科学战线》2020年第4期，第143-149页。

来。[1]学术研究承担着拓展人类认知边界的重要使命，同样承担着维护国家利益的普遍任务，完全令学术研究"去政治化"是不切实际的。在当今愈演愈烈的国际冲突中，包括科学、技术、创新在内的学术研究早已成为国际政治斗争的武器，更毋论政治学、法学、新闻学等社会科学发挥的鲜明的政治工具作用。

早在传播学初进中国之际，就有郑北渭等学者呼吁要认清西方传播学研究的资产阶级本质：他们（指施拉姆等西方传播学者）的研究从根本上说，是为了更有效地发挥资产阶级舆论工具的社会控制作用，宣扬资产阶级思想意识，缓和社会矛盾。[2]然而当初这些警语被淹没在急于摆脱传统阶级批判方法论的时代洪流中，现在看来，这些话又是如此直接地切中肯綮。新闻传播学科作为兼具人文学科属性的社会学科，在中国社会科学的学科组成中，是最具制度属性和意识形态属性的学科之一，有着强烈的现实性和应用性。[3]

从美国新闻传播学早期的发展轨迹来看，来自政府和官方的意识形态干预从未间断过，原因之一就是传播学可以在战争和社会发展过程中产生直接的应用价值。正是这"强烈的现实性和应用性"，以及新闻媒介在现如今的信息时代可以产生的巨大影响力和社会动员能力，使得新闻传播学与其他人文社会学科区分开来，意识形态在学科发展中的影响也被放大了。因此，中国新闻传播研究者要充分认识到新闻传播学科在整个社会发展过程中的特殊性，不能用泛学科化的思维来对待新闻传播学研究。对新闻舆论活动来说，真实是生命，价值是灵魂。对中国特色新闻学的理论与实践来说，马克思主义新闻观就是灵魂。这是中国特色新闻学与西方新闻传播学的根本差异，无

---

[1] 林尚立：《社会科学与国家建设：基于中国经验的反思》，《南京社会科学》2011年第11期，第1-7、21页。
[2] 郑北渭、俞璟璐：《对西方传播理论的一些认识》，《新闻战线》1984年第5期，第46-47页。
[3] 蔡惠福、张小平：《共在与共通：建构中国特色新闻传播学"三大体系"路径研究》，《社会科学战线》2020年第4期，第143-149页。

法回避，也不应回避。

通过对美国传播学发展至今的主导流派和意识形态分析，我们不难发现其实西方新闻传播学发展的每一阶段都是在现实特别是政治的明确驱动下完成的，现实与理论的紧密互动促成了西方社会科学发展的良性循环，没有所谓脱离意识形态而存在的"纯粹的学术"。当代中国新闻传播学需要不断辩证扬弃西方理论给予自身的滋养。批判学派的主要功劳在于"破"，但无法支撑新的学术路径；而实证学派虽然于"立"有功，但陷入功能主义的泥淖过深，需要加以超越。中国特色新闻学有效的研究方式依然是：立足中国土，回到马克思。

3. 重新审视学术舶来主义

中国道路的特殊性随着中国实践的显著性及其与西方世界的冲突性而日趋明显，如何认识、阐释这一道路，成为包括中国特色新闻学在内的中国特色哲学社会科学学科体系发展的重要使命与历史机遇。中国特色哲学社会科学学科体系的发展有三个重要来源：中国传统、当代实践与西方理论。值得注意的是，西方哲学社会科学对中国学术自主意识与能力的滋养与拘囿是并存的，换言之，中国特色哲学社会科学既可以从西方理论中获得丰富的营养，又会由于后者的"易于获得"和"相对丰富"而限制了自身的弹性与张力，进而渐渐失去理论和思想的独立性。这也就是所谓的学术舶来主义，抑或称为拿来主义。

要对新闻传播学进行中国本土化的提议最早可以追溯到 1982 年施拉姆和余也鲁初次到中国大陆讲学，从 20 世纪 90 年代开始，大陆的新闻传播学者们开始了理论本土化的实践。[1]然而个中的经典误区就是，早期的学者或

---

[1] 胡翼青：《传播研究本土化路径的迷失——对"西方理论，中国经验"二元框架的历史反思》，《现代传播（中国传媒大学学报）》2011 年第 4 期，第 34—39 页。

许会认为新闻传播学就像物理学、哲学一样是普适的学科，但没意识到传播学作为学科建制，其背后的意识形态特征和文化背景都需要细加琢磨、反复研究。

王维佳和赵月枝曾指出：主流中国传播研究的西方中心主义倾向、精英民主政治诉求、现代化理论框架和工具理性导向在完成了其"告别革命"和为传媒商业化和消费文化的流行提供学术合法性的使命后，已无法使本领域在"三重危机"下在理论创新方面有所作为。[①]20世纪80年代以来的"思想解放"和"彼岸情结"至今仍然影响着中国新闻传播学研究，西方仍然是学术研究和理论发展的高点与框架。如果还是秉持用西方理论来解释中国经验，或用中国经验丰富西方理论，最终的结果只能是限制了自身的学术想象力，让"中国理论"原地打转，反而使西方新闻传播学的话语霸权不断加强。

理论是灰色的，实践之树常青。面对活跃而生动的中国实践，依附于西方理论的中国新闻传播学显得愈发"灰色"。对新闻学来说，意识形态是学科发展的灵魂，理论是学科发展的根基。理论和方法的背后是价值观，不问价值地套用他人的理论，就等于将他人的价值当作了自己的假定前提。[②]当西方国家日益强调价值观驱动、价值观联盟时，中国新闻学界必须认识到，不能再将中国视为一种问题加以看待，用西方理论分析中国问题，而是要如沟口雄三所说的，将中国作为一种方法，以中国思维总结经验、建构理论，为中国新闻传播学的本土化发展打开思路。

当中国的学者在开展研究之初，习惯性地从西方寻找理论的时候，要适时回过头来反思，是否真的要完全依赖西方既有的理论来阐释本土的经验，

[①] 王维佳、赵月枝：《重现乌托邦：中国传播研究的想像力》，《现代传播（中国传媒大学学报）》2010年第5期，第19-26页。

[②] 赵月枝、胡智锋、张志华：《价值重构：中国传播研究主体性探寻》，《现代传播（中国传媒大学学报）》2011年第2期，第13-21页。

是否真的要完全依赖西方既有的方法来解决中国自己的问题,我们自己有没有成熟的理论可以更好地解释问题的本质,能不能靠我们自己的经验和方法形成一套适合中国的理论。只有逐渐摆脱对西方理论的惯性依赖,学术的舶来主义才能被彻底去除,中国特色新闻学研究、中国特色新闻观念的独立性才能得以保障。

四、以学理性作为评价标准

当代中国新闻观念的建构要立足于发展中的新闻实践,也要着眼于具有中国特色与普遍意义的新闻学学科体系建设,通过新实践,发现新问题,构建新理论。有新闻理论支撑的新闻观念才是稳定的。

理论创新要以正确的哲学思维作为指导。恩格斯在《自然辩证法》一文中就指出:"不管自然科学家采取什么样的态度,他们还是得受哲学的支配。问题只在于:他们是愿意受某种坏的时髦哲学的支配,还是愿意受一种建立在通晓思维的历史和成就的基础上的理论思维的支配。"[①] 今天的新闻理论创新就面临这样的选择,是以辩证唯物主义、历史唯物主义为指导,还是以一些"蹩脚的时髦哲学"为指导,是以被动的直觉的世界观为指导,还是以能动的辩证的世界观为指导。

理论创新要有理论贡献。伟大的实践产生伟大的经验,伟大的经验呼唤伟大的理论。中国的实践为中国的哲学社会科学研究提供了无比丰富的实践资源,立足中国现实,研究中国问题,贡献中国智慧,就可以让世界更多地看到"学术中的中国""理论中的中国"。新闻理论创新就是要为中国特色新闻学的建设做出自己原创性的贡献,摒弃西方中心主义、市场中心主义、媒介中心主义,建构超越资本主义历史与学术资源的知识体系。

---

① 中共中央马克思恩格斯列宁斯大林著作编译局:《马克思恩格斯选集》第四卷,人民出版社,1995,第308页。

理论创新要有学理性与规律性。百余年前的 1918 年，中国第一部新闻学专著《新闻学》由徐宝璜完成。蔡元培为此书作序，评价该书"根据往日所得之学理，而证以近今所见之事实，参稽互证，为此《新闻学》一篇，在我国新闻界实为'破天荒'之作"①。方汉奇在此书 1993 年再版时作序，评价该书，尽管成书于七十五年前，但是"这部书有关新闻事业普遍规律的论述，如有关报纸功能的论述，有关新闻五要素的论述，有关新闻与意见应该分离的论述等等，对今天的新闻工作者和新闻学研究工作者，仍然有重要的参考价值"②。今天，尽管距离该书完成已经一个多世纪，这本书对于新闻学学习和研究依然具有重要的参考价值。

当代中国的新闻观念处于多样化观念并存的状态，如何建构以马克思主义新闻观为指导、基于中国文化与实践、具有全球视野与理论支撑的新闻观念，成为新闻学界重要的使命。从世界范围看，很长时期里，新闻学被冲突和负面的框架所主导。在新闻观念中存在"坏消息是好新闻"的普遍认识，近来有西方学者提出了"建设性新闻学"的理论，让记者的焦点从冲突和负面转移，在履行新闻核心功能的同时，报道和生产更有成效的故事，即提供重要信息，在吸引读者的同时更正面地描绘这个世界的故事。③本书作者曾提出"积极新闻学"的理论，从积极的新闻参与社会、积极的新闻真实观、积极的新闻舆论监督、积极的新闻舆论生态等方面提出了一些思考。④这些理论为认识当代中国的新闻观念提供了崭新的理论视角，也为建构当代中国的新闻观念提供了坚实的理论支撑。

在当代世界面临愈演愈烈的信息冲突、认知冲突、价值冲突的格局下，

---

① 徐宝璜：《新闻学》，中国人民大学出版社，1993，第 6 页。
② 徐宝璜：《新闻学》，中国人民大学出版社，1993，序言第 3 页。
③ 晏青、〔美〕凯伦·麦金泰尔：《建设性新闻：一种正在崛起的新闻形式——对凯伦·麦金泰尔的学术访谈》，《编辑之友》2017 年第 8 期，第 6 页。
④ 胡钰：《新时代的积极新闻学》，《新闻与写作》2017 年第 12 期，第 74 页。

当代中国新闻学界理应可以提出具有洞察力的理论分析，提出具有解释力的实践观念。对当代中国乃至世界的新闻传播活动来说，提供真实的报道信息、追求积极的社会效果，不论从理论上还是实践上来说，都具有重要的意义，经得起历史的检验与分析，有益于国际对话与合作。

结　　语
传播中国，贡献世界

中国特色新闻观念的建构和发展，是中国特色新闻学和马克思主义新闻观发展的重大议题之一，也是中国新闻事业未来发展所必须要解决的核心命题。观念从实践中来，是实践的先导。中国特色新闻观念的建设和发展，不仅要求我们对中国特色新闻实践要有充分、深入、细致、透彻的总结和分析，而且要求我们提出具有高度、深度、广度、厚度的理论观点和体系。

从中国新闻学科自身的发展趋势来看，加快构建具有鲜明主体性与扎实学理性的中国特色新闻学的任务非常紧迫。中国特色新闻学的发展必须立足于马克思主义，以马克思主义世界观、方法论来建构新闻学的基本理论体系；立足于近现代中国新闻事业的历史进程，特别是中国共产党新闻工作百年来积累的经验与教训；立足于当代中国新闻实践，在乡村传播、城市传播、企业传播、政党传播、国际传播的实践中挖掘规律；立足于新技术的发展，在数字传播、智能传播、社交传播的新变化中找寻趋势；立足于全球新闻传播格局，探索如何构建更加公正、民主、自由的国际传播新秩序，推动人类命运共同体建设。换言之，中国的新闻学科要有突破有大发展，就要坚持"立足中国土，回到马克思，把握新技术，放眼全世界"的理念。

明清之际，顾炎武、王夫之、黄宗羲等人提出了"经世致用"的思想，呼吁学术活动应当有益于国事，学者应当关注政治和社会。这一思想秉承了传统儒家思想中的"入世哲学",也深刻地影响了后世的人们。

所谓"经世",即"经国济世",强调在理念的层面要把国家的建设和天下人的福祉作为最高的目标;"致用"即"学以致用",强调将自身的所学所悟积极应用于实践的层面,将理论联系实际,实现从认识世界到改造世界的跨越。

这一思想与马克思和恩格斯所提倡的理念不谋而合。德国柏林洪堡大学作为马克思的母校,至今仍保留着马克思当年所说的至理名言,并将其作为校训:"哲学家们只是用不同的方式解释世界,而问题在于改变世界。"马克思也用实际行动实践了自己的观点,用实际的革命行动为国际共产主义事业奉献了他的一生。

当今的中国物质条件极大丰富,似乎为学者提供了开展学术研究所需要的充裕的外部条件,使得部分人得以"飘飘乎"地"坐而论道",乃至做一些脱离实际或者无关痛痒的学术研究。然而我国的基本情况是,现实发展对于理论进步的渴求却从未停歇,不仅从未停歇,反而随着时间的推移变得更为迫切。

这种对于理论进步的渴求主要体现在三个方面。首先,理论对于现实的反映需要进步。随着新闻业态的不断发展和媒介技术的不断进步,我国目前的新闻传播研究对现实的反映存在一定的滞后,在某些领域这种滞后甚至更为显著。及时反映是一方面,"反映什么"又是另一方面。学术研究在开展之初,如何确定选题一定是先决的,而确定选题本身就是学者对现实问题的一种反映。选择何种问题进行研究,反映了学者对于现实某些领域和议题的关注,也反映了学者看待现实的世界观。当下的中国学界,尤其是广大高校的新闻学子,对于新兴媒介现象普遍抱有浓烈的兴趣,容易着眼于具体的、微观的技术问题,却对事关党和国家新闻事业发展的"真问题""大问题"不甚关心。因此,中国特色新闻观念研究对于现实的反映,不仅要及时,更要注目于历史视野和全球视野下关乎国家、社会和民族未来发展的重大问题，中国特色新闻学者应当具备这种历史使命和情怀。

其次，理论对于现实的解释需要进步。面对风云变幻的国际形势，习近平总书记多次指出，"当今世界正经历百年未有之大变局"[1]。中国目前在各个领域，包括新闻传播领域，所开展的实践活动都是"百年未有"的独特实践。在这种情况下，及时对现实和实践做出理论层面的总结和解释，以更好地指导未来的实践，就显得格外重要而迫切。纵观数十年来的新闻传播学界，对于现实的总结和解释工作从未停歇，也出现了许多具有重要意义的学术研究成果。然而现实的快速变化和发展，仍使得层出不穷的学术研究成果在解释力和理论高度上显得捉襟见肘。这种理论与现实的脱节感是结构性的——以新闻学研究为例，解释和解决微观问题的战术性研究是相对充足的，例如大量的新闻效果研究、新闻生产研究等；然而能够总结和解释宏观问题的战略性研究是相对缺乏的，例如国际新闻研究、党的新闻理论研究等等。如何改善新闻传播研究解释现实的结构，是中国特色新闻研究未来发展所亟待解决的重大命题。

最后，理论对现实的指导需要进步。正如马克思所强调的，学术研究的最终目的都要回归现实。美国传播学早期的学者，如拉扎斯菲尔德、拉斯韦尔、施拉姆等，也都"大大方方"地承认，他们的学术研究应当为美国的政府、政策和政治体制所服务，应当对整个美国新闻传播学科的建设做出贡献。[2] 总览中国新闻传播研究整体格局，应当允许有一部分人的学术研究不以发展理论或改造现实为目的，但需要有更多的人将学术研究"做在中国的大地上"，解决中国面临的理论问题，回应中国的现实问题，提出有建设

---

[1] 《中国特色大国外交全面推进——读懂新时代》，https://baijiahao.baidu.com/s?id=1720646442522776004&wfr=spider&for=pc。

[2] 展宁：《学术与政治：国际传播研究在美国的兴起》，《新闻界》2019年第10期，第92-100页。

性的学术建议。中国的新闻学界理应肩负发展中国特色新闻理论的重任，与新闻业界充分交融，及时总结业界经验，给予业界理论指导和帮助。

当代中国舆论场是当代国际舆论场的重要组成，这种重要性随着当代中国在世界的影响力提升愈发重要，这在当前许多国际政治冲突中不断得到体现，即许多国际冲突方都要在中国舆论场主动发声。为此，要积极地提升中国舆论场在国际舆论场中的参与度和引导力，如同中国经济成为稳定世界经济增长的重要力量一般，中国舆论场也要努力成为稳定国际舆论场的重要力量，成为提升国际舆论真实性的力量。

积极构建国际政治传播的"另一种声音"。对于中国来说，首先，中国媒体要更加积极地参与国际政治事件的全球传播。确保在国际事件的第一现场发出中国声音，获得一手事实来引导舆论。新闻姓"新"，具有事实依据的一手信息永远是国际舆论场中最具引导力的高质量新闻，可以产生"第一引导力"。其次，国内媒体要避免成为西方媒体的传声筒。要避免西方化的国际政治传播内容主导国内舆论场，防止国内媒体不加鉴别地二次传播西方媒体信源。对于国内舆论场中关注的国际政治事件，中国要有自己的声音，要有非西方视角的不同声音，形成基于事实与理性开展对话和讨论的舆论氛围。最后，在开展国际政治传播中，要注意突破"西方中心主义"的全球传播观，既关注非西方的第三世界传播力量，也关注非英美的西方国家媒体，真正做到基于多样化世界的全球传播。事实上，构建基于全球南方力量的国际传播新秩序是当代世界和平发展的重要任务，也是中国应该积极发挥全球领导力的重要着力点。

积极传播全人类共同价值观。当代人类社会的一个突出特点是：在经济社会发展到一定程度后，价值观在国际政治与社会行为中的作用越来越凸显。西方国家在国际政治行为中旗帜鲜明地开展价值观外交，搭建价值观联盟，通过价值观划线，价值观驱动的政治行为愈发成为普遍现象。与此同时，值得关注的是，当代中国民众也越来越把价值观作为个人行为的标准。根据爱德曼国际公关公司与清华大学国家形象传播研究中心联合发布的《2022年爱德曼全球信任度调查中国报告》，在中国的受访者中，90%的人购买和推荐价值观相合的产品，89%的人选择价值观相合的雇主就业，86%的人选择价值观相合的标的投资。[①]可以看出，在当代国人的行为选择中，功能性、实用性等因素已经不是唯一的主导因素，情感性、信仰性等因素日益重要。

价值观是信息内容的灵魂。要积极引导中国舆论场乃至国际舆论场，信息内容中深层次的价值观因素要鲜明而稳定，换言之，在舆论交锋中，嗓门大、态度凶并不能占据真正的优势，没有价值观的信息想发挥深刻的舆论引导作用是很难的。因此，以基于共同价值观的高质量新闻来引导舆论成为有效法则。事实上，中华文化自古就有讲求"义利之辨"与"人本""民本"的价值传统，道义是高于利益的，和平是高于暴力的，要把全人类共同价值观深植于舆论引导的信息选择中。特别是中国自古以来奉行的和平主义价值观与一些西方强权国家奉行的霸权主义、军事主义、利己主义价值观是形成鲜明对比的。对此，要理直气壮地、持之以恒地进行传播。不论在国内舆论场还是国际舆论斗争中，都要力争将中国作为世界和平的稳定性力量、积极性角色确定下来。

积极发挥当代青年的传播力量。当代中国青年是可以平视世界的一代人，对中国与世界有着清醒的认识，其自信感是内生的、坚定的；也是有能力与世界对话的一代人，不论是创意能力还是语言能力，都可以在当代国际舆论场建设中发挥更大作用。从实践中看，中国青年网民的数量是巨大的，活跃度是极高的，成为中国网民群体中最具话语引导力的群体，在国内舆论场、

[①]《2022年爱德曼全球信任度调查中国报告》，2022年3月30日由爱德曼国际公关公司与清华大学国家形象传播研究中心联合发布。

国际舆论场中发挥的作用不可低估。举凡涉及民族利益、国际局势、社会公平等的话题，都会成为中国青年网民热议的内容。青年人作为数字原生代，在网络舆论场中的漫画传播、短视频传播、热点话题讨论中都表现出了明显的引导优势。

与此同时，要更加重视发挥当代国际青年在国际舆论场中的积极引导作用。从历史上看，在革命战争年代的延安时期，尽管面临最严酷的封锁，年轻的美国记者埃德加·斯诺（Edgar Snow）访问延安，深度采访，抗日战争全面暴发后立刻在英国出版《红星照耀中国》一书，展示了中国共产党和红军立体全面真实的形象，引起国际舆论极大震动。笔者长期在高校工作，培养了许多来自不同国家的青年学生，清晰地认识到青年人是最少成见的群体、最追求进步的群体，可以有效克服国际舆论场的偏见。许多来自不同国家的青年学生在中国的大学学习期间用各自国家的语言和社交媒体平台主动传播中国发展实情，毕业回国后依然对中国葆有亲切的情感。中国的道路是正确的道路，中华民族是追求和平的民族，要让更多的国际青年看到中国发展的实情，理解中国发展的目标，要引导并帮助这些国际青年，培养全球化、全媒体时代更多的"当代斯诺"，使之成为当代舆论场建设中的新主体与正能量。

中国面临的国际话语权的挑战是长期的，对其深层次的资本主义与社会主义意识形态斗争的复杂性、艰巨性要有清醒的认识。与此同时，我们也要看到，在人类发展进程中，社会主义开辟了一种崭新的可能，即真正关注全体人民自由全面发展的新道路。《2022年爱德曼全球信任度调查中国报告》中有一个有趣的数据，针对全球27个国家受访者的调查，在回答"如今的资本主义对全世界而言弊大于利"的说法时，52%的受访者表示了同意，在法国、西班牙、意大利等国的认同比例都超过平均值，在英国、德国、加拿大等国的认同比例也都接近 50%[①]，换言之，对资本主义的反思成为当代世界的一种普遍思潮。

当代国际意识形态和新闻观念的斗争呈现从"舆论战"到"信息战"进而到"认知战"的三种形态，争夺人脑成为最前沿、最激烈的战场。为此，在国内国际舆论场的建设中，中国要保持对自己道路选择与历史文化的信心，既不回避问题，又不仰人鼻息，以事实传播事实，以理性激发理性，以正义呼唤正义，日积月累，久久为功，中国声音就会成为国际舆论场中的稳定力量，真实性、积极性就会成为当代舆论生态的共同追求。

在当前国际舆论斗争白热化、社会思潮多样化、信息传播个人化的社会环境中，当代中国新闻事业要发挥积极作用，就要始终坚持并且创造性地实践中国新闻业的历史经验、文化价值与政治功能。要围绕建构中国持续发展需要的舆论生态的战略任务，形成对国家经济社会发展的稳定预期，形成植根中国的主流价值观和文化自信，形成面向全球的良好中国形象。需要重视的是，在当代社会，新闻既是民主的体现，也是治理的手段。这也是中国特色的新闻事业应着力体现与实践的。加强与改进新闻舆论工作，就要让新闻活动切实成为国家治理中的"千百条线索中最重要的一个"，发挥治国理政、定国安邦的作用，推动建立坦诚、透明的现代政府，发挥舆论监督作用，守护公平正义，推动社会进步。更重要的是，要让新闻活动成为国际交往的沟通渠道与连接纽带，发挥推动理解与对话的作用，在建立真正民主、和平的现代国际关系中，在建立文化多样性、文明交流互鉴的人类新文明中，成为不可替代的积极力量。

---

① 《2022年爱德曼全球信任度调查中国报告》，2022年3月30日由爱德曼国际公关公司与清华大学国家形象传播研究中心联合发布。

后　　记

　　1945年1月10日，毛泽东在陕甘宁边区劳动英雄和模范工作者大会上作讲话，其中谈道："有一个问题必须再一次引起大家注意的，就是我们的思想要适合于目前我们所处的环境。""注意使我们的思想完全适合于我们所处的环境，然后才能使我们的工作样样见效，并迅速见效。"[①]讲话中分析的现象是当时许多人带着城市观点去处理农村问题，强制执行，常常碰壁。这篇讲话后来编入了《毛泽东选集》第三卷。

　　思想适合环境，工作才能见效。对各项工作来说，这都是一条基本的思想方法、工作方法。在当代中国的新闻舆论工作中，让我们的新闻观念与舆论环境适合，是做好工作的基本要求。

　　当代舆论环境的新特点是什么呢？

　　其一，社交媒体发达，个人化传播很普遍，这就与机构媒体环境、专业化传播环境不同。如果带着传统媒体环境中的新闻观念来处理新媒体环境中的舆论引导问题，就会"常常碰壁"。

　　其二，国外媒体发达，国际信息渗透力很强，国内传播、国外传播的边界已经很难清晰划分，这就与本国媒体环境不同。如果带着单一媒体环境中的新闻观念来处理多元媒体环境中的舆论引导问题，就会"常常碰壁"。

　　其三，智能媒体发达，技术对传播的驱动力很强，机器人已经大规模参

---

① 毛泽东：《毛泽东选集》第三卷，人民出版社，1967，第964-965页。

与各类新闻生产，这就与自然人完全主导的媒体环境不同。如果带着人类媒体环境中的新闻观念来处理人工智能媒体环境中的舆论引导问题，就会"常常碰壁"。

在崭新的舆论环境中，我们必须调整自己的思想观念，认清各种结构性、功能性、趋势性变化，才能在复杂的新闻舆论中始终保持引领者的位置。

在变化中既要看见变化，也要看见不变。舆论环境是快速变化的，但新闻的本源是始终如一的。脱离了事实的新闻不是真的新闻，也不能被称为新闻。换言之，新闻的安身立命之本就来自完整事实的传递。真实性是新闻的生命之源。

在变化中既要顺应变化，也要坚守不变。舆论环境是异彩纷呈的，但新闻的价值在于推动社会进步。不能产生积极社会效果的新闻即便是轰动性的新闻、高流量的新闻，也不应被称为好的新闻。换言之，新闻的价值实现之本就来自社会共识的形成。积极性是新闻的价值之源。

当代中国正在建设人类历史上从未有过的最大规模群体的持续、快速现代化进程，多样性的社会存在决定了多样性的社会观念，变动性的时代条件产生了变动性的社会观念。在此进程中，新闻舆论工作至关重要，要以内核稳定、结构弹性的新闻观念来引导社会观念，将真实的世界图景展现出来，将积极的进步力量凝聚起来。本书中试图阐释的正是真实与积极的核心新闻观念，以及适应新环境的许多舆论引导新观念。

在2023年的新年贺词中，习近平主席指出："明天的中国，力量源于团结。中国这么大，不同人会有不同诉求，对同一件事也会有不同看法，这很正常，要通过沟通协商凝聚共识。14亿多中国人心往一处想、劲往一处使，同舟共济、众志成城，就没有干不成的事、迈不过的坎。"[①]为了更加团结

[①]《国家主席习近平发表二〇二三年新年贺词》，http://jhsjk.people.cn/article/32597664。

的中国，当代中国新闻舆论工作要成为社会沟通的互动器、社会团结的凝结器、社会进步的推进器。

本书是笔者这些年关于新闻观念研究的思考成果的集成。共同作者陆洪磊是我在清华大学新闻与传播学院指导毕业的第一位博士生，毕业后留校担任教职，这些年来我们围绕新闻观念研究刊发了多篇文章。希望本书能够为中国特色新闻学、中国新闻学自主知识体系的建设作出些许贡献。

胡 钰

2023 年 1 月 10 日于清华园